速度训练解剖学

[美] 比尔·帕里西（Bill Parisi）著

徐凌 译

人民邮电出版社

北 京

图书在版编目（ＣＩＰ）数据

速度训练解剖学 / （美）比尔·帕里西
（Bill Parisi）著；徐凌译. -- 北京：人民邮电出版
社，2025.1
ISBN 978-7-115-60186-5

Ⅰ. ①速… Ⅱ. ①比… ②徐… Ⅲ. ①运动速度（体育
）-运动训练 Ⅳ. ①G819

中国版本图书馆CIP数据核字(2022)第189179号

内 容 提 要

　　虽然速度经常被视为非凡运动表现的关键性特征，但对于什么是真正的速度以及如何提高速度，仍然存在很多误区。速度远不只是秒表上的几秒，它是多个解剖系统高度协调、共同工作的结果。本书首先介绍了速度的多种形式、速度系统的基本概念，随后讲解了多种热身方式以预防运动损伤。在速度训练方面，本书先后介绍了力量训练、加速训练、最大速度训练、减速训练、多向速度训练和敏捷性训练。此外，本书还为教练员、运动员及体育爱好者提供了恢复技巧和完备的训练计划。这是一本不可多得的提升运动速度潜力的实用指南。

◆ 著　　　［美］比尔·帕里西（Bill Parisi）

　　译　　　徐　凌

　　责任编辑　李　璇

　　责任印制　马振武

◆ 人民邮电出版社出版发行　　北京市丰台区成寿寺路 11 号

　　邮编　100164　电子邮件　315@ptpress.com.cn

　　网址　https://www.ptpress.com.cn

　　北京瑞禾彩色印刷有限公司印刷

◆ 开本：700×1000　1/16

　　印张：18.5　　　　　　　2025 年 1 月第 1 版

　　字数：356 千字　　　　　2025 年 1 月北京第 1 次印刷

　　著作权合同登记号　图字：01-2022-1356 号

定价：128.00 元

读者服务热线：(010)81055296　印装质量热线：(010)81055316
反盗版热线：(010)81055315
广告经营许可证：京东市监广登字 20170147 号

谨将本书献给支持我们使命的帕里西速度学校的所有竞技表现教练。我们的使命是：通过提高运动速度和培养坚强性格，让每名运动员逐渐改变世界。本书代表了你在训练场上的所有不懈努力。

目　录

序

我的一位教练曾经说过："速度是无法教授的。"

这句话像一首糟糕的流行歌曲一样一直在我的耳边萦绕。作为一名没有速度天赋的参与竞技运动的高中运动员，我真的很讨厌听到这种话。我只想参加一些小型的大学橄榄球赛，但现实情况是，我的速度不够快，无法晋级正赛。幸运的是，我有非常支持我的父母，我的父亲是一名高中足球教练，他不同意我的教练对速度的看法。早在20世纪80年代和90年代，当速度训练还是一个新兴领域时，父亲就坚持速度训练的执教理念，深信我们可以通过一些手段来提高速度。

因此，我们一起专注于速度训练并开始了一项挑战传统观念的任务。作为这项任务的一部分，在每个周末，父亲开车将我从位于康涅狄格州的家中送往位于新泽西州费尔劳恩（Fair Lawn）的帕里西速度学校，让比尔·帕里西（Bill Parisi）对我进行一对一的训练，当时比尔·帕里西才刚刚成为一名成功的速度训练教练。这是我生命中的一个重要转折点。在我十几岁时进行的良好的、针对于速度的训练为我打开了许多扇门，对我产生了深远的影响。我发现，实际上有一些针对性的训练策略可以帮助提高速度。事实是，速度是可以教授的。

经过大量的努力和专注的训练，我实现了我的梦想，在斯沃斯莫尔学院（Swarthmore College）就读期间，我成为全美联会Ⅲ级联赛的跑卫。然后，我在南卫理公会大学攻读应用生理学和生物力学博士学位，继续我的速度科学之旅。在南卫理公会大学，我有机会与彼得·韦安德（Peter Weyand）博士和拉里·瑞安（Larry Ryan）博士一起在美国最先进的人体运动实验室中学习。如今，我在宾夕法尼亚西切斯特大学教授生物力学、运动解剖学和动作学习（实质上是训练科学），并进行主要针对冲刺力学的研究。我还帮助训练宾夕法尼亚西切斯特大学和其他地方大学的田径运动员和团队运动员，帮助他们提高速度。了解速度的生物力学并将这些原理应用于现实世界已经成为我的职业。

将训练科学与艺术相结合，让运动员创造更好的成绩，这使我无比快乐。我发现一个有趣之处——常规训练和速度训练（尤其是后者）中的训练技术可以被视为一门科学。科学的基础在于它总是从提出好的问题开始。我一直在问的一个哲学问题是：是什么让快的人快，慢的人慢？在此过程中我发现，如果通过科学实验来回答这些问题，就可以从研究中学到知识并应用这些知识，以可证明的方式帮助运动员提升速度、损伤恢复能力和其他素质。

　　我一直钦佩比尔·帕里西的一点是，从我高中第一次遇见他开始，他就强烈渴望了解有关速度的最深层次的科学研究。此外，也许更重要的是，他有一种天生的能力，能够将那些通常很费解的科学信息以清晰、易于理解的方式传达给实践者。本书就是这种天赋的完美例证。帕里西尽一切努力理解最新研究的含义，以多种教练和运动员都可以应用的方式对其进行解释，具有真正的"周一晨间冲击"。他有一种天赋，即他可以识别关于提高速度的基于实证的有效知识（无论这些知识是通过研究获得的，还是通过经验获得的），并让这些知识变得有趣、有吸引力和实用，适合像我这样想变得更快或让运动员变得更快的人。如果你对提高速度感兴趣，我由衷地相信，你会发现本书既有趣又非常有用（作为训练工具）。如果有人跟你说"你教不了速度"，就把这本书给他们。

肯·克拉克（Ken Clark）博士

肯·克拉克博士在宾夕法尼亚西切斯特大学教授生物力学、运动解剖学和动作学习。他还是肯·克拉克速度（Ken Clark Speed）公司的创始人，该公司为运动员、团队和教练提供独立的咨询服务，帮助他们提升运动表现并减少损伤。

前言

　　速度是人类能力中最神秘的。从小学的操场比赛到美国国家橄榄球联盟训练营的40码（1码约等于0.91米，余同）短跑，速度一直是衡量运动表现的黄金标准。如果我问谁是世界上跑得最快的人，99%的人会毫不犹豫地说出答案——尤塞恩·博尔特（Usain Bolt）。如果我问谁是最好的跳远运动员、举重运动员或标枪运动员，许多人可能需要掏出智能手机搜索一下才能给出答案。速度"非常神秘"，因为尽管它是几乎所有地面运动的基本特征，但也有非常微妙和被误解的一面。让某人变得更快远比让他变得更强壮要复杂得多。这涉及多个因素。事实上，有许多不同类型的速度——世界级短跑运动员的最大速度，美国国家橄榄球联盟的外接手和角卫的爆发性加速度和敏捷性，职业足球和篮球中出现的超乎想象的变向，等等。速度有多种形式。

　　因此，关于什么是速度以及如何进行速度训练，人们还存在许多误解和困惑。有些人甚至认为，速度水平主要取决于遗传因素。虽然有些人确实是天生的猎豹，但我可以非常肯定地说，速度是一种身体技能，任何人都可以通过有针对性的训练和对力学的深刻理解来提高速度。这种自信源自在过去25年的时间里，帕里西速度学校在全球100多个地方运用帕里西方法，在每个主要项目中培养出首轮选秀会入选球员和奥运奖牌获得者。这里有一种关于速度的循证科学——速度训练的关键在于对速度的影响因素有充分的了解。一旦了解了如何利用这些因素来帮助运动员达到特定速度，就可以根据运动员参与的专项、司职位置、体型、动作偏好和训练历史，为他们打造成功的速度训练计划。

　　首先要记住的是，速度是多个解剖系统高度协调、一致工作的结果，包括保持核心稳定的深层筋膜组织的交叉协同收缩；神经系统的脉冲收缩和循环释放，有效地产生快速、有力的地面接触；以及产生肾上腺素、皮质醇和乳酸的激素反应。这就是我们所说的"速度解剖学"。每个解剖系统在产生速度的过程中都起着不可或缺的作用。另一件要记住的重要事情是，如前所述，速度的多种形式可能会让人感觉混乱。这意味着在正式开始介绍相关知识之前，对术语下定义非常重要，这样做是为了确保我们对同一个术语的理解是一致的。本书的目标是明确定义术语，让你对相关的生物系统有深入的了解，并为你提供经科学验证的训练和练习，这样就可以帮助你为想要发展的特定速度类型制订个性化的训练计划。

　　可以将本书想象成关于速度的成功秘诀类图书。

当然，在速度训练方面，市场上有大量的选择、技术和已注册了商标的系统。但许多人都忽略了一个事实，即不同的运动员需要不同类型的训练，这取决于他们的运动历史和所参与的体育运动。没有一个方法适用于所有人，也没有适用于所有人的标准。在训练经历较少的运动员中（无论其年龄大小），快速进步是很常见的，因为发展基本的运动素质以及改善力量不足是相对容易的事情。但最终，他们的表现能力会到达一个瓶颈。此时就需要了解影响速度的解剖结构。如果想成为一名优秀的运动员，就需要了解神经肌肉、筋膜和淋巴系统是如何影响速度的。教练需要认识到休息和恢复的重要性，还需要考虑运动员的体型、饮食和损伤史，需要评估他们在个人发展方面所处的阶段。他们才刚刚起步吗？他们正在从损伤中恢复吗？他们的执行能力强吗？他们需要进行针对性训练才能达到更高水平吗？或者，他们是专业人士，只需专注于以正确的方法训练，从而释放身体的最大潜力吗？

流行的训练计划中经常缺失的一环是基于实证的研究。你可以就弓步、深蹲和硬拉的效果与他人进行争论，但你不能与数据争论。这就是我与速度训练领域的一些顶尖研究人员合作的原因，他们可以帮助我解释和验证本书中介绍的技术背后的科学。这些研究人员包括生物力学专家肯·克拉克博士和斯图尔特·麦吉尔（Stuart McGill）博士。前者最初是帕里西速度学校的一名学生，当时他还是一位少年，现在，他是宾夕法尼亚西切斯特大学的教授；后者是脊柱力学专家，他发表了超过 240 篇研究论文。我还与专业摄影师和插图师团队合作，以视觉上有趣的方式展示训练、练习和相关解剖学概念，让你更容易理解和应用它们。除了将相应的练习和训练划分为基础、中等和高级 3 个等级，我还根据速度的类别对它们进行了梳理——包括主动动态热身、加速、最大速度、减速、变向、敏捷性、机动性和特定于速度的力量。这种框架允许你使用本书第 12 章中的表格，为不同的运动员、学科和结果快速创建基于实证的个性化训练计划。最后，出色的执教就像出色的烹饪：它同样需要科学、艺术和富有灵感的即兴创作。

而这一切都始于对"食材"的深入了解。

致谢

本书是集体智慧的结晶，而非一个人对如何提高速度和运动表现水平的看法。它凝结了过去30多年与我共事过的许多杰出体能教练的综合实践经验。非常感谢帕里西速度学校的主教练团队，其中包括史蒂夫·利奥（Steve Leo），他是所有教练中任职时间最长的人，并在发展帕里西训练系统方面发挥了重要作用，还有约翰·西里洛（John Cirilo）（任职时间最长的主教练）、埃里克·米切尔（Eric Mitchel）、查德·科伊（Chad Coy）、沙利文·帕克（Sullivan Parker）、凯西·李（Casey Lee）和利兹·马登（Liz Madden）。他们不知疲倦地工作，以一种所有教练和运动员都能从中受益的方式提供表现训练科学。此外，马丁·鲁尼（Martin Rooney）是勇士训练（Training for Warriors）的创始人，他于1999年加入帕里西速度学校，并成为该组织的核心成员长达10年。帕里西训练系统是团队共同努力的结果。此外，塞思·福曼(Seth Forman)最近加入了帕里西团队，并与史蒂夫·利奥和丹尼·斯蒂克纳（Danny Stickna）合作，为开发本书中的训练计划和其他实用元素提供了极大帮助。

特别感谢罗布·吉尔伯特（Rob Gilbert）博士，他从18岁起就一直鼓励我，让我通

帕里西速度学校的旗舰学校设立在新泽西州的费尔劳恩。

过合作和保持开放的心态努力成为最好的自己。斯图尔特·麦吉尔博士是一位真正的领导者——不仅在于脊柱健康方面,还在于评估和帮助世界上最好的运动员改善运动表现方面。斯图尔特博士的学识一向渊博。感谢乔·卡米萨(Joe Camisa,物理治疗博士)和迈克·霍姆格伦(Mike Holmgren,物理治疗博士),他们是我的理疗师,我一直在向他们学习。感谢世界著名的力量举运动员里奇·萨迪夫(Rich Sadiv),他是位于新泽西州费尔劳恩的帕里西速度学校旗舰学校设施的所有者,还要感谢他的全体员工。对我来说,费尔劳恩的设施一直都是终极速度训练设备和实验室,世界上其他任何地方的设施都无法与其相比。感谢托德·赖特(Todd Wright),他是洛杉矶快船队的助理教练兼绩效副总裁,是我真正的朋友,也是史上最伟大的教练之一。杰里·帕尔米耶里(Jerry Palmieri),感谢你成为我的好朋友和同事,是你帮助我把职业橄榄球体能教练协会的发展提升到新的高度。感谢迈克·沃希克(Mike Woicik),我第一次聆听他的演讲是在 1986 年,当时他还在雪城大学(Syracuse University)担任教练,是他点燃了我对这个行业的热爱。感谢卓越表现(Perform Better)的首席执行官克里斯·波里尔(Chris Poirier),感谢你为行业所做的一切。感谢大西洋健康(Atlantic Health)的达米恩·马丁斯(Damion Martins,医学博士),你对运动医学的支持和洞察是无价的。感谢 L.J. 马修(L.J.Mattraw),与你一起开发垂直跳跃课程让我受益匪浅。感谢弗兰斯·博施(Frans Bosch),你的教育和前瞻思维非常有启发性。感谢哈利勒·哈里森(Khalil Harrison),与你一起创建奥林匹克举重课程对我和我们的网络都有很大的帮助。感谢 OHM 公司的创始人戴夫·施密特(Dave Schmidt),感谢你的支持以及你提供的先进设备,让我能够开发有效的新训练方案并进行试验。最后,我要感谢与我们合作记录本书中各种训练和练习的两位运动员模特:安杰尔·罗(Angel Rowe)和我的儿子丹·帕里西(Dan Parisi),丹是我孜孜不倦训练的对象,也是帕里西速度学校的模范学生。

　　我还要向同意接受本书采访的主题专家表示无限的感谢、赞赏和敬意。他们每个人都被认为是各自领域的顶级专家,为编写本书内容提供了宝贵的见解、研究成果和观点。他们的贡献大大提高了本书的质量。

•感谢肯·克拉克博士，他在宾夕法尼亚西切斯特大学教授生物力学、运动解剖学和动作学习。肯十几岁时成为帕里西速度学校的运动员，后来在南卫理公会大学获得了应用生理学和生物力学博士学位，在那里他与著名的人体速度专家彼得·韦安德博士合作，对一些世界上速度最快的人进行了开创性的研究。

•感谢米科尔·达尔科特（Michol Dalcourt），他是运动研究所的创始人和 ViPR PRO 负重运动训练工具的开发者。此外，他还是国际公认的人体运动和运动表现方面的专家，他的知识深度总是让我惊叹不已。

•感谢丹·普法夫（Dan Pfaff），他是一位拥有 40 多年成功经验的传奇田径教练，帮助众多运动员创造了超过 55 项国家纪录，并在 5 个不同国家的 5 届奥运会的教练组中任职。丹是我的良师益友，他对我理解如何训练高水平运动员做出了重大贡献。

•感谢威廉·克雷默（William Kraemer）博士，他是世界顶级的抗阻训练研究人员之一，目前是俄亥俄州立大学神经科学和神经肌肉实验室的负责人。

•感谢卡里·L. 哈姆斯特拉 – 赖特（Karrie L. Hamstra–Wright）博士，她是一位经认证的运动防护师，在下肢生物力学方面接受过博士和博士后培训，目前是伊利诺伊大学芝加哥分校运动机能与营养学系的临床教授。

•感谢戴夫·泰特（Dave Tate），他是一名精英力量举运动员、力量训练师，也是 EliteFTS 公司的创始人。在过去的 30 年，戴夫花了 4 万多小时来训练各种技术水平的运动员和教练并为其提供咨询服务。

•感谢埃文·蔡特（Evan Chait），他是一位理疗师、针灸师，也是蔡特神经病理性释放技术的创始人。埃文还是位于新泽西州拉姆西的 Kinetic PT 公司的创始人和所有者，在那里他专注于弥合物理治疗和运动训练之间的差距。

•感谢保罗·罗宾斯（Paul Robbins），他是 Kinexon 公司的运动表现执行副总裁、Cardio2Tech 有限责任公司的所有者，也是国际公认的代谢测试、训练负荷跟踪和训练优化专家。除了监督美国职业篮球联赛的负荷管理计划，保罗还是 Kinexon 公司的 STATS 可穿戴技术部门的负责人，并曾担任英特尔、谷歌等公司的顾问。

我从他们那里学到了很多东西。感谢他们对本书的贡献。学习的旅途永无止境。

第1章

速度的多种形式

　　为什么速度是衡量运动表现和努力水平的黄金标准——而不是跳高、举重或远距离投掷能力？为什么牙买加出生的 100 米短跑世界纪录保持者尤塞恩·博尔特是一个风靡全球、家喻户晓的人物？你是否从未听说过古巴出生的 1993 年以来的跳高世界纪录保持者哈维尔·索托马约尔（Javier Sotomayor）、格鲁吉亚出生的抓举和挺举世界纪录保持者拉沙·塔拉哈泽（Lasha Talakhadze），或者捷克出生的标枪世界纪录保持者扬·热莱兹尼（Jan Železný）？达到精英级别的速度会让你在几乎所有地面运动中都有竞争优势，但我相信速度的神秘地位源于人类心灵更深层次的、更原始的部分。高速奔跑的意义在于，除了能让人成为一名出色的运动员，它还代表着人类与宇宙中最强大的力量——重力进行抗争！但问题是：这是一场人类永远无法获胜的战争。无论你多么健康、速度多快或身体多强壮，你最终都会屈服于地心引力。在短暂的瞬间，在动量、激素和人力推动的驱使下，高速奔跑可以让你驾驭重力，对抗它，并在其中找到自己的位置。高速奔跑让两足动物找到了飞行的感觉（没有器械辅助）。

此外，在对爆发力要求很高的 100 米赛跑中，像尤塞恩·博尔特这样的精英跑步运动员在奥运会比赛中所做的那样：利用极短的时间通过脚部与地面有节奏地接触，向地面施加强大的力量，以便能够利用这种能量实现飞奔。

我提到这些并不是为了获得戏剧性的效果，而是为了让你用正确方式思考速度的概念，以及实现它所涉及的生物力学。从本质上讲，产生速度是克服重力的过程，即通过利用身体每个部分的力量并将这种力引导至地面，有效地推动自己沿着特定的方向穿过某一空间。它同时发生在三个运动平面 [矢状面（前后）、额状面（左右）、水平面（旋转）] 上，需要多个解剖系统协调一致。这意味着速度训练是复杂且多维的。因此，如果你想帮助运动员充分发挥潜力，最大限度提高速度的同时将损伤风险降至最低，就必须了解速度涉及的不同解剖学组成部分，以及它们是如何协同工作的。

质量特异性力量

著名生物力学家、人体速度专家彼得·韦安德及其同事于 2000 年在哈佛大学进行了一项研究，将世界级短跑运动员和业余田径运动员在一台配备了测力板、价值 25 万美元的高速跑步机上的表现进行了比较。该研究表明，获得最大速度的最重要因素实际上并不是步幅或步频，而是运动员每次脚接触地面时相对其体重所能施加于地面的力量（称为质量特异性力量）。重力在这种力学的相互作用中起着重要作用，因为体重越大，运动员所需的用于克服重力的力越大。这意味着如果你想变得更快，就需要变得相对较轻和相对强壮。2010 年，同样由韦安德领导的一项后续研究表明，除了运动员在每次脚接触地面时所能施加的质量特异性力量，触地时间也是一个影响因素。研究表明，最大速度取决于运动员向地面施加大量力的速度（最大的力 + 最短的触地时间）。无论是向前跑、向后跑，还是单腿跳，都证明上述观点是正确的。从这个角度来看，精英跑步运动员的触地时间约为 0.08 秒。试着在不到 0.1 秒的时间内启动并停止你的秒表，看看你能否完成这个操作。现在，想象一下，以这种速度用一条腿施加超过你体重两倍的力。

这种力－速度关系意味着速度较低时，例如一场比赛开始时从静止状态开始加速，或在抓住球后向前冲，你的脚在地面上产生力（以产生推进力）的时间会更长。身体移动速度越快，脚接触地面的时间就越短。在更短的时间内向地面施加更大的力，从而在高速下抵消重力的能力正是尤塞恩·博尔特这样的人与众不同的地方。精英短跑运动员之所以能够做到这一点，除了他们相对其体重格外强壮之外，还因为他们能在大力量蹬地时在腿部的组织和关节上产生极高的刚度（斯图尔特·麦吉尔称之为"超级刚度"），并将这种刚度扩展到髋关节与核心部位，以减少能量消耗并获得最大回报。

备受赞誉的"功能之父"加里·格雷（Gary Gray）将跑步描述为一种协同收缩的连锁反应，协同收缩发生在三个运动平面上，通过地面反作用力、重力、质量和动量的驱动，在多个解剖结构间产生连锁反应。基本上可以说，跑步是一种反应性和本体感受性事件的连锁反应，从踝关节下方的距下关节开始，到胫骨和腓骨，并通过膝关节和髋关节将能量向上传递。如果该动力链中一个或多个关节周围的组织受到任何形式的抑制，动力链中其余部分的有效且高效的力传递就会受到限制。这意味着，极短时间内在下肢关节中产生超级刚度的能力对于获得爆发性速度和降低损伤风险至关重要。因此，在考虑如何提高运动员的速度时，较高的力量 - 体重比以及脚部接触地面时小腿、髋部和核心部位产生超级刚度的能力，是首先要考虑的因素。另一个重要的考虑因素是运动员在力量对称方面的平衡程度。很多人沉迷于体能训练，例如在矢状面上做深蹲、硬拉、弓步、登阶等动作，以至于忽略了一个事实，即身体如何在三个运动平面上全方位地适应并发挥作用。现实世界中的物理运动并非只发生在矢状面上。作为一名短跑运动员，如果你不擅长多平面运动，且身体各部位发育不平衡，损伤的风险就会增加。如果你的整个推进系统没有平衡的结构完整性，身体的某些部位（例如腘绳肌）会不可避免地受到损伤。但在这种情况下，腘绳肌可能不是问题所在。如果动力链的其他地方存在缺陷或效率低下，该薄弱环节会迫使腘绳肌进行过度代偿，并最终导致损伤。这就是为什么了解速度的解剖结构，并应用系统方法来制订可提高爆发力的安全的个性化训练计划至关重要。

什么是速度

在揭开速度解剖学的神秘面纱以了解质量特异性力量和连锁反应之前，我们要思考的第一个问题是：使用速度这个词时，它的实际含义是什么？重点是，速度有多种形式，包括纯加速、过渡加速、最大速度、减速和多向速度。如果你想成为一名出色的田径运动员或球场运动员，这些速度很重要。如果你不是第一次参加关于速度主题的竞技比赛，你可能已经意识到，世界级径赛运动员的最大冲刺速度与田赛和球场运动中表现出色所需的多向动态"比赛速度"爆发之间有着重要的区别。虽然每个人需要不同的技术形式和训练方法，但也有一些相同的部分，教练可以根据个人参与的项目、司职位置和体型针对性对个人进行训练。首先，我会定义每个术语，以便在详细介绍"速度"这个难以捉摸的东西之前，我们对同一术语的理解相同。

加速度

　　加速度是指给定时间段内速度的增加量。在跑步领域中，加速有两个子类别：纯加速和过渡加速。纯加速是指从静止状态开始运动来克服重力惯性的过程，例如当短跑运动员离开起跑器或外接手从争球线上起跳时，这一阶段加速就是纯加速。正在移动的运动员加速或快速改变方向并重新加速以战胜对手时，就会发生过渡加速，例如当篮球运动员穿过防守球员来到篮筐下方时便发生了过渡加速。因此，对运动员来说，快速加速的能力在每项运动中都很重要，从田径场到橄榄球场，再到网球场和篮球场。这是一种会对面部产生冲击感觉的行为。在加速阶段，双脚要花费更多的时间用来蹬地以推动身体离开地面。这意味着纯加速非常依赖于力量。简言之，强壮的运动员通常可以在地面上产生更大的力，更快地移动更远的距离。

　　影响加速度的一个关键因素是身体角度。当你克服静态惯性进行快速加速时，正确的加速动作是：身体前倾约45度，使双脚位于重心后面；水平推动重心，同时以足够的力量下压，以克服重力（参见图1.1）。这意味着力同时作用在水平方向和垂直方向上，随着速度加快身体逐渐直立，在前3~6步中力在不同的方向上以流畅的

手臂用力，前摆的手肘接近60度，后肘打开到120度

身体和胫骨与地面成45度

向前送髋

髋关节和膝关节用力伸展

膝盖向前推动

注意力集中，双脚尽可能用力并快速地推向地面

图1.1　正确的加速动作

方式过渡。此时你可以加速，在垂直方向施加更大的力。克服惯性和快速推动重心的能力是大多数田赛运动和球场运动的基础。甚至在直线短跑中，研究也表明离开起跑器的速度（取决于前 3 步的力量和速度）是运动员赢得比赛的关键。如果无法正确完成前 3 步的动作，就很难在剩下的比赛中克服这种有缺陷的加速。换句话说，无论项目或司职位置是什么，快速加速能力都是增强个人运动能力的基础。此外，正如我所提到的，这种能力体现在个体在水平和垂直方向产生相对于体重更大的力上。第 6 章详细介绍了这些力学知识，以及增强加速能力的具体训练方案。

最大速度

最大速度是运动员所能达到的最高速度。随着运动员的跑步速度在初始加速后有所增加，其每次脚部着地的时间在逐渐减少，直到所有力都垂直作用于地面来克服重力。此时运动员达到其最大速度，无法再继续加速。正确的加速姿势对精英短跑运动员的表现至关重要。

高速冲刺时，运动员的双脚应在尽可能减少触地时间的情况下快速完成动作；髋关节保持中立位；身体直立，核心应保持平衡，以最大限度减少重力的影响；前摆腿髋关节屈曲以辅助大腿抬高，从而以最大的力作用于地面（参见图 1.2）。

在赛场上，尤塞恩·博尔特的最大速度约为每小时 27 英里（1 英里约等于 1.61 米，余同）。世界田径联合会称，在 2008 年北京奥运会的 100 米比赛中，博尔特跑了 60 米才达到他的最大速度。这引出了一些问题（包括体能教练之间经常争论的问题）：对于受限于赛场狭小的空间并且很少达到最大速度的田赛和球场运动员来说，最大速度训练是否重要；最大速度对比赛速度有影响吗？对于这些问题，我的回答显然是肯定的！原因如下：其他训练对运动员产生的刺激无法与最大速度训练相比。运动员以最大速度冲刺时，他们在向地面施加最大的力。研究表明，世界级短跑运动员向地面施加的力是其体重的 2.2 倍以上，而业余跑步者向地面施加的力平均约为其体重的 1.8 倍（Weyand et al.，2000；2010）。这相当于每次脚部触地都会产生高达 400～500 磅（1 磅约等于 0.45 千克，余同）的力。还有什么运动能让你用一条腿产生如此大的力？这意味着以最大速度冲刺在提升整体运动表现方面提供了独特的好处，即训练刺激。事实上，越来越多的科学证据表明，以最大速度冲刺不仅可以提高人体在较短距离内的整体速度和敏捷性，还有助于减少腹股沟和腘绳肌的软组织损伤（Edouard et al.，2019）。我将在第 7 章中详细介绍这些研究及其对速度解剖学的意义，简单来说，设定适当的运动量后，以最大速度冲刺带来的训练刺激的效果极佳。此外，虽然一名优秀的短跑运动员可能需要长达 60 米的距离才能达到其最大速度，但大多数训练有素

图 1.2 高速冲刺时的正确动作

的运动员会在 20 米内让其速度超过最大速度的 80%。能否做到这一点会影响田赛运动员或球场运动员的表现。可以参考生物力学专家肯·克拉克在一项研究中的观察结果（Clark et al.，2019），他在美国国家橄榄球联盟训练营进行了一项比较运动员 40 米短跑加速特性的研究。

克拉克说："我们倾向于将 20 米短跑视为一场只需要加速的比赛，但 20 米短跑成绩不仅受到加速能力的影响，最大速度也是一个影响因素。假设运动员 A 的 20 米短跑最大速度为 9.5 米 / 秒，用时 3.10 秒。这个成绩不算太差，但也不是很好。现在将他与另一名运动员（我们称他为运动员 B）比较一下，在前 5 米他同运动员 A 具有相同的初始加速能力，但他的最大速度要略胜一筹（参见图 1.3）。他的 20 米短跑成绩要快 0.06 秒，达到 3.04 秒。最大速度的微小差别在 20 米短跑中会体现为较为明显的差距。也就是说，运动员 B 将以较为明显的优势击败运动员 A。在比赛的时候这就是一个巨大的差异！因此最大速度绝对会影响加速和比赛速度。"

作为一名教练，我认为最大速度训练的重要性是行业中最大的误解之一。我们都知道，冲刺是训练和提高速度的首选方法。但最大的问题是，应该确定每个运动员的跑步次数和频率，以及除了跑步之外还能做什么。最终，我们的目标是在极短的时间内产生巨大的刚性，紧接着迅速切换到极度放松的状态。这就要求身体的所有系统高度协调地工作，包括筋膜系统、肌肉骨骼系统、神经系统、内分泌系统和心血管系统。速度是刚度和放松共同作用的产物，这一概念有点自相矛盾，即使是有经验的教练也很难理解，这也是我们在第 2 章和第 7 章深入探讨这个概念的原因。

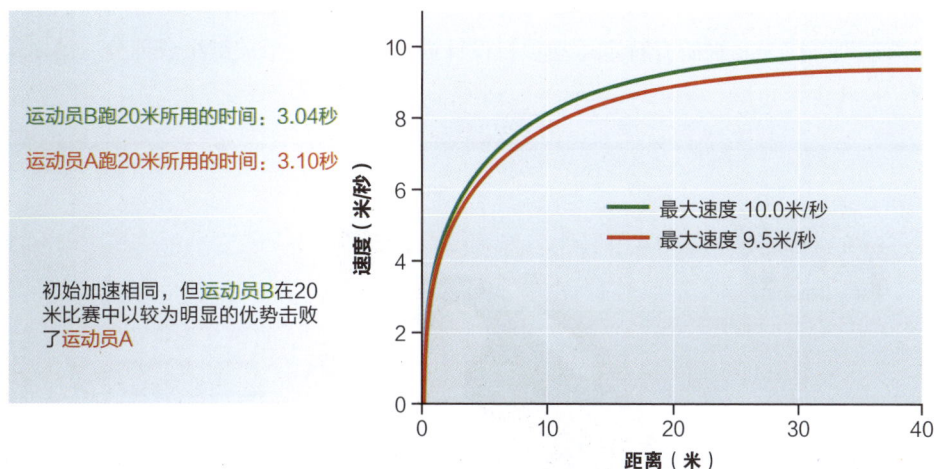

图 1.3　加速度和最大速度的比较
［图片来源说明：© Kenneth P. Clark. Used with permission.］

减速

将减速视为速度的一种形式似乎有悖常理。尽管与加速度（你能以多快的速度加速）相反，但减速度（你能以多快的速度减速）仍是一种速度衡量标准。就像赛车一样，你停得越快，跑得也就越快——因为你有更多的控制权。快速减速和控制重心的能力对于快速改变方向和最大限度地降低损伤风险至关重要。或者，以飞行为例，如果你知道飞行员擅长加速、起飞和飞行，但不擅长着陆，你可能不会登上飞机。减速对任何运动员来说都是一项基本技能，无论是控球后卫突然减速以拉开距离，从而可以停下来投篮，还是网球运动员在冲刺穿过球场后迅速停下以准备回击来球。作为一种运动技能，减速可定义为能够安全地降低重心，并通过强大的控制力来管理惯性，以从高速运动中停下来或者在进行某种努力后安全停下来。多项研究（Delaney et al.，2015）表明，运动员在减速时所承受的重力制动力最高可达其体重的两倍。因此，离心力量和前链力量都在安全减速中起着重要作用。

正确的减速动作是降低重心，使其位于身体后方。这意味着要缩小步幅，让脚位于重心的前面，这样就可以快速减小动量。手臂通过抵消髋关节、膝关节和踝关节弯曲产生的制动力来帮助保持平衡中心（参见图1.4）。在大多数竞争环境中，减速后都要立即完成一项任务——无论目的是改变方向以摆脱或拦截对手、接传球，还是投三分球。后续任务也会影响手部和身体姿势。这种后续动作实质上是爆发性的，需要肌肉快速储存和释放能量，这在很大程度上依赖于身体的弹性筋膜系统和拉长－缩短周期（stretch-shortening cycle）。需牢记的是，快速有控制地减速是运动员完成多向变速所需的基本技能。不恰当的减速是绝大多数非接触性软组织损伤发生的原因。这使得减速训练成为几乎所有特定运动项目设计训练计划的一个关键组成部分。第8章介绍了这些力学知识。

分开的手臂
有助于保持
平衡中心

胸部位于膝盖上方

髋关节、膝关节
和踝关节屈曲

降低重心

图1.4 正确的减速动作

多向速度

多向速度是在任何水平方向（向前、向后、横向、对角线等）上的快速改变轨迹的能力。这就是快速和敏捷的区别。虽然它涉及加速和线性速度的基本要素——强大的力量输出、正确的姿势和身体角度，以及能够在刚性和放松之间产生快速有节奏重复的能力，但多向速度的训练更加复杂，而且受运动员参与的项目或司职位置影响。它要求精确关注特定技能的使用时机、动作和模式。

正确的变向（Change of Direction，COD）动作是身体保持处于低重心的位置，髋关节、膝关节和踝关节稍微屈曲，关节的屈曲程度要足以实现最佳的力传递并能快速重新加速（参见图1.5）。保持这种姿势对于切步、侧步、旋转和其他变向动作至关重要。这就意味着采用多向速度的运动员需要具备坚实的力量和一定技术基础，并在各自的运动项目中具有高于平均水平的协调性和运动素质。多向速度是速度最多维的表现形式，它由三个不同的子类别组成，每个子类别都需要不同的训练和评估方法：变向、敏捷性和机动性。此外，由于它们是关于最佳训练和评估方法的经常争论的主题，因此需要对每个子类别的主要差异进行简要说明。

图1.5　正确的变向动作

变向

人们常常将变向与敏捷性混为一谈，并经常互换使用这两个术语来指代快速的运动轨迹变化，但两者之间存在一些重要区别。变向是预先计划好的方向或速度的快速变化，通常也称为"切步"，是有目的的进攻策略的一部分——例如，外接手采用某种模式跑动，面对防守者使用切步以创造空间。变向时你知道自己要去哪里，并且有一个计划。你可以通过锥桶训练、阶梯训练和其他计划好的动作序列来控制自己开发和演练的运动神经程序（运动记忆痕迹），将此作为训练计划的一部分。因此，所涉及的训练和技术高度依赖于运动员所参与的项目和司职位置。变向从力学上可分为三个阶段。

- 制动或减速。肌肉主要是离心收缩。
- 蓄力或过渡。肌肉主要是等长收缩。
- 重新加速或转换。肌肉主要是向心收缩。

敏捷性

相比之下，敏捷性是人体为响应外界感官刺激而做出的方向或速度快速改变。敏捷性是被动的、非计划性的、认知性的，需要人体能快速解读视觉和听觉线索，并在瞬间以适当的对策做出反应。虽然进攻球员可以利用敏捷性来应对防守动作，但敏捷性主要是一种防守策略，旨在观察对手的脚部移动、球的移动、肩部角度或其他迹象并做出相应的反应，以便防守者预测对手的下一步行动。敏捷性涉及多个多维因素，例如视觉扫描、模式识别、决策，以及具有敏锐反应速度且高度协调的神经系统。因此，教练和研究人员很难客观地评估每个运动员的敏捷性。这使得衡量运动员的敏捷性并制订基于实证的训练计划来提高运动员的敏捷性变得更具挑战性。有些人甚至会说，敏捷性是一种天赋，无法有效进行针对性的训练。但是虽然有些运动员天生更具敏捷性天赋，但我相信，这是一种可以训练的技能。

机动性

机动性是指身体处于不同角度时人体管理身体角动量的能力。这就像在一个弯曲的平衡木上进行冲刺，此时你需要综合考虑最大速度和敏捷性。机动性要求你管理好重心，同时轻微地改变身体角度、动作速度和轨迹来响应刺激。想象一名 200 米室内田径短跑运动员在斜坡跑道上以最大速度奔跑，或者一位击球手以全速冲刺方式跑垒，试图从二垒进入三垒时，以一个不合常理的姿势从三垒防守队员的手套下滑过进入三垒。这种跑步要求你在重心向一侧倾斜时有效地传递力。因此，与传统的短跑相比，这种冲刺形式需要运动员具备更强的脚部、踝关节和髋关节稳定性，以保持机动性。机动性依赖于下肢关节的超级刚度、高关节弹性水平和三维空间感知能力（本体感受），使运动员能够根据曲线的角度知道自己能跑多快。发展这项技能的最佳方法就是进行曲线跑，而这样做的运动员还很少。

特定于速度的热身

由于不同形式的速度涉及不同的解剖系统、肌群、姿势和运动模式，因此重要的一点是，在速度专项训练中，必须从针对当天训练内容的热身程序开始——无论当天的训练内容是加速、最大速度、减速还是多向速度训练。特定于速度的热身不仅能提高体温，润滑组织和关节，还能促进血液流动。这也是一个通过将基本的速度技术、姿势和练习融入日常训练中，提升技能和改善神经肌肉协调性的好机会。从整体上来看，在进行有针对性的特定于速度的热身活动之前，需要先进行一般性热身，让运动员为运动做好准备。一般性热身活动（第 3 章中介绍）旨在激活身体的各个区域——臀肌、核心肌群和背阔肌，这些区域对于生成速度至关重要。臀肌 – 核心 – 背阔肌之间的连接对于短跑和其他运动来说非常重要，因为这些主要的肌群结合在一起，形成了一个完整的全身性连接，提供通过动力链有效传递力所需的稳定性。因此，你需要在每个环节开始时激活这些部位，以便从当天的针对性训练中获得最大的益处，并降低损伤的风险。正如肯·克拉克常说的那样，有效训练的能力很重要。

第 1 阶段：预热身

预热身程序的首个步骤不是练习动作，而是用适当的机械辅助设备（如泡沫滚轴或曲棍球）发现并解决动力链中的软组织限制和粘连问题。其目的是通过下肢的前后链，包括小腿复合体、髂胫束、股四头肌、腘绳肌和臀肌，以及脚底和足底筋膜，消除可能制约灵活性的组织结节。研究表明，这种称为"自我筋膜放松"产生的压力可让组织变暖并导致渗透压变化，从而有助于增加流向这些区域的体液（Cheatham et al., 2015）。筋膜放松也被证明可以暂时增加关节的活动度，并在短时间内减少可感知的肌肉疼痛。其目标不仅仅是激活这些区域，而是找到存在的紧张点或风险点，并向这些区域附近的扳机点施加机械挤压，帮助它们得到放松。

建议不要直接对风险点本身施加压力，而是首先对组织结节周围进行按压，然后慢慢地向风险点方向活动。我们的目标是让组织能够移动，因此首先你要使它们从病变和肿胀的状态下放松下来。然后逐渐靠近组织结节所在的地方。我们的目标是让它从内部开始移动，而让它从内部移动的方法就是先放松它周围的组织。基本上，由于这些组织一直没有移动，因此会形成阻碍，而我们希望让组织再次移动，这样就可以逐渐靠近组织结节。一般性热身的下一步是让核心、臀肌和背阔肌通过"McGill Big 3"之类的训练参与进来，McGill Big 3 是由脊柱生物力学家斯图尔特·麦吉尔倡导的核心激活训练。具体训练包括麦吉尔卷腹、侧桥和鸟狗式。从这些训练开始，你可以逐步演进到死虫式、更高级的侧桥、鸟狗式的变式，以及其他更能激活背阔肌的平板支撑练习。对跑步运动员来说，激活脚部的小运动单位也是一个重要的一般性热身步骤，因为在一般性热身期间，他们希望为更好地抵抗地面反作用力做好准备。

第 3 章中将更深入地介绍这些技术，但需牢记的重要一点是，核心激活热身对于安全地从任何速度专项训练计划中获得最大收益至关重要。

第 2 阶段：一般性主动动态热身

主动动态热身（Active Dynamic Warm-up，ADW）的第一步是做一些练习，通过构筑内在防线来帮助身体发展完成奇位姿势所需的力量和身体稳定性。这是通过在三个运动平面上使用负荷运动（如弓步）激活多个关节和结构来实现的。负荷应该是次最大的，可以通过握住药球、壶铃或其他负重训练工具来产生。完成关于身体稳定性和奇位姿势力量（指借助不常见的身体姿势产生力量的能力）的训练后，一般性主动动态热身应该过渡到代谢激活，使用结合了不同跳跃练习和动态振动动作（如开合跳）的徒手练习和快速伸缩复合训练。这些练习可以刺激神经系统，提高心率，提高核心温度，激活无氧能量系统，并有助于增强局部肌肉的耐力。

第 3 阶段：特定于速度的主动动态热身

在最后一个阶段中，你需要专注于做那些需要特定姿势才能实现当天目标的动作，因为从技能训练的角度来看，没有什么比练习技能本身更好的了。从这个角度看，理想的特定于速度的热身应该从直接进入当天训练练习的训练阶段开始。我们的目标是让运动员进行一系列循序渐进的基于技能的训练，慢慢地掌握技能。因此，如果你想提升加速能力，应该从加速的基本姿势和有关加速的动作开始练习，直到你真正开始加速冲刺。帕里西速度学校有一句谚语——"我们的热身就是你的训练"，因为该学校中运动员的热身时间相当长。根据运动员的身体状况、当天的训练目标，以及你可以与运动员一起花在日常热身活动中的时间，热身时间可以短到 12 到 15 分钟，也可以长达 20 到 30 分钟。但是热身应该与专项动作的练习相结合，帮助运动员塑造更好的体型，并建立与该专项动作相关的更为多样化的神经路径。最重要的是，不要低估在任何训练之前进行特定于速度的热身的价值和重要性。事实上，我们很少对美国国家橄榄球联盟训练营的运动员进行负重力量训练，因为我们和他们一起训练的时间只有 4 到 6 周。我们不想从负重训练、离心负荷的角度来介绍特定于速度的热身。我们希望这些热身让人感觉新鲜，这样运动员就可以优化他们在技能测试中的表现。这就是为什么对运动员来说，一般性热身和专项技能热身是最大限度地提升其运动表现的重要方法。

评估力量 – 体重比

在结束本章中关于多种速度形式的介绍之前，介绍一下特定于速度的力量，因为力量 – 体重比是影响所有速度类型的重要因素。制订特定于速度的训练计划时，首先需确定运动员的训练年限和历史，以及所训练的运动员的类型——是较瘦的、筋膜驱动的猎豹型运动员，还是体格更大的、肌肉驱动的犀牛型运动员。我喜欢将这些类别的运动员视为各种类型的动物，因为这样很容易建立并记住它们之间的联系。

奥林匹克教练丹·普法夫根据运动员的体型、专项、司职位置及其不同的动作驱动因素对运动员进行分类，并将此过程称为"邮箱分类（mailboxing）"。无论你的评估方法是什么，对运动员进行分类对任何教练或训练师来说都是重要的第一步，因为你需要为每个人定制个性训练计划才能获得最佳的结果。肌肉驱动型运动员对较重的负荷和传统力量训练（在一定程度上）的反应要比筋膜驱动型运动员更好，后者适合采用更具弹性的动作练习策略来产生速度。为猎豹型运动员制订与犀牛型运动员一样的举重训练计划最终很可能会减慢猎豹型运动员的速度，增大其损伤的概率。一旦确定了要训练的是什么样的运动员，在为他们制订训练计划之前需要评估他们相对于体重的现有力量。第 5 章更深入地介绍了特定于速度的力量，不限于一些基本评估，包括确定运动员可以做多少个引体向上，他们硬拉或深蹲时可以承受多大的重量，以及他们可以跳多高。这三项评估使你能够快速了解运动员现阶段的情况，以及运动员需要进行多少特定于速度的力量训练才能提高速度。这些评估还将为你提供客观的基线，用于衡量运动员的进步并确定你的训练方法是否成功。

说到引体向上，一个很好的相对于体重的目标是做 12 到 15 个，最佳目标是做 20 个。在我作为教练的 30 多年经历中，发现做 20 个以上的引体向上并不会带来太多的好处，而完成 12 个引体向上动作是我认为的运动员具有相对良好上肢力量的最低要求。在测量下肢力量方面，能够深蹲或硬拉起两倍体重是一个坚实的基线基础，最佳目标是达到体重的两倍以上。但是这个目标范围很大程度上取决于你所面对的运动员的体型、体格和体重。一些运动员可能已经准备好以两倍于体重的负荷进行训练，而其他运动员可能需要采用两倍半体重的负荷。同样，在这些动作中，采用超过体重两倍半的负荷在提高运动员的速度方面几乎没有额外的好处，事实上，可能还会因为体重的增加而减慢速度。垂直跳跃能力通常是在一个平坦处从站立姿势开始测量的，跳跃高度为 66 到 71 厘米表明运动员拥有扎实的基础。最佳目标是 76 厘米或更高。从这个角度看，在每年的美国国家橄榄球联盟（National Football League，NFL）和美国职业篮球联赛（National Basketball Association，NBA）训练营的测试中，只有十几名球员在垂直跳跃测试中的跳跃高度超过 102 厘米。

正如我在本章开头所说的那样，谈到速度训练时，没有什么通用的方法。除了有许多不同的速度形式这一事实外，运动员提高速度的方式也有许多种。然而，教练或训练师需牢记的最重要一点是，这一切都可以归结为一个词：个性化。人类是极其多样化的独特生物。每个人都拥有不同的遗传特征、组织成分、损伤史、睡眠模式、饮食习惯、动机和运动策略。其中许多变量在每天、每个季节或每年都发生变化。执教的艺术来自将速度的基本解剖学和力学理解为一项技能，并知道如何将这些原则应用到特定的运动员。这意味着你需要定期询问运动员的感受，监测他们的身体对不同类型训练的反应，并尽最大努力了解会影响表现的许多细微变量，以便能够准确地为他们选择最佳训练活动，无论训练目的是增强力量、微调体型和发展协调性，还是只想让他更多地休息。首先，你要了解每位运动员，这样就能真正了解他们需要做什么训练才能脱颖而出。如果你想在降低损伤风险的同时最大限度提高运动表现水平，那么让每个人一直都做同样的事情的时代已经过去了，因为"计划就是这样"的时代已经结束了。回顾一下我们在前言中的烹饪比喻，如果你想让运动员发挥最佳水平，就不能让每个人都吃同样的自助餐。你需要成为一名技艺精湛的厨师，拥有丰富的食材可供你进行创造性发挥，并能制作出所需的任何美食。这就是你作为训练师和教练创造持久价值的方式。

第2章

速度系统

　　最佳速度源自一系列生物系统和谐统一的协作。没有任何单一的系统、技术或方法可以帮助你实现最佳速度。每个系统都在最终结果中发挥着重要作用，将注意力集中在其中任何一个系统（如肌肉骨骼系统或神经系统）上不可避免地会减少其他系统的贡献，从而限制运动表现并增大损伤的概率。如果你想实现最佳表现并且具有较强的损伤恢复能力，你需要了解每种"乐器"在"交响乐"中的作用，以及如何调整每种"乐器"以获得最佳的组合效果。这不是公开的即兴表演，而是一次复杂的合作。速度是复杂的、多维的，并且根据每个运动员的体型、运动策略、情感驱动因素、训练历史和生活方式（例如休息模式、压力触发因素和饮食习惯）会有所不同。在介绍实际的训练方案之前，先来看看这首由不同解剖系统组成的"交响乐"是如何以多种形式表现速度的。

肌肉骨骼系统

　　在过去几十年的专业训练和体能训练中，肌肉骨骼系统可能受到了最多的关注和重视，这是有充分理由的。上一章解释了力量－体重比为何是影响所有速度类型的重要因素之一。变强壮对于提高速度至关重要，但我相信，有不少教练以往过于专注速度系统而忽略了其他系统。神经系统、筋膜系统、淋巴系统和能量系统在提高速度方面起着同等重要的作用，肌肉骨骼系统是运动的引擎和基础。在本书的练习部分，有许多突出显示所选活动肌肉的解剖图。这些被标记的肌肉并不是参与这些运动的唯一肌肉，但它们是与其他系统和筋膜结构协同工作的主要运动肌肉。

骨骼肌以其通过收缩产生运动的能力而闻名。它们由完整的肌束、神经纤维、血管和三层结缔筋膜组织组成，这些组织包围着每一块肌肉及其内部的纤维。这种包围每块肌肉的致密结缔组织鞘被称为肌外膜，它就像一套弹性的举重服，可提升肌肉收缩和保持稳定的能力，同时与周围的其他肌肉和结构相结合。它还允许肌纤维在彼此之间或在其他组织之间平滑地滑动。肌纤维被组织成很多束，称为肌束，其周围有一层被称为肌束膜的结缔组织。这种结构允许神经系统通过激活肌肉中的一部分纤维使其收缩，从而完成精确的肌肉运动。肌束内的每一条肌纤维都包裹在被称为肌内膜的结缔筋膜组织中，肌内膜含有维持肌纤维活性的细胞外液和营养物质（参见图2.1）。骨骼肌纤维收缩时，产生的张力会通过多层弹性结缔筋膜组织和肌腱进行传递。这种

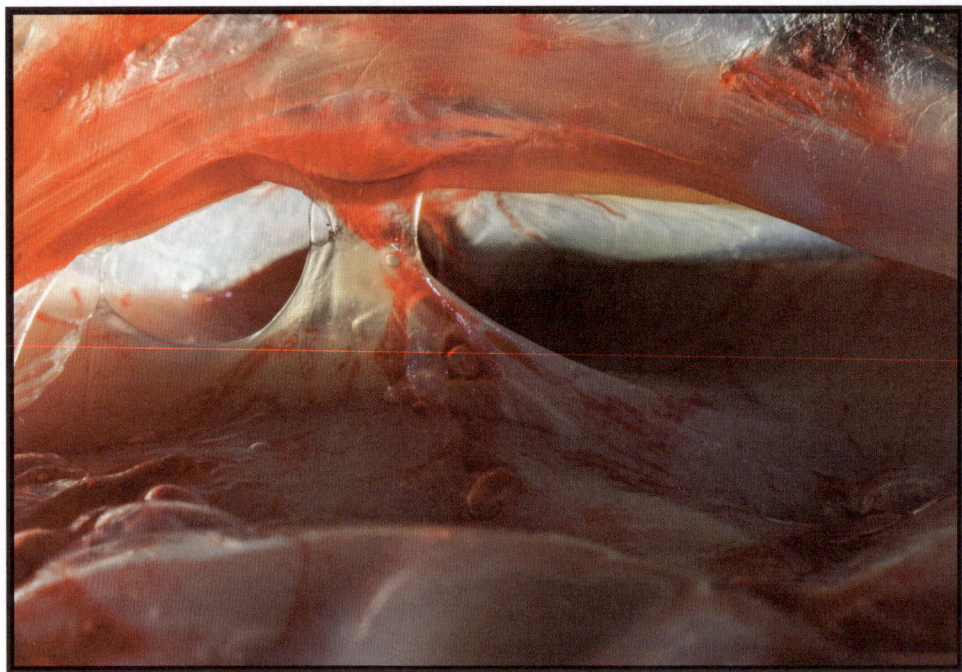

图2.1 肌筋膜组织

［图片来源说明：© Fascia Research Society。图片由托马斯·斯蒂芬（Thomas Stephan）提供。］

力的传递利用多个肌肉骨骼结构的协同收缩来连接各个关节以及移动骨骼或创建刚度系统，例如胸腰筋膜，它由大片结缔组织编织而成的下背部肌肉组成。

在专门介绍肌肉骨骼系统的小节中用较多篇幅介绍结缔组织的原因是，这两者实际上是紧密相连的。两者在正常工作时缺一不可。此外，在有关健身和解剖学的教科书中，肌肉系统一直是关注的焦点，但关于筋膜系统如何与骨骼肌协同工作来产生运动的重要性没有得到充分的重视。这主要是因为筋膜系统就像液压悬挂系统一样贯穿整个身体，支撑体内的肌肉、骨骼和器官。筋膜系统是一个由胶原蛋白和加压流体组成的相互关联的单一网络，只有在人活着的时候才会发挥作用。作为解剖系统的一部分，筋膜系统经常不被重视。事实上经过 500 多年的解剖学研究，我们仍然没有像了解肌肉骨骼和循环系统那样全面完整地了解筋膜系统。最近，诸如超声波和弹性成像等现代成像技术终于让我们了解了筋膜系统在活体中的实际工作原理。对本书主题来说更重要的是，东京大学的研究（Kubo, Kawakami, and Fukunaga, 2001）表明，弹性结缔组织（而不是肌肉）实际上在加速、高速冲刺和跳跃等爆发性动作中，承担着比我们以前所认为的还要多的爆发力产生工作。数据显示，肌纤维等长收缩并通过强大的肌腱增强弹性势能的储存和释放。这就让肌肉能够快速地收缩和放松，从而有效地优化功率输出。例如，弓箭手一次又一次地射出弓箭，或某人利用弹簧高跷进行跳跃。肌肉在速度方面起着至关重要的作用，但并非我们一直认为的那样。本章稍后会详细介绍筋膜系统在人体运动中所起的重要作用。

此外，每条骨骼肌纤维都与一个躯体运动神经元相连，该神经元向肌纤维发出收缩信号（有关详细信息，请参见图 2.4）。骨骼肌中的纤维数量是由基因决定的，无论如何训练或改善饮食都不会改变这一点（Pearson, 1990）。这就是为什么有些人天生就是猎豹型运动员，而有些人天生就是犀牛型运动员。事实上，三种类型的肌纤维可以分为两个不同的类别：Ⅰ型（慢缩型）肌纤维和Ⅱ型（快缩型）肌纤维。这些肌纤维的区别在于它们收缩的速度以及它们产生三磷酸腺苷（ATP）的方式，三磷酸腺苷是肌肉活动的能量。这三种肌纤维几乎存在于身体的所有骨骼肌群中，每种肌纤维所占的比例各不相同。Ⅱa 型和Ⅱb 型快缩型肌纤维在较大的肌群中占主导地位，为爆发性运动和速度产生爆发力，而Ⅰ型肌纤维在整个身体中所占的比例较小，用于帮助维持核心稳定性和持久的耐力。就身体成分和运动倾向而言，大多数耐力运动员体内慢缩型肌纤维的比例较高，而爆发型运动员体内快缩型肌纤维的比例较高。

Ⅰ型（慢缩型、氧化）肌纤维收缩更慢，主要利用有氧呼吸通过代谢氧气和葡萄糖来产生三磷酸腺苷。它们的疲劳速度慢，是持续肌肉活动（如核心稳定性和耐力运动）中使用的主要纤维。

神经系统

中枢神经系统（Central Nervous System，CNS）和外周躯体神经系统控制着身体的其他系统。如果神经系统受到损害，就会出现一系列问题。运动表现会受到限制，损伤的概率也会增大。另外，正确调整和训练神经系统对于用最少的努力和最低的风险获得最佳速度、精度和爆发力至关重要。这就是为什么如果最终想要变得更快，就必须学会使用专注的精神来运动，并使用最佳的形式循序渐进、正确地训练无意识的肌肉记忆。首先，你需要用良好的习惯和形式对不同运动模式的"运动记忆"进行编码，让身体最终可以募集更多的肌纤维，从而以更快的速度和更大的爆发力完成运动。

当骨骼肌纤维由运动神经元支配时，就会产生收缩，由单个运动神经元激发的一组肌纤维称为运动单位。运动单位的大小取决于被激活的肌肉或肌群。小运动单位由运动神经元组成，它只激活肌肉中的少量肌纤维。小运动单位提供超精确的视觉控制，让你的眼睛在跟踪移动的球时能改变焦点，让你能用手指发短信。

大运动单位由单个运动神经元组成，可激活肌肉中的大量肌纤维。大运动单位负责完成简单的运动，例如伸出肘部击打某物。大腿肌肉或背部肌肉中的大运动单位允许单个运动神经元同时激活数千个肌纤维。

所有骨骼肌都由不同的运动单位支配，使神经系统能够对运动进行极为精细的控制。激活较小的运动单位会导致肌肉产生较小的收缩张力，而较大的运动单位会激活较大的肌纤维，从而增加肌肉收缩。这就是所谓的募集。募集的运动单位越多，肌肉收缩就越强。神经系统通过募集运动单位来有效地使用骨骼肌。肌纤维募集的可变性使你能够利用可举起沉重壶铃的肱二头肌以较小的力巧妙地采摘花朵。当你爆发性地加速或举起沉重的杠铃时，身体会募集最大数量的运动单位来产生最大的收缩力。然而，由于维持收缩需要大量的能量，这种爆发力只能持续很短的一段时间。为了防止肌肉完全疲劳，运动单位很少会被同时激活。相反，神经系统会让运动单位共同分担一些负荷，放松一些运动单位，同时激活其他运动单位。这使得肌肉收缩的持续时间变得更长。同样，肌肉也不会完全放松下来。即使在你不运动的时候，肌肉也会保持一定程度的收缩，以保持动作电位和收缩蛋白质，并产生可维持姿势和稳定关节的肌肉张力。

无论是加速、变向，还是以最大速度冲刺，表现速度特定的力的关键是训练神经系统，使其以快速收缩和放松的顺序刺激多块肌肉。神经肌肉系统的"交响乐章"由大约650种"乐器"合奏而成。要想准确地演奏出强有力的"音乐"，需要不同的"乐器"在不同的时间以不同的"音量"、不同的"音调"进行演奏。肌肉需要以最快的募集速度开启一个"节拍"，然后以同样快的速度完成这个"节拍"。

生物力学家、脊柱专家和作家斯图尔特·麦吉尔在一项涉及 6 名来自不同重量级的世界顶级终极格斗冠军赛（Ultimate Fighting Championship，UFC）拳手的研究中，证实了神经脉冲周期的重要性（McGill et al.，2010）。在这些研究中，他使用一台肌电图仪对这些拳手进行测量，该仪器记录了拳手重复向一个沙袋进行一系列回旋踢时肌肉骨骼系统所产生的肌电活动。结果表明，无论其重量级如何，每位拳手都有相同的神经模式。

在鞭打动作开始时，当拳手的脚离开地面，臀部猛地向下时，会有一个初始肌电信号。然后，随着大脑信号暂时放松以增加从脚到目标的闭合速度，他们的身体会进入一个短暂的、安静的神经放松状态。当脚撞击到沙袋时，第二个神经峰值产生了，且他们的整个身体都处于超级刚度状态，以便在击打时发挥最大的力量（参见图 2.3）。

这种清晰的双峰值神经模式会平稳地、持续地重复，直到第 4 次或第 5 次击打，此时每个拳手的神经系统都将开始崩溃。由于在鞭腿和接触沙袋之间没有任何的放松，拳手开始感到疲惫。他们并非通过在击打动作的中间部分放松来增加动量，而是会利用自己的力量来"强行完成"这个动作，并将他们的鞭腿推向沙袋，而不是让腿在空中划过并发出清脆的响声。说到调音乐器，在一些对敲击速度最快的鼓手的研究中，也记录了同样的开关神经模式。这种快速收缩和放松的脉冲周期就是你通过速度来表现力的方式。在脚着地时，会在核心产生近端刚度，在地面的支撑腿产生远端刚度，这对于在跑步时将能量传递到地面并从地面反弹回来至关重要，但是在两只脚交替着地之间的放松能力是最重要的。

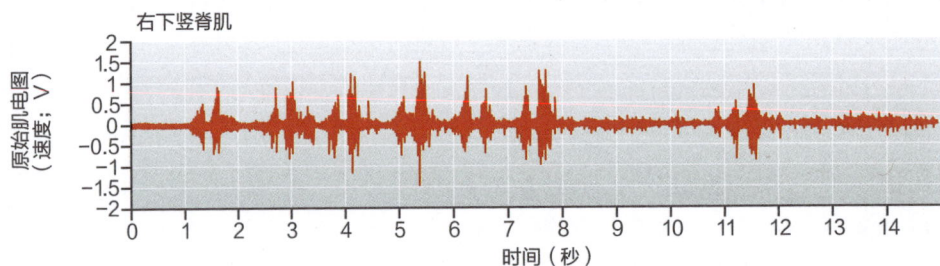

图 2.3 神经脉冲。使用一台肌电图仪在世界顶级终极格斗冠军赛拳手重复一系列回旋踢动作时进行测量。每个拳手都有相同的神经模式：鞭打动作开始时有一个初始肌电信号，然后是一拍的神经放松，随后是脚撞击沙袋时产生的第二个神经峰值

（图片来源说明：Adapted from S.M.McGill, J.D. Chaimberg, D.M.Frost, and C.M.J.Fenwick, "Evidence of a Double Peak in Muscle Activation to Enhance Strike Speed and Force: An Example With Elite Mixed Martial Arts Fighters," *Journal of Strength and Conditioning Research24*, no. 2: 348–357. ）

就高速跑动中涉及的腿部运动而言，考虑这个问题的一个好方法是想象你正在玩溜溜球。玩溜溜球时，你会用很大的力量快速地将其向下甩出。但要将其拉上来，只需稍微向上拉一下即可。这里采用了两种不同的神经动力学，时机的把握对于正确玩溜溜球至关重要。当你以最大速度奔跑时，也会发生同样的事情。大致思路如下：爆发性地将每条腿踏向地面，同时保持与地面接触的腿和核心部位的近端刚度，另一条腿无意识地向上弹起，并最大限度利用髋关节屈肌中的弹性拉长 - 缩短周期，这样就可以利用前链中拉伸周期的动能再次将腿踏向地面。但我从斯图尔特那里学到的令我印象最深的知识之一（学到的知识有很多）是，进行速度训练时，神经系统和思维的重要性高于一切。正如斯图尔特所说，我们太习惯于专心训练肌肉，以至于常常忽视了"训练大脑"的重要性。

"力量的表达总是始于某个想法，"麦吉尔说，"为了激发所需的神经驱动，你需要利用全身的最大力量；你需要面对比赛；你需要触发一些应激反应；你需要变得有点儿愤怒，好像你的生命取决于它一样。所有这些意图都始于一个想法。"

也就是说，思考过多会让运动员把事情搞砸。意图很重要，但世界级的短跑运动员在跑步时并没有真正考虑双腿的循环动作，因为他们的移动速度太快，以至于他们的双腿只对地面接触做出反应。如此一来，速度几乎是无意识地产生的。为了掌握达到这一水平的运动技能，你需要对肌肉记忆（或运动记忆）进行训练，通过一种称为 γ 环路的现象，利用身体神经系统的原始力量，反应性并自动地驱动肌肉。

外周躯体神经系统具有位于肌梭内的传入神经（感觉神经）和传出神经（运动神经）。传入神经将传入的感觉传递到中枢神经系统，告诉你在空间和时间中的位置（本体感受）。传出神经从中枢神经系统向身体发出命令作为响应，刺激肌肉收缩。这些神经是对肌肉长度变化做出反应的机械感受器，然后由 γ 和 β（融合运动）神经元进行调节。γ 环路在脊髓和肌肉之间运行，以加快人的反应，并在大脑有意识地介入之前自动调节肌肉张力水平，以响应外部刺激（参见图 2.4）。

例如，如果你在跑道上而不是在草地上跑步，那么触地时间就会发生变化。草地上的触地时间比跑道坚硬表面上的触地时间要长，这会改变身体的反应，促使神经系统适应不同的情况。这就是可以通过改变外部训练刺激，在不平坦的表面上进行冲刺训练来锻炼平衡性的原因，在身前举着一个药球跑步，或者带着动态可变负荷（如水袋）跑步都很有效。采用不同形式的抗阻训练会刺激神经系统以通常不会采用的方式激活和募集肌肉。这也是为什么高速冲刺（或以高速做任何事情，无论是投掷、拳击还是切菜）技术应该先以低速进行演练，然后逐渐提高到最大速度和最大努力程度。以较慢的速度开始训练，可以让你正确协调所涉及的运动单位的激活顺序，并在运动

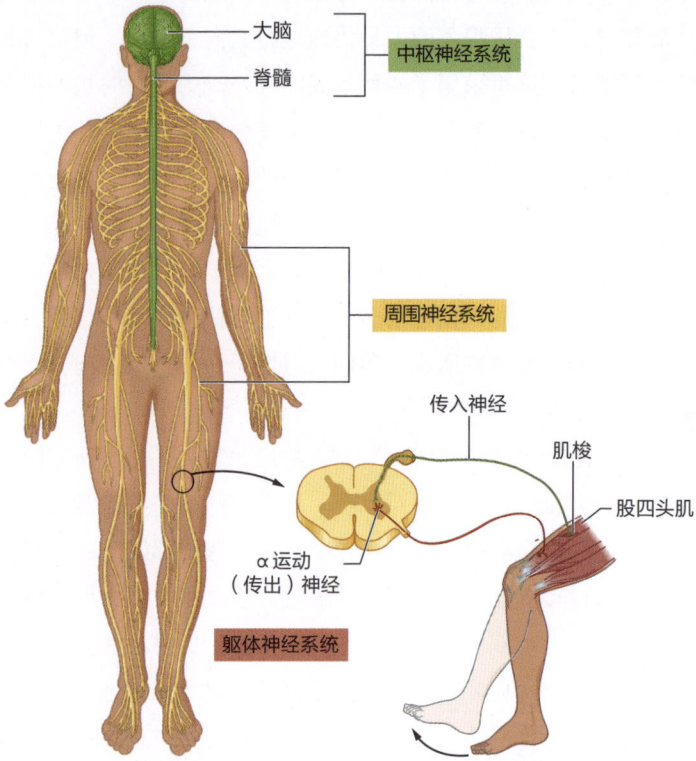

图 2.4 神经系统

模式中募集更多的肌纤维。当你以不合理的形式快速做某事时,你的身体会想出一些办法用低效的肌肉活动来运动。此外,速度训练应在经过一段时间的休息或轻度训练后的训练周内进行,以优化神经的激活。在训练环节中,速度训练应该在包含这些特定动作技能的特定热身程序之后进行。

速度提示

作为一名运动表现教练，你拥有的最强大的工具之一就是语言。试图向运动员解释所有不同的姿势和运动模式以获得最佳的加速度或最大速度不是一个好策略。如果你这样做，运动员会不可避免地想得太多并导致表现不佳。运动是任务驱动的，它始于意图。最好的策略是保持事情简单，为运动员提供易于想象的动作提示，例如"用你的脚旋转地球仪"，提示是教练和运动员之间不断发展的沟通渠道。提示为我们创造了共同的语言，形成了信任的纽带。然而，关于语言的一个令人沮丧的悖论是，我们都有自己的个人词典。同一个词对不同的人可能意味着不同的含义，解释总是取决于上下文。此外，正如丹·普法夫教练喜欢说的那样："提示就像 T恤衫。一段时间过后，它们都开始发臭，你需要改变它们以获得好的结果。"考虑到这一点，我为后文的几章创建了一个简短的速度提示版块，这几章包括第 6 章"加速"、第 7 章"最大速度"、第 9 章"多向速度"和第 10 章"敏捷性"。每个版块中都有一些我发现多年来在众多运动员身上取得了成功的提示。但这些只是一个起点。有效的提示确实是一种艺术形式，即使对经验丰富的教练来说也是难以捉摸的。尼克·温克尔曼（Nick Winkelman）是世界顶尖的运动提示科学专家之一，他是爱尔兰橄榄球联盟（Irish Rugby Football Union）的运动表现和科学负责人，也是《执教的语言》（*The Language of Coaching*）（由人体运动出版社出版）的作者。温克尔曼的书中还提供了侧栏中的一些提示，以及关于如何使用这些提示背后的科学的深入分析。如果你对这个话题感兴趣，建议你购买一本他的优秀著作，花点时间真正了解如何使用其中的信息成为一名更好的运动表现教练。他所讲述的以科学为依据的原则将为你提供所需的概念工具，使你的提示可以不断适应运动员不断变化的需求。

温克尔曼说："我认为提示与联系是同义词，它是有效建立教练与运动员之间关系的核心，对训练过程和项目本身一样重要。但是在语言方面的挑战在于，其有效性的证据对于接受者来说远比对于创造者更加清晰明了。因此，教练应根据运动员的反馈、学习需求不断校准、更新提示。"

能量系统

身体使用三种不同的能量系统产生三磷酸腺苷（肌肉收缩所需的能量）：ATP-PC系统、乳酸系统和有氧系统。ATP-PC系统提供最直接的能量来源。在乳酸（糖酵解）系统启动之前，它会为你的肌肉提供10到15秒的爆发性能量，以提供长达两分钟的

高强度输出所需的能量。糖酵解系统提供的能量耗尽后，身体从无氧能量系统切换到有氧能量系统，并且此时的训练注重于提升耐力（参见图2.5）。ATP-PC（由三磷酸腺苷和磷酸肌酸组成）系统和乳酸系统在无氧（没有氧气）状态下运行，虽然这三个系统在高水平表现运动中都很重要，但无氧能量系统对爆发性加速、变向和爆发力的影响最大。这是因为无氧能量系统负责为最初几秒或几分钟的爆发力输出提供能量。当你开始进行短跑、举重、跳跃或出拳时，肌肉组织中根本没有足够的氧气来促进有氧代谢。

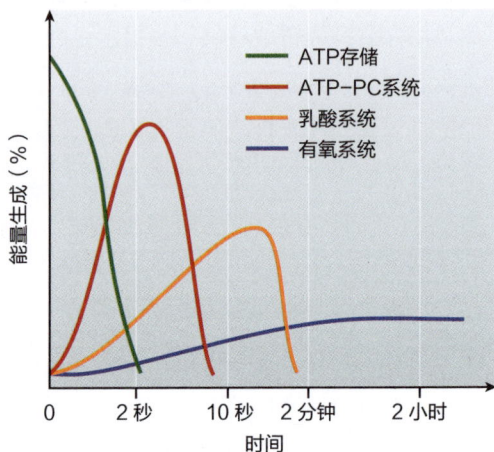

图2.5 能量系统。身体使用三种不同的能量系统产生三磷酸腺苷（肌肉收缩所需的能量）：ATP-PC系统、乳酸系统和有氧系统

ATP-PC系统

ATP-PC系统是身体中的即时供能系统，因为PC（磷酸肌酸）是一种很小的高能量化合物，肌肉细胞直接将其储存在自身内部，在突然的爆发性运动中可直接使用磷酸肌酸。但是，由于它的储存量非常低，所以只能为肌肉提供10到15秒的高辛烷值燃料。之后乳酸系统开始运转，为接下来两分钟的输出提供更多的能量，直至你感到疲劳并用力呼吸（因为需要氧气才能继续运动）。此时，你的身体将转而使用有氧系统。ATP-PC系统中的化学反应不会产生疲劳副产物，细胞可以快速重新合成磷酸肌酸。这一优势体现在运动员能够在相对较短的恢复期后，再次具备准备冲刺、举重、跳跃或出拳的能力。

开发这种速度能量系统需完成一些训练环节，包括以最大强度进行10到15秒的重复练习，然后在两组练习之间休息大约两分钟，让系统进行自我恢复。在短跑运动中，当运动员以95%到100%的强度进行30至60米的接近最大速度的冲刺时，速度

能量系统受到最大的挑战。训练 ATP-PC 系统的时间与休息时间的比为 1：10/20，这意味着每训练 1 秒，就应该有 10 到 20 秒的恢复时间。例如，如果你要以最快的速度冲刺 50 米，那么在重复此练习之前，你需要有 1 到 3 分钟的恢复间隔。需牢记的重要一点是，当你设计训练计划以调节 ATP-PC 系统时，休息周期至关重要。如果运动员的动作质量或爆发力输出水平明显下降，就应该休息或停止训练，因为他们的疲劳表明 ATP-PC 系统提供的能量已经耗尽。如果运动员继续进行训练，训练模式将转向耐力训练，这将对提高爆发力和速度起反作用。同样重要的是，应该考虑在没有肌肉疲劳的情况下（通常在休息 24 到 72 小时后）训练无氧代谢时的速度。

乳酸系统

在身体耗尽 ATP-PC 系统在最初 10 到 15 秒提供的能量后，它会利用另一种成分——糖原（葡萄糖）——继续产生能量。此时身体会使用一种称为无氧糖酵解的化学反应，通过将葡萄糖分解成丙酮酸继而生成乳酸的过程生成三磷酸腺苷。乳酸系统是 10 到 120 秒持续运动的主要能量系统，它的自我补充速度相对较快，每个葡萄糖分子产生两个三磷酸腺苷分子。人体在肝和肌肉组织中以糖原的形式储存了大量的碳水化合物（约 500 克），这相当于一个非常大的储存系统，可以存储大约 2000 千焦的能量。虽然必须从体内清除乳酸，但它不是一种废物，因为它可以转化成其他有用的化学物质，包括乳酸盐。训练师、教练和运动员通常交替使用乳酸和乳酸盐这两个术语，并且经常（错误地）认为乳酸和乳酸盐会导致延迟性肌肉酸痛（Delayed Onset Muscle Soreness，DOMS）。事实上，乳酸会干扰肌肉收缩，并刺激肌肉内的游离神经末梢，从而导致疼痛感。但与普遍看法相反，研究表明延迟性肌肉酸痛实际上来自肌纤维中的微撕裂，而不是乳酸或乳酸盐（Nalbandian and Takeda，2016）。乳酸盐实际上是无氧和有氧代谢的一个重要组成部分。

乳酸和乳酸盐之间的主要区别在于，为了成为一种酸，一种物质必须要贡献额外的氢离子。当乳酸贡献其质子以生成三磷酸腺苷时，它就会变成乳酸盐，身体会用它来延缓疲劳并防止组织损伤。当肌肉剧烈收缩时，其酸性会增强，最终干扰其神经的激活，从而降低肌肉的爆发力。这就是你在完成最后一次重复练习时感觉到的肌肉燃烧。但是乳酸盐不会导致这种情况；相反，它在此过程中起到了一种信号和保护机制的作用，可以防止身体自我损伤（Nal bandian and Takeda，2016）。当肌肉开始疲劳并变得更偏酸性时，乳酸会抵消细胞的去极化作用。乳酸阈是指乳酸在血液中积聚的速度超过身体清除乳酸的速度的那一点。因此，身体清除乳酸的能力越强，运动员的表现就会越好。

可以通过进行短时间的高强度运动来训练和改善乳酸系统，在此期间，可以使身体中堆积的乳酸水平达到乳酸阈附近，例如进行高强度间歇训练（High-Intensity Interval Training，HIIT），然后进入充分的恢复阶段。有许多方法可以让你达到理想的乳酸阈。马克·西森（Mark Sisson）是《原始耐力》（*Primal Endurance*）一书的作者，他为乳酸阈训练设定了理想的目标心率范围，即 180 减去你的年龄。例如，如果你现在 30 岁，你可以进行短时间的剧烈运动，但要让你的心率低于每分钟 150 次。测量乳酸水平的一个更简单的方法是，如果你在训练时用嘴呼吸，说明你的运动强度太大了。这是因为开始用嘴呼吸时，身体已经开始利用乳酸储备，并进入一种起反作用的分解代谢状态，开始分解肌肉和脂肪。同样值得注意的是，当你在训练后进行包含低强度运动的放松环节，大约需要一小时来清除体内的乳酸。但如果不进行放松，可能需要两个多小时来清除体内的乳酸。这就是为什么将放松和休息周期纳入训练计划对于快速恢复和更快地提高速度如此重要。

筋膜系统

筋膜系统如图 2.6 所示，它是与生成爆发力和速度有关的最重要和最不为人所知的系统之一。如前所述，筋膜系统的科学研究开始得较晚。由于我们无法通过传统成像技术（如磁共振成像和 X 射线）观察筋膜系统，所以我们才开始了解它的重要性，这还要归功于现代超声波、弹性成像和其他技术。事实上，2018 年在柏林召开的第五次国际筋膜研究大会仍在确定筋膜系统特征和特性的确切参数。围绕筋膜系统的术语也在不断发展。该领域的专业人士通常用不同的、可互换的名称来称呼它，这些名称包括筋膜系统、细胞外基质（Extracellular Matrix，ECM）和筋膜网等。无论怎么称呼它，现代研究表明，身体的结缔筋膜组织网络在很大程度上负责将用于跑步、跳跃、投掷、拳击和踢腿的力放大。它利用一种称为弹射效应的弹性反冲的机制来实现这一点，这一过程由筋膜结构的交叉协同收缩组成，通过在四肢、核心和上半身创建刚度系统，使我们能够有效地通过动力链传递能量。

研究人员研究了袋鼠以 40 多英尺（1 英尺约等于 0.3 米，余同）的高度连续跳跃和能达到每小时 44 英里左右最大速度的惊人能力，并证实了弹射效应（Alexander，2003）。最初，人们认为袋鼠体内必定有较高比例的 II 型（快缩型）肌纤维。但是经过进一步的分析，结果证明袋鼠实际上与其他有袋类动物（例如考拉熊）具有相同的基本肌纤维成分。最终，研究表明，袋鼠能够生成巨大的力脉冲，是因为它们的后腿肌腱非常发达，这使得它们具备极强的动能储存和释放大量动能的能力。事实上，袋鼠用它们那双大而笨重的双脚走路要比跳跃消耗更多的能量，而且它们跳跃的速度越快，消耗的能量就越少（直至达到它们的巡航速度）。研究表明，当袋鼠跳跃时，它们的肌肉会预先收缩以拉伸附着的筋膜结缔组织（就像绷紧的橡皮筋一样加载力），然后迅速放松，以强力脉冲释放储存的弹性势能。瞪羚具有相同的解剖学特征。超声成像让我们看到，人类是地球上唯一拥有相同类型的动能储存系统的两足动物。弹性筋膜结构的交叉协同收缩也解释了为什么一名美国职业棒球大联盟投手能够以每小时100英里的速度投掷快球，而一只黑猩猩甚至不能把石头扔进窗户。人出生时整个筋膜系统就是完好的（就像神经系统一样）。它围绕、支撑和连接身体的所有其他器官、肌肉和细胞，让人能够在不断变化的世界中实现稳定和运动的灵活组合。如果提取出筋膜系统及其充满体液和胶原蛋白等的内部物质，那么它看起来就像是葡萄柚的内部，

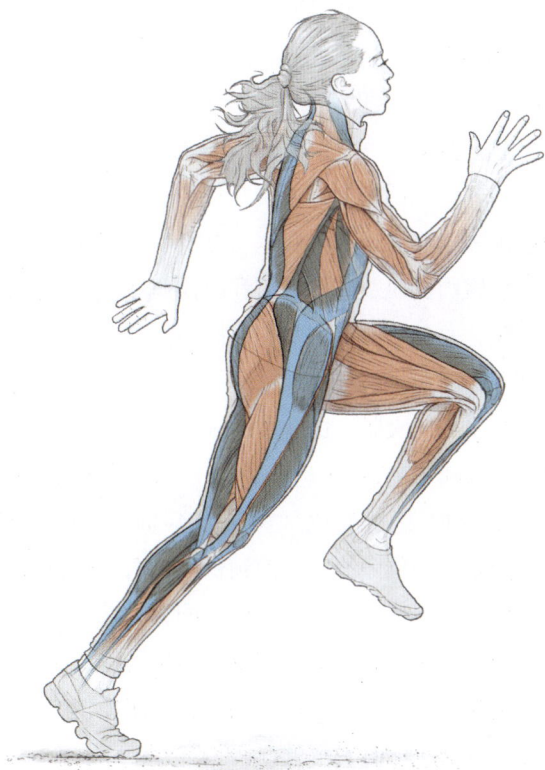

图 2.6　筋膜系统

在所有的果肉和果汁都被吸出后，只剩下内部的网状物。

正如"解剖列车"（Anatomy Trains）的创造者托马斯·迈尔斯（Thomas Myers）所说："我们习惯于识别筋膜网内的单个结构，例如足底筋膜、跟腱、髂胫束、胸腰筋膜等，但这些都只是单个筋膜网中类似邮政编码的各种标签。这就像我们只是因为大西洋、太平洋和地中海有不同的名称，就认为它们是单独的海洋一样。实际上，世界上只有一个相互连接的水域。筋膜也是如此。"这是一个需要理解的重要概念，因为我们长期以来一直习惯于说"你的肱二头肌撕裂了"这样的话来识别个别的解剖结

筋膜锁链

身体相互连接的肌肉和筋膜网络（筋膜系统）产生了被称为锁链（sling）的全身动力链。前斜锁链和后斜锁链（参见图2.7）是产生速度时的两种重要锁链，它们与纵向锁链一起工作，稳定骶髂关节，在骨盆带中形成力锁合。骨盆由骶骨和髂骨组成，它们通过骶髂关节由一组非常坚固的韧带连接在一起。骶髂关节可以充当下肢和脊柱之间的减震器，并为躯干和腿部之间的协调运动提供本体感受反馈。

前斜锁链包括胸肌、腹内斜肌、腹外斜肌和腹横肌。这些肌肉收缩时，它们会通过收紧腹部和压迫骨盆带（尤其是前部）来实现核心稳定性。

后斜锁链包括背阔肌、对侧臀大肌和股二头肌。这种锁链通过向骶髂关节的强大韧带施加张力来收缩背阔肌和臀大肌，这会增加压力，从而提供稳定性。

物理治疗师、针灸师和蔡特神经病理性释放技术（Chait Neuropathic Release Technique, CNRT）的创造者埃文·蔡特说："如果前后锁链之间没有密切的平衡关系，肌肉骨骼系统就会出现严重的功能障碍。在前锁链中，右腹外斜肌与左腹内斜肌和内收肌共同作用，在耻骨联合处形成力锁合。当两侧同时收缩时，骨盆会向后旋转。但是当你以单腿姿势跑步时，如果没有能力用腹壁反向旋转胸椎，骨盆就不能很好地锁定。这会导致一些常见的损伤，例如内收肌拉伤、腘绳肌损伤或髋关节屈肌拉伤。这些都是前斜肌子系统无法正常工作时的常见损伤。"

"有趣的是，后斜肌子系统也会出现类似的损伤，但它们很容易成为背部问题。对于后斜肌子系统，当右侧的背阔肌和对侧的臀大肌同时收缩时，它们会在骶髂关节处形成力锁合。当某人的后斜肌子系统存在不一致或功能障碍时，关节本身实际上会受到压迫。因此，腰方肌会变得过度活跃。这会增加腰方肌的张力，从而导致肌肉代

Ⅱa型（快缩型、氧化）肌纤维收缩快速，利用有氧呼吸（但也能通过糖酵解利用无氧呼吸）产生三磷酸腺苷。它们在涉及持续爆发力输出的活动中占据主导地位，例如400米跑或重复举起低于最大负荷的物体。

Ⅱb型（快缩型、糖酵解）肌纤维收缩速度非常快，利用无氧糖酵解产生三磷酸腺苷。它们在短暂的、需要爆发性力量输出的活动（例如快速加速或挺举活动）中占据主导地位，但这些纤维会迅速疲劳。

肌肉骨骼纤维表面条纹的形状取决于肌动蛋白和肌球蛋白（肌原纤维）组成的肌丝从肌纤维的一端到另一端的组织方式（参见图2.2）。这些肌丝的每一束及其调节蛋白——肌钙蛋白和原肌球蛋白——被称为一个肌节。肌节是肌纤维中的收缩单位。肌原纤维收缩时，整个肌肉细胞也会收缩。可变负荷的动态运动模式（例如药球训练）可以促使快缩型肌纤维产生短促而有力的脉冲式收缩。这增加了机体对结构蛋白和体液的需求，从而增加了激活的肌纤维的厚度。它还通过一种称为机械传导的过程刺激相关结缔组织中的Ⅲ型胶原蛋白发育。这种弹性结缔组织的增加有助于肌肉产生更有力的收缩。此外，将肌肉连接到骨骼的肌腱会随着时间的推移变得更强壮，以抵消可能出现的肌腱损伤。如何应用这些原则来优化训练计划，从而提升运动员的速度、爆发力和损伤恢复能力，这些都将在后面的章节中介绍。但需牢记的最重要的一点是，骨骼肌的收缩总是从外周躯体神经系统（Somatic Nervous System，SNS）发出的信号开始，而外周躯体神经系统会激活肌肉。换句话说，无论你的肌肉有多么强壮或爆发力有多强，它们都是由神经系统控制的。如果说肌肉骨骼系统是发动机，那么神经系统就是驾驶员。

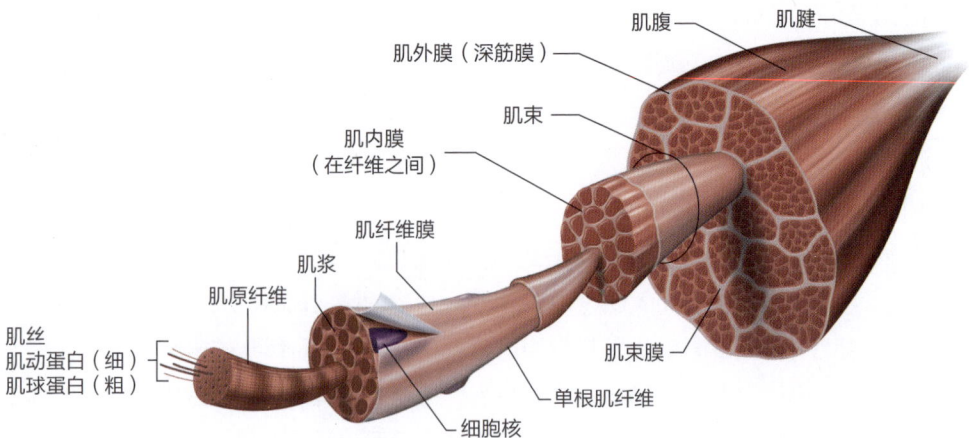

肌腹　肌腱
肌外膜（深筋膜）
肌束
肌内膜（在纤维之间）
肌纤维膜
肌浆
肌原纤维
肌丝
肌动蛋白（细）
肌球蛋白（粗）
肌束膜
单根肌纤维
细胞核

图2.2　肌肉组织

构，而忘记了肱二头肌这个词是一个科学结构。事实上，对单个身体部位的解剖学分类造成了各部分机械分离的错误印象。另一个需牢记的重要事情是，通过机械转导（戴维斯定律）作用，筋膜系统中基于胶原蛋白的基质沿着负荷、冲击、压力和力线不断地进行三维重塑。这意味着在一生中，你可以根据自己独特的运动模式、损伤史和饮食习惯来发展和塑造筋膜系统。因此，没有两个筋膜系统是相同的。研究表明，筋膜组织的神经末梢数量是肌肉组织的 6 到 8 倍，这使其成了参与本体感受的全身感觉器官（Schleip，2017）。而我们只是触及了表面。

偿。例如，腘绳肌往往会代偿受抑制的臀肌或受抑制的背阔肌。因此，如果你是一名想要实现出色发力的运动员，而这些肌肉不能很好地工作，那么运动系统就会出现功能失调。"

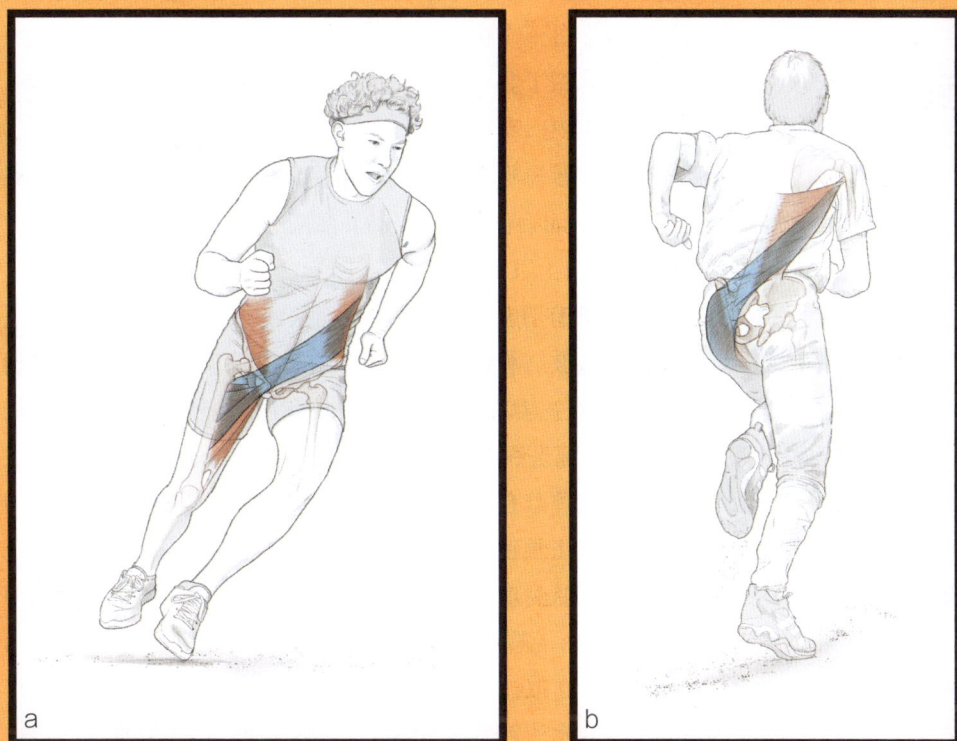

图 2.7　筋膜锁链：(a) 前斜锁链和 (b) 后斜锁链

将筋膜系统概念化的最佳方法是将其视为一个张拉整体（tensegrity）模型。张拉整体（张力＋完整性）是巴克敏斯特·富勒（Buckminster Fuller）开发的一种建筑模型，它利用张力和压力之间的微妙平衡创造出灵活而又稳定的结构。在这个模型中，实心支柱被悬挂起来，彼此互不接触，漂浮在由预张的电缆或带子所营造的均衡张力状态中。斯蒂芬·莱文（Stephen Levin）博士后来扩展了这一概念，并将其应用于生物系统，创造了"生物张拉整体"（biotensegrity）一词。在生物张拉整体中，将不断向外推出的骨骼作为张拉整体系统的支柱，而肌肉和结缔组织则提供一种寻找中心的拉力。我们受到的教导是将身体视为机器，但事实上，骨骼从未真正彼此接触过，身体是一种具有生物适应性的有机体，没有杠杆，身体通过在整个系统中分布力，不断调整以适应不同力的矢量。生物张拉整体是各种物理疗法的基础，包括瑜伽和罗尔芬健身法（Rolfing），以及一些软组织机械操作，如泡沫轴滚压和主动放松技术（Active Release Techniques，ART）。身体通过每个关节和组织在整个系统中传递各种力。力的传递效率越高，可以利用的力量就越大，你就越不容易受伤。不过，这个观点有一个问题：与增加肌肉围度相比，通过运动来发展和塑造筋膜组织需要更长的时间。不同系统之间的不平衡（通常是由训练不当或过度使用造成的）通常会导致常见的结缔组织（肌腱、韧带等）损伤。

膈肌

人们经常忽略前斜肌子系统和后斜肌子系统与膈肌的整体关系。膈肌（参见图2.8）对心血管和代谢功能极为重要。提高呼吸效率是提高乳酸阈的最佳方法之一，但这在很大程度上依赖于膈肌发挥作用。

"在神经学中，我们不会称肌肉是虚弱或强壮的，而是评价肌肉是否受到激活或抑制。"蔡特说，"例如，当你做肱二头肌弯举时，肱二头肌得到了激活，它会自动对肱三头肌产生拮抗放松反应，这称为交互抑制。膈肌也会出现同样的情况。对于进行大量有氧耐力训练的运动员，甚至是许多做高强度间歇训练的CrossFit爱好者来说，膈肌总是处于激活状态。它一直发挥着自己的作用。在膈肌发挥其作用时，腹横肌的功能会受到抑制。如果腹横肌无法正常工作或受到抑制，它就无法产生足够的力量。此外，当腹横肌功能失调时，背阔肌的功能通常会受到抑制，臀肌的功能也会受到抑制。因为胸腰筋膜没有足够的张力，而胸腰筋膜的张力为腰椎提供了液压支撑作用，使背阔肌和臀肌得以沟通。因此，可以让患有慢性腘绳肌疾病的运动员接受针灸治疗或采用主动放松技术进行治疗，其实他们治疗的根本不是腘绳肌，而是膈肌。

膈肌也有一对韧带，称为膈脚韧带（crura ligaments），从T6一直延伸到T12。

跑步或走路时，有关部位会在胸椎的 T7、T8、T9 区域周围进行反向旋转。例如，如果右腿向前，骨盆将会向左旋转，而躯干会向右旋转。这种反向旋转使得前、后斜肌两个子系统都承受负荷。但是，如果膈肌被过度激活或紧绷，我们就无法在胸椎上进行适当的反向旋转。最终导致背阔肌神经功能出现紊乱，臀肌功能紊乱，腹内斜肌和腹外斜肌功能紊乱，内收肌功能紊乱。这会导致耻骨联合和骶髂关节脱节。

这就是我专注于让膈肌更好地发挥其作用的真正原因。因为膈肌起着重大的作用。如果能让膈肌更好地工作，骨盆和颈椎就会处于正确的位置，这有助于提高乳酸阈。但是如果膈肌过度工作或被激活，它就会变成一种姿势稳定肌肉，而不是呼吸肌，让你最终会采取非常浅的呼吸。这意味着你要通过肺叶尖进行呼吸，无法像你希望的那样产生较高的无氧阈值。"

根据蔡特的说法，通常有三种常见因素会破坏膈肌：饮食方式、运动方式和思维方式。"如果吃的食物会造成肠道发炎，那么膈肌就会被激活。如果运动方式不是基于你的基因需求，那么膈肌就会被激活。如果你产生消极想法，或者一

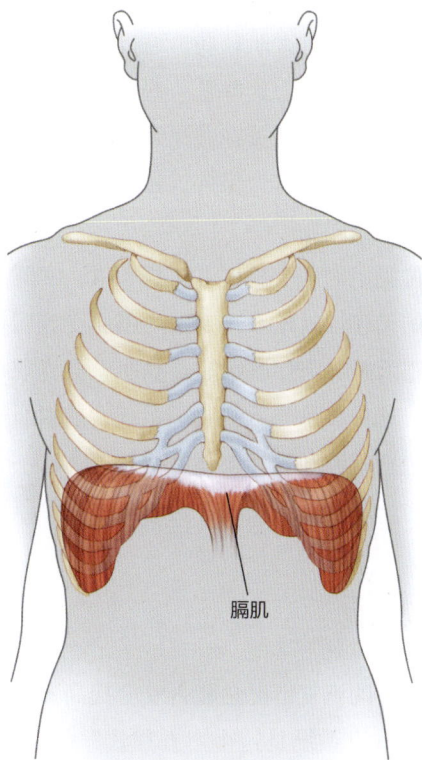

膈肌

图 2.8 膈肌

直在想关于你自己或其他人的坏想法，膈肌就会被激活，"蔡特说。

身体非常擅长补偿失衡，因此我们面临的挑战就变成了如何诊断身体在何时何地发生了功能障碍。在过去 20 多年的物理治疗实践中，埃文已经帮助数以千计的运动员和非运动员识别并解决了这些问题，因此我问他如何诊断膈肌的功能障碍。

"我喜欢这个问题。实际上有几种不同的方法来评估它。一种方法是做肌肉测试，以找出无力的肌肉。十有八九，大多数人下背部两侧的腰方肌都很无力。在我测试过的数千人中，腰方肌是最容易受到抑制的肌肉。它是一个骨盆和腰椎稳定器，从髂嵴

一直延伸到第 12 根'浮动'肋骨，并连接到从 L1 到 L5 的所有腰椎。交感链神经节位于其顶部。交感链神经节负责身体的肾上腺素响应。如果运动员训练过度，就会长期处于应激状态，会出现无法恢复的情况。因此，我们可以通过测试腰方肌是否受到抑制来了解某人是否疲劳。如果腰方肌受到抑制或变弱，膈肌很可能也被激活。所以这是一种方法。如果对腰方肌进行肌肉测试并发现它很弱，我会让那个人深吸一口气，屏住呼吸，然后努力坚持。如果肌肉变得有力，那就是膈肌导致腰方肌变弱。另一种方法是对臀大肌进行肌肉测试，看看力量是否较弱。在这种情况下，你是在测试后斜肌子系统。如果臀大肌较弱，可以让他们深吸气并屏住呼吸。如果臀大肌变得有力，表明膈肌出了问题。这些是一些简单的方法。也可以对背阔肌、腹斜肌和内收肌做同样的测试。如果运动员在做深蹲、弓步或单腿蹲时感到疼痛，可以让他们做普通的下蹲，深呼吸，然后努力保持。如果疼痛得到缓解，那就是膈肌出了问题，而不是膝关节或髋关节有问题。

复位膈肌的一个简单方法是咳嗽。实际上，只需咳嗽就会导致膈肌及其与前后锁链关系的治疗性复位。这是因为膈肌受到腹横肌和胸横肌的对抗，这两种肌肉在用力呼气时很活跃。当你咳嗽时，膈肌就会变成一座桥梁，使腹部的膈肌与盆底横膈膜进行沟通。这种关系与后斜肌子系统、前斜肌子系统、侧子系统，以及包含在这上面的一切（包括胸腔和颈椎）都密切相关。这一切都与骨盆姿势有关。这意味着调节斜肌子系统对于缓解疼痛和改善表现至关重要。"

淋巴系统

运动后的恢复情况是能否安全提高速度和损伤恢复能力的重要、容易被忽视的因素之一。淋巴系统是这个"方程式"的一部分，因为它的功能是清除体内的废物，维持组织和器官中的体液平衡。淋巴液（血浆的一种形式）从细胞中收集废物，并通过淋巴结和血管网络将其输送到循环系统。淋巴液流动受阻或受限会导致废物和毒素在体内堆积，从而减缓训练后的恢复速度，并导致组织发炎和患病。淋巴系统（参见图 2.9）与血液循环系统相似，它由一个广泛的血管网络组成，几乎遍布身体的所有组织。但是与循环系统不同，淋巴系统没有自己的推进泵。当我们收缩骨骼肌或呼吸时，淋巴液会流经血管。手法操作、振动疗法、拔火罐、冷热浴、刮痧和其他技术可以促进淋巴液流动，加快细胞废物的清除和运动后的恢复。

过度训练是许多运动员淋巴系统受损的主要原因之一。如果运动员训练过度并且身体没有恢复到应有的水平，就会出现累积性损伤反应。这是因为身体对任何类型的伤害（无论是肌肉撕裂、韧带损伤还是软骨损伤）都有反应，血流量会增加，将白细

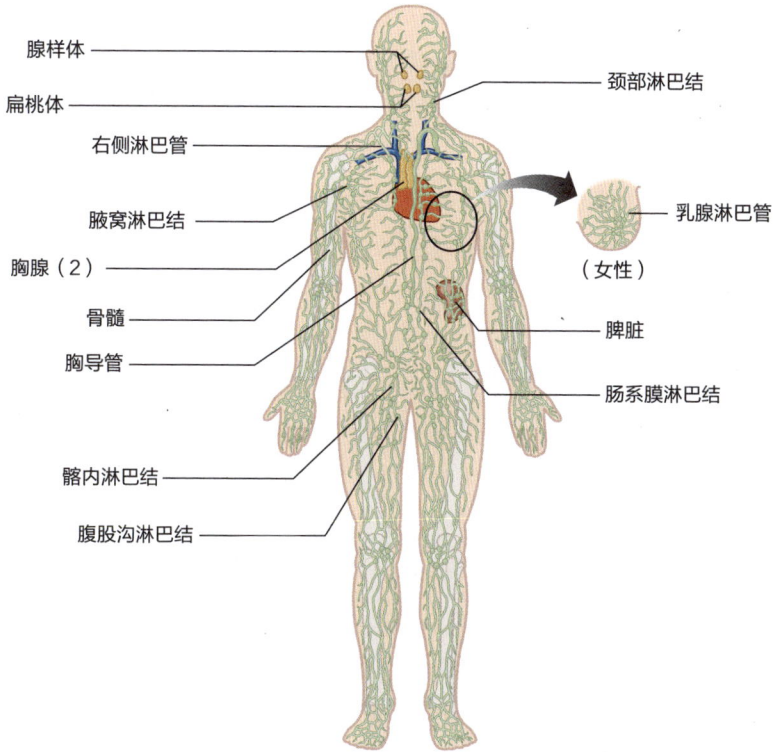

腺样体

扁桃体

右侧淋巴管

腋窝淋巴结

胸腺（2）

骨髓

胸导管

髂内淋巴结

腹股沟淋巴结

颈部淋巴结

乳腺淋巴管

（女性）

脾脏

肠系膜淋巴结

图2.9 淋巴系统

胞带到受损区域，以清除一切有害物质。例如，如果扭伤了膝盖，它会肿起来，流回心脏的体液就会受限。这使得淋巴系统很难排出这些体液。

　　蔡特说："如果运动员身体的任何部位出现肿胀，它会引发一种称为关节运动（arthrokinematic）抑制的神经学现象。Arthro表示'关节'，kinematic表示'运动'。关节错位会导致关节周围的肌肉受到抑制。例如，如果膝关节出现轻微的内侧副韧带（Medial Collateral Ligament，MCL）扭伤，该关节周围的肌肉就会受到抑制。这意味着这些肌肉不会像它们应有的那样被激活。如果随着时间的推移，内侧副韧带愈合了但肌肉仍然因为未被重新调节过而受到抑制，那样这名运动员将更容易患上长期的损伤或再次受伤。此外，需要采用与慢性损伤完全不同的治疗方法来治疗急性损伤。如果疼痛持续时间超过4周，应将其视为慢性损伤。如果运动员扭伤了脚踝、出现脑震荡或腰部受伤，并且疼痛持续时间超过了4周，就必须改变治疗方法。我在临床上发现，你越快为某人提供正确的治疗，他们好起来的速度也就越快，长期结果也越好。越早清理淋巴管，治疗效果就越早显现出来。有趣的是，在淋巴系统进行引流时，右臂引流到右胸管，而双腿和左臂都引流到左胸管。我不知道为什么四肢中的三个会引流到一个胸腔管，而右臂单独引流到另一个胸腔管，但想想这还是很有趣的。因为这意味着如果你的左脚踝扭伤，将会影响左臂和右腿的淋巴引流。"

　　谈到提高速度（而不是伤病恢复）时，我们的目标是在努力训练以提高乳酸阈与使用快速恢复技术（例如冷热浴、加压、拔罐）和其他方式来加速在淋巴引流和体液流动之间找到平衡。

　　蔡特说："针灸对淋巴系统和改善循环非常有效，因为它可以扩张血管，让新的淋巴进入。拔罐也是如此。拔罐是疏通淋巴管的一个好方法。另一种移动淋巴的方法是做蹦床运动。它对身体影响小、训练强度低，对提升恢复能力很有好处。"

　　这里的要点是，休息、恢复和饮食都是通过调整整体系统来实现高水平速度表现的关键。我发现这个概念在行业中经常被忽视和不被重视。但现实是，如果想帮助运动员发挥最大潜力，同时将损伤风险降至最低，那么休息、恢复和饮食与训练同样都很重要。你要避免过度使用综合征，并给组织提供重建的时间。对于教练或训练师来说，这意味着调整"交响乐"的第一步是聆听它。问问运动员有什么感觉，是否感到疼痛，是否感到疲劳，是否感到压力过大或行动迟缓。观察他们是如何采取行动以及如何对外部提示做出回应。如果你发现了一个问题，必须先识别协同抑制因素并解决问题，然后才能进行有效的训练。这就是执教艺术与执教科学的交叉点。因为，无论你是一位多么伟大的指挥家，如果乐器走调，你都无法演奏出美妙的音乐。

第 3 章

通过预热身预防损伤

　　合理的热身程序对于最大限度提高表现水平和降低损伤风险至关重要。如果你想在训练或比赛中取得最佳成绩，就不能跳过热身活动。尽管这一事实有科学依据，但许多教练和运动员都没有对热身程序及其内容予以应有的关注。有时他们会匆忙完成热身，或者只是做一些被动的拉伸和慢跑，然后就认为自己已经很优秀了。不幸的是，优秀（good）是卓越（great）的敌人。如果你参与的活动涉及任何形式的速度，那么跳过专门针对该活动的系统性热身就是在向损伤发出邀请。速度体现了人类运动的最高层次，而身体所经历的快速变化的变量、矢量和力也不小。热身非常重要，甚至你应该在进行特定于当日活动内容的热身之前，先完成一轮预热身，让身体为运动做好准备。即需要为热身运动做一轮热身。我可以猜到正在阅读此处内容的你可能在想：我没有时间做两次热身！好消息是，你可以在短短 10 分钟内完成一轮简单的、高效的预热身，然后将其纳入主动动态热身（特定于一般训练和速度训练），下一章会介绍这些内容。为了发挥最佳水平并避免受伤，在训练或比赛时早一点到达现场并让身体做好准备是值得的。进行当天的训练之前进行几分钟的预热身，获得的回报是更好的表现和损伤恢复能力。老实说，预热身这个词并不能说明问题。从生物学的角度来看，你所做的实际上是设计一个生理过程，在你用活动挑战身体组织之前让身体组织做好准备，以最大限度发挥其行动能力。本章将介绍影响预热身环节的要素及其重要性。

软组织准备

任何预热身环节的第一步都是被动地提高核心温度，全身和局部地预热身体组织。可通过多种方式完成一般性的全身热身，包括蒸桑拿或骑固定自行车 5 分钟。这样做的主要目标是让身体组织升温，并使体液在体内流动。

"强有力的证据表明，当你预热细胞外基质时，它的表现会有所不同。"运动研究所的创始人、ViPR PRO 负重运动训练工具的开发者米科尔·达尔科特说，"你没有改变细胞外基质的构成，而是在改变它的表现方式。诸多研究表明，当水与筋膜组织中的糖受体相结合时，该组织会变得更有活力，并能提升损伤恢复能力。因此，你要准备让组织表现得更有弹性，形状变得更稳定。这就像收紧潜水服，使其能更紧地贴着你，但它仍然非常有弹性，并为动态运动提供支持。"

"当你观察一名动作模式良好的运动员时，你会发现他们充满活力，且不会让人感觉肌肉松弛。无论你是一位极具竞争力的运动员，还是只在健身房训练的健身人士，你都希望筋膜组织更稳定，并希望这些组织充满活力，让你具备更好的运动能力并能更好地预防损伤。当组织做好准备时，不管你的表现如何，你都会获得更有效的表现结果。"达尔科特说。

用几分钟进行全身热身后，达尔科特提倡采用一种被称为揉搓（rub-and-scrub）的技术来预热局部组织。

达尔科特说："揉搓技术就像它的名称所暗示的那样，你先握紧拳头，然后将拳头的正面（前面弯曲的手指）当作百洁布，在关键的身体部位和关节周围摩擦。你会感觉到手掌侧的手指开始产生热量。你在膝盖周围的软组织部分摩擦可使它们变暖。然后转向脚和踝，环绕内踝和外踝、足弓，然后是脚面部分。关键是要预热这些局部区域，让它们能够更好地进行生理性运动。这是设计预热身活动的步骤之一，以便你的组织可以慢慢启动，并在预热身结束时为运动做好准备。"

流体动力学

一旦身体的组织变暖，下一步就是花几分钟时间来改善它的流体动力学。在这方面，使用工具可以带来巨大的好处。这些工具加速了体液（包括水、血液和淋巴液）在体内的流动。

泡沫轴滚压

　　泡沫轴滚压的效果一直被大肆炒作、误传，甚至有很多关于其效果的争论。尽管泡沫轴滚压有助于促进体液流动和自我筋膜放松（Self-Myofascial Release，SMR），但它的长期益处相对有限，且很难得到科学的验证。当然，泡沫轴滚压在全面的预热身环节中占有一席之地，但使用泡沫轴滚压的时间很短。对于促进体液流动和在较大的区域（例如背部或髋部）上进行自我筋膜放松（参见图 3.1），泡沫轴滚压有非常好的效果，但采用泡沫轴滚压的时间相对较短——几分钟就足够了。研究表明（Delaney et al.，2015），对于促进体液流向受限组织并减少延迟性肌肉酸痛，泡沫轴滚压是非常有效的运动后恢复工具。

图 3.1　泡沫轴滚压通过渗透压的变化来促进体液流动。在较大的身体组织区域（例如髋部）上滚压有助于温暖组织，并增加细胞外基质中的血液、淋巴液和水的流动

筋膜枪和振动工具

　　筋膜枪和振动工具也是如此，它们不如泡沫滚轴常见，但可以使用最佳的振动频率来实现有针对性的自我筋膜放松并促进体液流动。使用这些工具让人感觉很好，因为它们刺激了富含本体感受神经末梢的组织，只需几分钟的时间就足以获得理想的效果。也就是说，通过使用这类工具进行几分钟的预热身来促进体液流动，可以改善组织的表现，让你为高水平活动做好准备。

自我筋膜放松

通过从一般到特定的渐进顺序进行工作，流体动力学优化的下一步是花几分钟时间做自我筋膜放松（自我按摩）。其方法是找到身体的紧绷点、粘连点和扳机点，并对这些区域施加温和的、持续的压力。同样，虽然自我筋膜放松可以增加关节的活动度，但研究表明，这种好处是短暂的（Cheatham et al.，2015）。

达尔科特说："如果你有一个扳机点，那是因为它是一个神经系统高度活动的区域，你可以通过所谓的自发抑制，使用自我筋膜放松来暂时缓解这种敏感性。但这更像是神经出了问题。当你对扳机点施加低级别的压力时，它会通过肌梭和本体感受器反射性地发挥作用。基本上，它使用感觉运动通路来告诉神经系统关闭肌肉。这样做的问题在于，如果你存在一个身体不稳定的征兆，即使体内有一个扳机点，你的神经系统可能也不愿意放松肌肉，因为放松肌肉会导致更高的不稳定性。因此，它将保持肌肉紧绷视为一种安全机制。不管你如何放松肌肉、增加其灵活性，或尝试进行泡沫轴滚压，神经系统都会让肌肉保持紧绷状态。对于这种情况，一个很好的比喻是如履薄冰。无论你多么想放松，但身体的神经系统都会说：'算了吧。我们是不稳定的。我要保持所有肌肉都处于紧绷状态，因为你在一个无摩擦力的表面上行走，我们不想摔倒。'你要做的是解决潜在的不稳定性问题，可以通过募集小运动单位来做到这一点。"

自我筋膜放松是指用一个长曲棍球、网球、泡沫滚轴或其他类似的工具进行滚压，找到躯干、腿或脚上的触痛点（参见图3.2）。找到扳机点时，可以对该区域持续施加压力，直到疼痛或压痛感减轻约75%。然后在该扳机点进行30至60秒的滚压，同时用膈肌进行深呼吸。这部分的预热身环节用时不到5分钟，并且针对1至3个肌群。正如达尔科特指出的那样，虽然自我筋膜放松已被证明可以在短时间内增加关节的活动度，但是长期放松这些扳机点并恢复最佳的活动能力，最终要归功于平衡系统。这始于对小运动单位的募集。

图 3.2　自我筋膜放松可以使用长曲棍球、网球、泡沫滚轴、振动工具，甚至只用你的手来完成

募集小运动单位

　　募集小运动单位的目的是激活 I 型肌纤维，因为它们能够比 II 型肌纤维更快地达到预期运动的激活阈值。I 型肌纤维包括较小的、靠近关节的持续性收缩肌肉（与瞬时收缩肌肉相对），这些肌肉一般不容易疲劳。它们的作用是帮助稳定和引导关节。它们在速度所需的核心稳定方面也起着重要作用。

核心、背阔肌和臀肌的激活

　　斯图尔特·麦吉尔博士是《背部力学》（*Back Mechanic*）和《终极背部健康与表现》（*Ultimate Back Fitness and Performance*）的作者，被公认为是世界领先的脊柱专家之一。他开发了一种叫作 McGill Big 3 的训练方法，包含一系列的等长练习，可以安全地激活、加强核心和背阔肌并使其做好进行体育活动的准备。它是经研究验证激活并加强核心和背阔肌的最有效的方法之一。麦吉尔博士主张以倒金字塔式的递减动作重复次数进行该训练，每个姿势保持 8 至 10 秒，以增强核心稳定性，同时又不会使身体过度疲劳（例如，先重复 6 次，然后重复 4 次，再重复 2 次）。该训练方法涉及的三种练习是卷腹、侧桥和鸟狗式。

强制吸气和呼气

在像 McGill Big 3 这样的等长练习中，促进小运动单位募集的有效方法是在练习中加入强制吸气和呼气。强制膈肌呼吸有助于激活姿势肌，如肋骨之间的肋间肌和沿脊柱延伸的横突棘肌（参见图 3.3）。这些肌肉不易疲劳，对稳定性很重要。让运动员激活这些深层姿势肌的挑战之一是，它们不像臀肌或背阔肌等相位肌那样明显。如果你告诉运动员激活臀肌，他们凭直觉就知道该怎么做。但是，如果告诉他们激活多裂肌（它们是位于椎体棘突两侧的薄而富含筋膜的姿势肌），运动员会非常困惑地看着你。好消息是，肌肉是由任务驱动的。告诉运动员将强制呼吸纳入预热身练习，这是在给他们发布一项任务，即激活这些深层的核心肌肉以增强核心稳定性，而运动员不需要知道这些肌肉的名称。

要将强制呼气纳入 McGill Big 3（和其他预热身练习），可以用鼻子深吸气，伸展到等长姿势时，让空气充满肺部。然后在保持这个姿势的同时使用膈肌有控制地呼气，将所有空气从肺部排出。当肺部完全排空时，继续用力呼气，就像你试图吹灭生日蛋糕上的 5 根蜡烛一样。尽可能舒适地继续强制呼气。然后在回到起始姿势时再次吸气。如果操作正确，你会感觉到沿着脊椎、颈部和胸腔的深层姿势肌被激活。

强制吸气更具挑战性，与强制呼气过程采用相反的动作。在你开始保持等长姿势之前，从肺部呼出空气。当你伸展到保持的姿势时，通过鼻子尽可能深地吸气，并尽可能舒适地屏住呼吸。强制膈肌呼吸有助于激活运动员身体的深层核心肌肉，以便更有效地募集肌肉、更好地稳定身体，并提升损伤恢复能力。

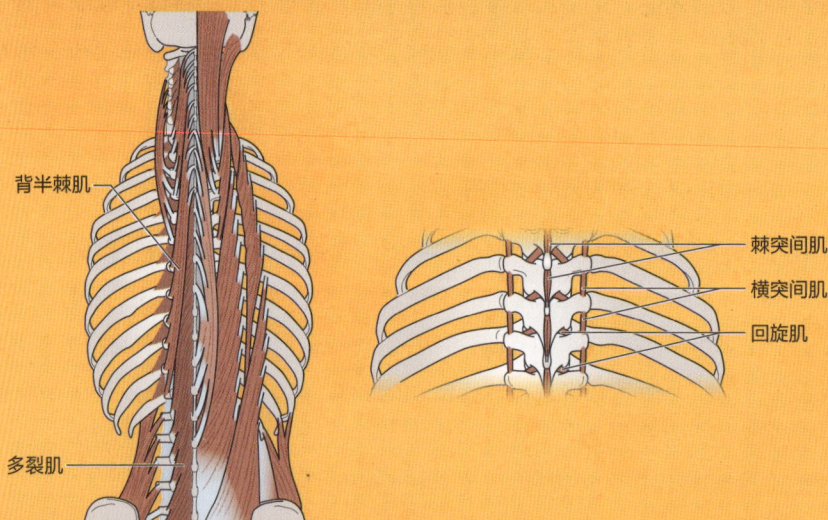

图 3.3　背部的横突棘肌（由浅至深可分为半棘肌、多裂肌和回旋肌）是 I 型姿势肌，可维持姿势和脊柱稳定性。它们还参与了脊柱的旋转和伸展

　　活跃且平衡的臀肌对速度的表现很重要，因为如果髋关节复合体不稳定，跑步时的步幅就会变得不均匀。这种不均匀会导致速度下降和损伤风险增加。事实上，大多数足部、脚踝和膝盖问题实际上都源于臀部的功能障碍。跑步膝和跟腱病等损伤通常是由于臀部（尤其是臀中肌，即位于臀部外缘的肌肉）较弱或受到抑制而导致对骨盆正面控制不足所致。

　　众所周知，臀大肌是身体中最大的肌肉，负责伸展臀部并协助腿部外展和向外旋转，但其他臀部肌肉对速度同样也很重要。如果这些肌肉很弱或不平衡，其他肌肉就会过度代偿，这就是小腿受伤的常见原因。臀中肌是负责髋部外旋的主要外展肌，臀小肌有助于臀部和大腿的外展和内旋。臀大肌、臀中肌和臀小肌的肌肉组织如图3.4所示。

　　除了 McGill Big 3 训练方法，蛙式运动是激活臀部和改善骨盆底与大腿之间平衡的最佳热身运动之一（Selkowitz, Beneck, and Powers，2013）。如果你想在多个运动平面上快速移动并降低损伤风险，可以在预热身环节中加入蛙式运动。你可以采用蛙式运动的一些变式和进阶动作增强核心力量和稳定性，例如使用阻力带，这将对臀肌和腘绳肌提出更高的挑战。

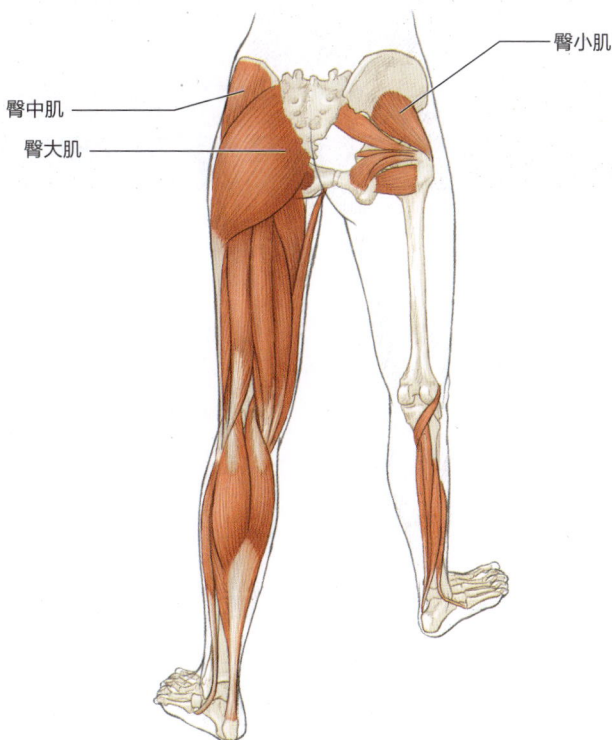

臀小肌

臀中肌

臀大肌

图3.4　臀部肌肉：臀大肌、臀中肌和臀小肌

卷腹

1. 仰卧，一条腿伸直，屈曲另一条腿的膝关节。将双手放在腰下，帮助脊柱保持中立的、略微拱起的姿势（参见图 a）。

2. 收紧核心部位，好像有人要打你的肚子。将肩膀抬离地面，就像有人在肩膀下面滑动一张纸。保持头部和颈部处于中立位，就像下颌下面夹着一个苹果。让头部离开地面几英寸（1 英寸等于 2.54 厘米，后同），并保持该姿势，不要移动下背部（参见图 b）。避免将头部和肩膀抬高到使下背部开始弯曲的程度（就像仰卧起坐），这样会将过多的力转移到脊柱上，从而起到反作用。

3. 保持该姿势 6 到 10 秒，然后回到起始姿势。重复进行 3 至 6 次，两次完成之间间隔 1 至 2 秒。

4. 要通过降低稳定性来增加难度，可以先将肘部抬离地面，然后再将头部抬离地面。麦吉尔博士建议，随着完成练习变得更容易，可以增加重复次数，而不是增加保持姿势的时间。这可以让你在不抽筋的情况下增强耐力。

侧桥

基础

1. 侧卧，双腿屈曲，上腿放在下腿前面。用肘部支撑上半身。将自由手放在对侧肩膀上（参见图 a）。

2. 抬起并伸展髋部，仅用双脚和手臂支撑身体重量（参见图 b）。确保髋部向前，并与身体保持在一条直线上。

3. 保持该姿势 6 到 10 秒，然后回到起始姿势。

4. 每侧重复练习 3 至 6 次，两侧的重复次数相同。侧桥可以激活底侧腹斜肌和腰方肌，并激活维持髋关节复合体稳定的肌肉。

鸟狗式

1. 双手、双脚和双膝着地，背部保持中立（参见图 a ）。

2. 一条腿向后蹬直，同时抬起对侧手臂，直到后蹬的腿和前举的手完全伸展（参见图 b ）。背部不要移动。可以通过收缩手臂上的肌肉并将伸展手臂的手握成拳头来提高核心部位的肌肉激活水平。

3. 保持这个姿势 6 到 10 秒，然后以流畅的动作回到屈曲位并保持 1 到 2 秒，然后再回到伸展姿势。

4. 每侧重复 3 至 6 次练习，两侧的重复次数相同。关键是在整个动作过程中保持核心部位的刚度，同时在髋部和肩部关节处实现铰链运动。

蚌式运动

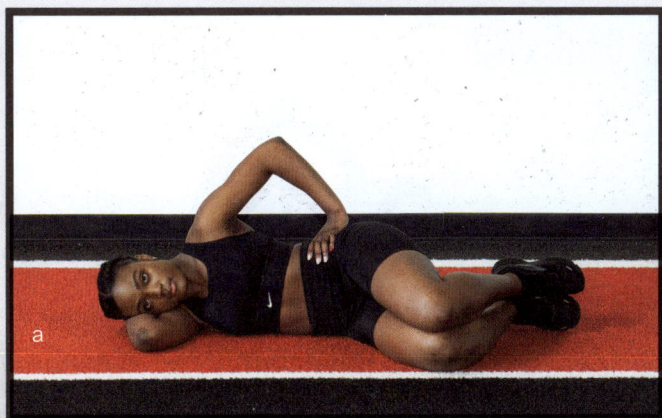

1.侧卧，双腿叠放，膝关节屈曲。脚跟、髋部和肩膀应该成一条直线。将头靠在下方手臂上，用上方手臂稳定躯干（参见图a）。

2.抬起上方腿的膝关节，同时保持双脚并拢，双腿像蚌壳一样张开——铰合位置位于髋部（参见图b）。确保髋骨叠在一起（上髋想向后滚，但不要让它向后滚动）。

3.专注挤压臀部肌肉，使用小运动单位来促进肌肉募集。在顶部位置保持姿势4至6秒，然后回到起始姿势。

4.在每侧重复练习15至20次。

阻力带蚌式运动

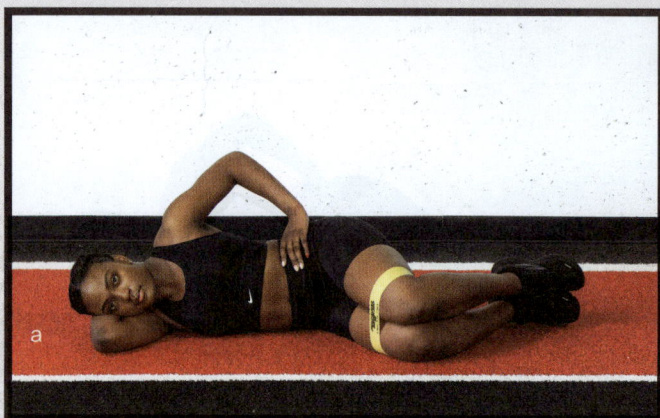

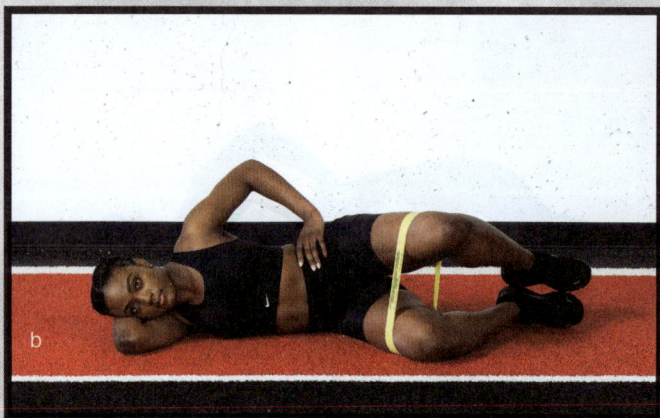

　　1. 侧卧，双腿叠放，膝关节屈曲。在两条腿的膝关节上方位置缠绕一条阻力带（参见图 a）。脚跟、髋部和肩膀应该成一条直线。将头靠在下方手臂上，用上方手臂稳定躯干。

　　2. 抬起上方腿的膝关节，同时保持双脚并拢，不要移动髋部或骨盆（参见图 b）。收缩腹部肌肉，以激活核心和脊柱。

　　3. 在顶部位置保持姿势 4 至 6 秒，然后回到起始姿势。

　　4. 每侧连续做 1 至 2 组练习，每组练习重复 15 次，两组练习之间休息 2 至 3 秒。

评估练习

在训练前完成预热身环节就像在飞机起飞前做好发动机和各种控制装置的准备工作一样。你需要完成一系列生理和神经方面的练习，就像飞行员通过飞行前的检查清单确保所有计算机、电子设备和发动机都已预热并正常运行一样。运动和练习清单使你可以查看能否在整个活动范围内自由实现所有动作，并找到日常训练的限制所在。除了逐步提升各个系统的水平直到可以达到最大工作强度，此清单还允许你评估运动员的关节活动度和运动能力，以便在进入当天的训练环节之前确定需解决的问题。通常情况下，运动员会受到组织或关节的限制，可以通过泡沫轴滚压或机械操作来帮助改善这些限制，释放可能的扳机点。动作安排合理的预热身环节可以通过温暖组织和泵送体液来消除紧绷感，因为许多运动限制来自充满体液的筋膜系统结缔组织内的紧绷感。这种紧绷感也可能是某些肌群没有激活造成的。例如，如果膈肌一直处于过度活跃状态，并作为结构肌而不是呼吸肌发挥作用，就会抑制臀肌和竖脊肌的激活，并影响你实现最大限度的髋关节激活和稳定性的能力。这就是为什么我们要用深蹲进阶动作来结束预热身；深蹲不仅是一个简单的全身热身练习，而且还是一个评估工具，可以帮助教练或训练师识别失衡和运动限制。如果发现问题，可以利用泡沫轴滚压或自我筋膜放松技术来解决这些限制。然后对小运动单位使用基于地面的激活训练，以针对失衡区域（臀肌、核心肌肉、髋部、脚部等）进行训练。

中等

力量深蹲

1. 开始时将双手放在脑后，保持脊柱中立，双脚分开与肩同宽，脚尖朝前（参见图 a）。

2. 屈髋下蹲，下压躯干，保持脊柱中立，保持双手放在脑后。不要旋转脊柱（参见图 b）。确保膝盖处于脚趾正上方或后面。

3. 专注挤压臀部肌肉，使用小运动单位来增强肌肉募集。

4. 保持下蹲姿势 1 到 2 秒，重复练习 8 到 12 次。

阻力带过顶深蹲

1. 开始时将双手举过头顶，拉伸一条阻力带（也可以用 PVC 管、木棍等），保持脊柱处于稳定的中立位，双脚与肩同宽，脚尖朝前（参见图 a）。

2. 屈髋下蹲，下压躯干，保持脊柱中立，同时保持双手在头部后面。不要旋转脊柱（参见图 b）。

3. 集中精力等长地拉长阻力带，同时挤压臀部肌肉，使用小运动单位来增强肌肉募集。

4. 保持下蹲姿势 1 到 3 秒，然后回到起始姿势。重复练习 8 到 12 次。

作为预热身环节的一部分，俯卧跨栏有助于激活髋部，增加关节活动度和灵活性。这也是在开始进行主动动态热身之前识别潜在限制或问题区域的好机会。

俯卧跨栏

1. 开始时脸朝下趴着，双腿伸直，双臂在身体两侧伸展开形成 T 字（参见图 a）。

2. 保持胸部平贴在地面上，屈曲一条腿，同时将该侧膝盖拉向肘部，不要过度旋转髋部或让膝盖接触地面（参见图 b）。

3. 回到起始姿势，不要让移动腿的任何部分接触地面。

4. 在另一侧做相同动作。

5. 每侧进行 1 至 2 组练习，每组重复 8 至 12 次。

重要提醒，预热身环节大约需要 10 分钟。如果你想在降低损伤风险的同时获得最大速度，那么投入少量的时间和精力是值得的。这里的关键是设计一个生理过程，以最大限度改善身体组织表现，并慢慢预热各个系统，以便它们在预热身环节结束时为运动做好准备。一旦完成预热身环节，就可以进入一般性主动动态热身环节，然后开始针对当天训练活动的特定于速度的主动动态热身。渐进式主动动态热身的原理将在下一章中介绍。

第4章

渐进式主动动态热身

　　完整的热身运动主要包括三个阶段：第一阶段，预热身（这在前一章中已经介绍过）；第二阶段，一般性主动动态热身；第三阶段，特定于速度的主动动态热身，包括针对当天训练目标的练习。本章重点介绍后两个阶段。

　　当你将这三个阶段合在一起完成时，完整热身需要 20 至 30 分钟。正如我之前提到的，至少要花 20 分钟做热身运动可能会让一些觉得自己没那么多时间的教练望而却步。但对于真正想获得最佳表现的运动员来说，现实情况是，他们需要找到时间。如果有必要，他们需要尽早开始练习。如果实施正确，热身是成功训练的催化剂。主动动态热身的概念对大多数教练和运动员来说并不陌生，但帕里西速度学校早在 35 年前就开创了这种方法。当时，对于每项运动的大多数运动员来说，进行长时间的静态拉伸是常态，而主动动态热身的概念是革命性的。现代研究终于解释了为什么主动动态热身优于静态拉伸，以及在错误的时间进行过多的静态拉伸实际上会让你变得更慢、更没有爆发力、更容易受伤。但是，当我第一次将主动动态热身作为一种训练实践推广时，我知道它是有效的，因为我看到了它所带来的结果，以及它给身体带来的感受。

　　1985 年，大学期间我在托尼·纳克莱里奥（Tony Naclerio）教练的指导下初次接触到主动动态热身的概念，然后在芬兰与一些世界上最好的标枪教练和标枪运动员一起训练时再次接触到这个概念。作为一个健壮、身高 5 英尺 9 英寸的意大利人，我试图投出 73 米的成绩，我需要尽力发挥身体的潜在力量和速度能力，而我最不希望的就是完全没有爆发力。在从纳克莱里奥教练和芬兰人那里学习了主动动态热身技术，并目睹这些技术在提高我作为一级标枪运动员的表现水平方面是多么有效后，我意识到它们适用于所有运动，因此主动动态热身成了帕里西速度学校的基本热身运动之一。

　　事实上，帕里西速度学校在美国制作了第一个关于主动动态热身技术的培训视频，并于 1998 年以录像带的形式发布。这些录像带最终通过美国国家体能协会（National Strength and Conditioning Association，NSCA）的发行成为畅销品。2000 年，我们开始与总部位于曼哈顿的 SportStars 公司建立独家合作的伙伴关系，并开始训练 NFL 训练营运动员，该公司是 NFL 最大的运动员代理机构之一，拥有 100 多名 NFL 职业球员。在接下来的 10 年中，我们使用主动动态热身技术帮助了许多新秀球员——其中许多人在联合训练营中表现出色。来自美国各地的高水平球员将前往新泽西州与我们一起训练，并为加入 NFL 训练营做准备。这些人中的许多人在赛季结束时都已非常疲惫。因此，训练时，我们并没有花太多时间在举重室里进行举重训练。相反，我们广泛研究了每个运动员的状况，并确定了他们的身体成分。对运动员身体状况的这种评估有助于我们确定他们真正需要什么才能得到改进。此外，毫无疑问，我们教给他们最重要的东西之一就是主动动态热身技术。关键是热身运动的每一部分都包括一个特定于速度的目标和学习进度，每个练习都是为了帮助运动员更好地进入训练的下一部分，并针对当天的运动目标——无论是加速、最大速度，还是多向速度。如前所述，这就是我们说"我们的热身就是你的训练"的原因——因为我们的热身训练和练习是基础性的，可以直接融入训练过程。

主动动态热身与静态拉伸

　　在概述有效的主动动态热身程序的基本训练和练习之前，先介绍为什么在错误的时间进行传统静态拉伸会适得其反，以及研究数据会告诉我们什么。因为许多人仍然在错误的假设下进行训练，认为静态拉伸非常有益。事实上，根据 2016 年对 605 名私人教练（其中大多数人都有美国国家体能协会或美国运动医学会的证书）的一项研究，80% 的私人教练仍然建议他们所执教的运动员进行传统的静态拉伸（Waryasz et al.，2016）。我并不是说静态拉伸不好。在运动训练领域，它无疑占有一席之地。需要了解的重要一点是，运动员对柔韧性的需求可归结为其从事的运动所需的关节活动范围。因此，必须先评估每个运动员的关节活动范围，看他们的活动范围是否满足其专项或司职位置的要求。例如，与篮球运动员相比，100 米跨栏运动员的腘绳肌和结缔组织显然需要更好的柔韧性。但是，与此同时，你可能也不希望篮球运动员在比赛中需要的坚固、富有弹性的"弹簧"被过度拉伸。因此，要考虑的第一件事是：你面对的是什么样的运动员，他们各自的动作需要怎样的活动范围？

2008 年，对一组美国大学体育协会 I 级田径运动员进行的一项研究将静态拉伸与主动动态热身进行了比较，结果表明，静态拉伸会损害 40 米短跑中运动员的表现，并降低运动员的速度（Winchester et al.，2008）。另一项对 I 级足球运动员使用垂直跳跃测试的研究显示了类似的结果（Holt and Lambourne，2008）。在这两项研究中，研究人员假设，静态拉伸造成的表现不佳是由于身体筋膜系统的刚度降低了，加上本体感觉反应的抑制和募集运动单位能力的降低。相反，他们发现，主动动态热身可以提高运动员的冲刺速度和垂直跳跃表现水平。

从本质上讲，这归结于神经感受器的表现，例如分别在肌肉和肌肉 – 肌腱连接处发现的肌梭和高尔基腱器。此外，现在已知筋膜中的本体感受器比肌肉中的本体感受器多 8 至 10 倍。这些机械感受器被称为帕奇尼小体和鲁菲尼小体。身体是一种适应性有机体。它有不同类型的肌肉和肌腱感受器，旨在适应和回应负荷、拉伸和压力的输入以及这些输入发生的速度（多快或多慢）。此外，筋膜中还有不同的感受器，可以识别振动、拉伸和按压等输入，并根据输入的速度对这些输入做出响应。如果你通过做缓慢的静态拉伸和长时间的姿势保持来热身，以增加活动范围，这会改变筋膜组织的可塑性，就相当于你预先设定这些组织和神经系统通过缓慢收缩来做出响应。负责向这些运动单位发送信号的神经感受器不仅以一种使它们反应缓慢的方式被脱敏，而且还减少了牵张反射的活动。事实上，有证据表明，保持静态拉伸一分钟或更长时间可以降低力量和速度长达一小时。保持静态拉伸会使神经系统缓慢地收缩肌肉，因为负责向这些运动单位发送信号的神经感受器对组织的拉伸变得不敏感（参见第 2 章中的图 2.4）。

肌梭是肌腹的感觉感受器，主要用于检测肌肉长度的变化，以及这些长度变化发生的速度。α - γ 环路是一种连续反馈和响应循环，是一个动态过程，它可以确定身体对力和动作的反应，并将这种长度变化的信息来回传输到中枢神经系统。肌梭对长度变化的反应在力的产生和超级刚度方面也发挥着重要作用，超级刚度是由多块肌肉协同收缩以抵抗肌肉拉伸而产生的。应如何提高柔韧性、增加活动范围呢？坐位体前屈（sit-and-reach）测试——坐在地板上，双腿伸直，身体尽可能触碰到脚趾的体位——

是测量静态柔韧性的一种常见方法。静态拉伸——将某个姿势推到活动范围的边缘并保持 20 至 30 秒——已被证明可以增强静态柔韧性。但这与你在动态热身中或比赛中体验到的那种特定于动作活动范围的柔韧性有很大不同。这是静态拉伸和动态拉伸的一个很重要的区别。现实情况是，过度的静态拉伸会削弱结缔组织的可塑性，并使关节过于灵活，从而增加了损伤的风险。对于短跑运动员和其他需要在巨大负荷下与地面接触时保持关节刚度和稳定性的运动员来说尤其如此。因此，与曾经流行的静态拉伸有助于保护你免受损伤的观点相反，在某些情况下，静态拉伸实际上可能会使你更容易受伤。

这个概念并不总是革命性的。事实上，早在 20 世纪 60 年代和 70 年代，动态热身就很常见。然而，人们在做爆发性的动态热身运动时，没有先提高核心温度，让适量的血液和体液流向局部组织，这会导致人们受到损伤。这就是静态拉伸开始流行的原因。这也是遵循一个计划周密的、循序渐进的预热身程序很重要的原因，因为该程序能够使组织在生理上为运动做好准备。预热身的目的是提高核心温度，增加心率和体液流量，你可以通过做一些自我筋膜放松来增大关节活动度，并激活核心和臀肌中稳定的小运动单位。

一旦身体通过预热身变暖，你就可以通过特定于动作的活动范围，以一种使肌肉感受器快速反应而不是缓慢反应的方式来提高灵活性。但你首先要让关节、肌肉和筋膜组织在预热身期间得到润滑并能轻松滑动。你还希望让这些系统中的本体感受器以你实际在当天的训练或比赛中收缩它们的速度进行收缩。关键是要以循序渐进的方式做到这一点，采用一个合理的顺序，让肌肉和关节通过运动或训练目标所需的活动范围来得到改善，这取决于采用的训练是线性速度训练还是多向速度训练。

渐进式热身：一般到特定

对于每个特定于速度的重点训练类别，无论是线性速度训练日、多向速度训练日，还是力量训练日，运动员的热身都需要遵循特定顺序，从预热身开始，然后是一般性主动动态热身。然后，根据当天的训练目标，做一个特定于速度的主动动态热身。在完成三个阶段的热身后，可以过渡到锚点训练和练习（有负荷的动作学习训练或练习），然后是针对特定于目标（加速、最大速度、多向速度或力量）的应用训练和练习（全强度游戏式训练或练习）。

本节将提供一些一般性主动动态热身练习，作为帕里西速度学校课程的一部分，这些练习已被证明对开启任何与速度有关的训练日很有效。本章要介绍主动动态热身练习的基本动作，但你可以使用第 12 章中的训练计划，在每个类别中查找更多练习，以满足特定运动、项目或运动员的需求。在涉及每个速度类别的后续章节中，我列出了在完成本章中列出的一般性主动动态热身练习后要过渡到的特定锚点训练和应用训练。

一般性主动动态热身的基本前提是以次最高强度进行训练，让组织为运动做好准备，并发展基本的运动技能和肌肉记忆，从而让你逐步提升到以超高水平的效率或运动素质进行运动。然后，当你通过更具体的训练达到更高的强度水平时，你就可以进入锚点训练。锚点训练是热身运动转化为正式训练的一个过渡性训练。锚点训练是针对特定动作的训练，进行锚点训练时可以采用特定的方式使用负荷或身体重量，或者组合使用两者。该训练的目的是将身体置于高度有针对性的、与专项相关的位置，或使用额外的负荷，目的是为特定动作或技能编排运动记忆。一旦进行了锚点训练，从技术上讲，真正的训练就开始了。从锚点训练开始，然后进行应用训练，例如以更逼真的、类似游戏的方式进行负荷训练和无负荷训练。在此之后，你可以通过专注于能提高表现水平的特定需求，直接进入当天的特定于速度的训练。当按照顺序正确完成热身时，运动员甚至没有意识到他们何时从热身运动过渡到了正式训练环节，因为每一步都感觉是一个自然而然的过程。虽然可以采用许多方法制订主动动态热身程序来满足你的需求，但在对许多循序渐进的训练和运动员进行试验后，我发现这种方法是最成功的，尤其是在速度方面。

一般性主动动态热身

根据应用功能科学的创始人兼格雷研究所首席执行官加里·格雷的说法，人类运动的基本真理之一是，人体通过地面反作用力、重力和质量动量的驱动力在三维空间中运动。应用功能科学的另一个真理是，人类运动是对有意识任务的潜意识反应。这意味着，我们想要有意识地进行任务驱动的热身训练和练习。这就是使用功能训练工具（例如药球、阻力带、壶铃和负重运动工具）非常有益的原因。例如，在深蹲或分腿蹲时，以不常见的姿势握住 ViPR PRO（炮筒或能量管），提供一种任务驱动的阻力和负荷形式，激活筋膜系统或在三个运动平面上横跨整个身体的负荷路径，而不仅仅局限于局部关节或环节。另一个示例是，重复向墙上或地面上砸药球，涉及多个可变负荷和矢量的解剖结构，以刺激筋膜系统全方位地形成新的纤维支撑结构，增加形态的稳定性和弹性，同时还启动神经系统，并通过适当的组织泵送体液。你还可以使用简单的全身运动，例如开合跳，利用地面反作用力、重力和质量动量的功能驱动来提高核心温度，激发身体的弹性反应，并激活神经系统。其目的是让身体承受以三维方式涉及多个关节、组织和结构的不同负荷路径。因此，你希望通过任务驱动的训练和练习开始主动动态热身程序，这些训练和练习要求你通过本体感觉来感知三个运动平面上的时间、张力和负荷，并做出相应的反应。除了让运动员为当天的训练做好准备外，这些训练和练习还将帮助他们在稳定性和灵活性之间取得平衡，从而长期获得最佳的速度表现并提升损伤恢复能力。

转髋提膝

转髋提膝通过在三个运动平面上激活全身的负荷路径和三个维度的协同收缩，帮助发展奇位姿势力量，重点在髋部、腿部和足部。

1. 以运动姿态开始，使用偏置握把，在中线位置处握住 ViPR PRO（参见图 a）。

2. 后退一步，弓步向下（参见图 b）。将 ViPR PRO 向下移动，同时将髋部向相反的方向移动。

3. 后腿膝盖朝着 ViPR PRO 上移，同时用另一条腿保持平衡（参见图 c）。

4. 在每侧重复相同次数（4 至 6 次）的练习。

基础

侧弓步上举

中等

侧弓步上举通过在三个运动平面上激活全身的负荷路径和三个维度的协同收缩，帮助发展奇位姿势力量。

1. 以运动姿态开始，使用中心握把，在中线位置处握住 ViPR PRO（参见图 a）。
2. 横向踏出一步，进入侧弓步姿势（参见图 b）。
3. 向垂直方向转动 ViPR PRO 并将其举起，在举起它的同时，将对侧的手臂向上伸至尽量完全伸展（参见图 c）。
4. 在每侧重复相同次数（4 至 6 次）的练习。

渐进式开合跳

半程开合跳

作为一名运动员，你需要了解踝关节复合体的重要性，以及它与地面反作用力的关系。为了做到这一点，我们将重新教授如何做开合跳。开始进行半程开合跳时，让运动员双手叉腰。

半程开合跳的作用是激活小腿复合体（以及踝关节和跟腱间隙），并利用脚触地时储存的弹性能量。

基础

1.双手叉腰，双脚张开，呈分腿姿势，脚背屈，脚趾向上，重心放在脚的前部（参见图a）。通过张开双腿，运动员可以真正了解他们的活动范围，以及他们希望双腿张开的宽度。

2.保持双手叉腰，不要弯曲膝关节，以开合跳的方式收拢和打开双腿（参见图b）。

3.集中精力，利用小腿和跟腱中储存的弹性能量，在每次脚接触地面时弹离地面。不要有意识地伸展脚踝，而是利用上下动量通过轻微的膝关节和髋关节屈曲和伸展来促进运动。

4.重复进行10到15次练习。

全程开合跳

全程开合跳是一个全身性的快速伸缩复合训练，它激活了额状面（躯干、脚踝和小腿复合体）上的多块肌肉。做全程开合跳时需要掌握节奏。作为一名教练，当我说出"向下"这个词时，我会让和我一起工作的团队中的每个人同时放下手臂。每个人的手臂都会在一个大幅度的、动态的动作中落下。通常情况下，当每个人的双手同时碰到臀部两侧时，会发出响亮的拍击声。当另一个教练看到你这样做，再看到自己的团队像某种军事演习一样做出反应时，这立刻就奠定了你是一位专业体能教练的基调。他们经常说这样的话："我刚刚通过一个已经存在数千年的训练学到了很多东西，它的教学方式改变了一切。"以下就是你开始真正获得运动员和其他教练的信任的方法：使用一个简单的开合跳，并解释其背后的科学原理。

基础

1.从双腿张开的姿势开始，双手尽可能高地举过头顶（参见图a）。双臂向上伸展，以找到适合全程开合跳姿势的活动范围。

2.跳起来，双腿并拢，同时双臂向下落，双手向下拍打身体两侧（参见图b）。

3.慢慢地重复这个动作，双臂高举过头以伸展背阔肌，然后双臂下落，强有力地将双脚重新并拢。

4.以动态的、有弹性的动作完成全程开合跳练习，动态地弹离地面——就像在半程开合跳中那样。

5.重复进行10到15次练习。

海豹式开合跳

　　若要提高速度不仅需要训练双腿，训练手臂也是速度训练的一部分（试着在不摆臂的情况下进行冲刺）。这意味着热身时，你可能还想在动态活动范围内训练手臂。全程开合跳提供了训练额状面上肌肉的方法，海豹式开合跳则提供了一种扩大水平面上动态活动范围的方法。它使你能够动态拉伸胸肌和背阔肌，并使关节和本体感受器以动态方式在其活动范围内运动，从而使它们的反应变得更快。

1. 双手在身前伸展，手掌和双脚并拢（参见图 a）。
2. 在做出开合跳姿势时，双手向两侧张开（参见图 b）。
3. 当双脚回到身体中心位置时，双手在身前做出像海豹一样的拍打动作。
4. 重复进行 10 到 15 次练习。

滑冰者弓步

　　滑冰者弓步以一种动态的方式在三个运动平面上跨越多个矢量加载组织路径，以增加弹性反冲和神经参与。

　　1. 以运动姿态开始，在中线位置处握住 ViPR PRO。

　　2. 快速地从一侧跳到另一侧，以滑冰者的节奏交替使用双脚（参见图 a～ 图 c）。每次跳动时，将 ViPR PRO 越过身体摆动到驱动侧。

　　3. 两侧共重复 8 至 12 次的练习。

过顶药球前抛

　　过顶药球前抛以动态的方式激活核心肌群，特别是腹直肌、竖脊肌和背阔肌。这个练习不仅可以通过脊柱的屈曲激活核心肌肉，还可以在接住从墙壁弹回或搭档抛回的药球时，通过伸展激活核心肌肉。该动作的目的是在前侧核心肌肉和背阔肌之间产生一个牵张收缩动作，以动态方式打开胸椎。

1. 一只脚向前迈步，同时将一个药球举过头顶。
2. 保持核心稳定，双手抱球向后拉过头顶（参见图 a）。
3. 核心肌群和背阔肌发力拉动球，然后将球扔向搭档或墙（参见图 b 和图 c）。
4. 重复进行 10 至 15 次练习，然后交换双脚的位置并重复此动作。

跪姿旋转侧抛药球

跪姿旋转侧抛药球是一项负重运动，它在水平面上动态激活核心肌群，并使得腹内斜肌、腹外斜肌和腹横肌参与到旋转动作中，从而产生了制动所需的刚度。在逆转旋转动作时，肌肉和结缔组织发挥作用，以相反的方向使动作减速。

1. 与墙壁或搭档平行，将一条腿的膝盖放在垫子或柔软的表面上，双手紧握一个药球。核心部位保持稳定，向膝盖着地的一侧旋转 45 度（参见图 a）。

2. 将球抛向墙壁或搭档（参见图 b）。

3. 在两侧重复此练习，每侧重复 8 至 15 次。

过顶深蹲药球后抛

过顶深蹲药球后抛首先通过药球的体前负荷，通过深蹲姿势中用到的髋关节和膝关节铰链进行预拉伸，以便动态激活竖脊肌，然后通过下背部和臀部发力来促进髋关节和脊柱快速伸展。

1. 双脚分开站立，双脚间距比肩宽稍宽，双手握住一个药球，置于两腿之间。

2. 蹲下，髋关节和膝关节以铰链模式屈曲，同时保持手臂伸直（参见图 a ）。

3. 只用双腿向上爆发发力，让双臂作为"钩子"抓住球（参见图 b ）。当双腿和髋部几乎完全伸展时，用双臂将球用力向上、向后抛过头顶（参见图 c ）。

4. 重复进行 8 到 12 次练习。

特定于速度的主动动态热身

谈到速度训练，部分运动员要么进行一整天的线性速度训练，要么进行一整天的多向速度训练。这是因为其想最大限度地提高当天身体特定组织的适应性。如果当天是线性速度训练日，其通常会专注于加速或最大速度训练。在某些日子里，他们可能会同时关注两者。这实际上取决于运动员个人的不足和需要。

这里的要点是，在完成一般性主动动态热身后，当天的特定于速度的主动动态热身应该针对当天的训练目标，即区分当天是线性速度训练日、多向速度训练日，还是力量训练日。因此，每天的训练应基于这些需求（线性速度、多向速度或力量）。特定于速度的主动动态热身练习，是在开始锚点训练和应用训练之前进行的。你可以使用第12章中的训练计划来扩展一般性和特定于速度的主动动态热身练习（以及锚点训练和应用训练）。

向前跳

基础

　　如果提高速度是所有运动员的目标，那么跳跃是所有运动员都需要掌握的运动技能之一。但如果你开始与新运动员合作，而他们却不知道如何跳跃，请不要感到惊讶。跳跃动作可简单分解为从用一条腿跳两下过渡到用另一条腿跳两下。对跳跃的关注可以集中在以下两个方面之一：驱动阶段或恢复阶段。跳跃的目的是强调髋关节和肩关节的冲刺动作。我常用的提示是：伸展髋部，尽可能快地将脚向下压，而不要去想另一条腿。屈髋，将膝盖抬高到与腰线差不多的高度，并努力让这个动作显得自然。我将这个动作描述为玩溜溜球。玩溜溜球的时候，你需要尽可能快地用力向下翻转圆盘，以使其快速旋转。然后，在适当的时候，轻轻地让圆盘向上弹起，使其快速返回。这种动作应该发生在髋部。

　　1.挺直站立，一只脚在前，一只脚在后（参见图 a）。

　　2.前脚发力跳起的同时抬起对侧脚（参见图 b）。当起跳脚落地时，尽可能快地将另一只脚下压至髋部下方。在这个练习中，一定要让脚踝始终保持背屈状态（脚趾向上）。

　　3.一定要让双臂和双腿同步，保持肘部屈曲 90 度，并专注于向后摆动同一侧手臂和肘部，与向前向上的膝盖相匹配（例如，如果右臂和右肘向后，则右膝向前和向上）。

　　4.做 2 组练习，每组练习完成 9 至 18 米。

直腿曳步弹跳

　　直腿曳步弹跳旨在激活腘绳肌，并在脚离地时产生水平和垂直驱动力。保持双腿伸直和膝关节锁定，这会迫使腘绳肌（而不是股四头肌和臀肌）做更多的工作。腘绳肌是一种复杂的双关节肌肉，负责髋关节伸展和膝关节屈曲，因此腘绳肌很容易受伤。要特别注意确保腘绳肌得到适当预热。

中等

　　1. 挺直站立，双腿膝关节牢牢锁定。

　　2. 向前迈出一小步，同时曳步行走，保持膝关节锁定，双腿伸直。然后将腿收回到身后（参见图 a 和图 b），慢慢增加每一步离地时的发力力度。

　　3. 通过有力的前侧核心肌群保持身体略微前倾，同时保持对侧手臂和腿的同步，以最大限度地向地面施加力量。

　　4. 做 2 组练习，每组练习完成 18 至 27 米。

A- 军步行走

高级

在冲刺的驱动阶段（"A字形"阶段），与地面接触的腿处于三关节伸展状态，其中髋关节、膝关节和踝关节都略微向外、向下伸展。同时，对侧摆动腿的这三个关节都屈曲90度。A- 军步行走（A-walk）训练有助于发展下肢和核心的协同收缩力量，同时提升基本的运动技能和平衡能力。

1. 呈 A 字形站立（参见图 a），并保持 1 至 2 秒。

2. 向前走一步，将抬起的腿向臀部正下方用力下压，然后将另一条腿上抬形成 A 字形并保持平衡（参见图 b）。

3. 检查姿势，确保脚趾指向胫骨（背屈），且髋关节屈曲 90 度。

4. 做 2 组练习，每组练习完成 9 至 14 米。

宽展内收

　　宽展内收动作可以动态地激活臀中肌、臀大肌和内收肌群。通过保持身躯低位和外展双腿，然后在接触地面时立即以跳跃的方式内收双腿，同时保持平衡和低位运动姿势，这项练习是一个巨大的挑战和准备工具。

基础

　　1. 从双腿张开的下蹲姿势开始，膝盖与脚趾成一条直线，双手放在背后（参见图 a）。想象一下将双脚等距分开 5 秒，就像你在铺浴室的地垫一样。

　　2. 在不增加跳跃高度的情况下，在跳跃的同时内收双腿，使双脚并拢。在不增加头部或臀部高度的情况下，双脚轻轻地落地，并保持核心收紧（参见图 b）。

　　3. 落地后立刻再次跳跃，两腿外展并分开，回到起始姿势。

　　4. 进行 2 组连续重复跳跃，每组重复 8 至 12 次。

交叉弓步

交叉弓步是动态拉伸外展肌,尤其是臀肌、阔筋膜张肌和缝匠肌的理想方法。重要的是,不仅要激活这些肌肉,还要让它们进行全方位的运动,因为它们在产生爆发力方面起着重要作用,而爆发力的产生取决于我们从不同身体姿势和角度进行运动的活动范围。

1. 挺直站立,面向正前方(参见图 a)。

2. 右腿向左移动,越过身体到达左边。尽量保持双脚在矢状面上直指前方。

3. 当右脚接触到地面时,身体下沉,将身体重量转移到右脚,并保持拉伸姿势(参见图 b)。右腿沿原路径返回,并重复此练习。

4. 在两侧进行 2 组练习,每组重复 6 至 8 次。

高抬腿交叉步

　　高抬腿交叉步发展了横向变向时所需的动态交叉动作。发展手臂和腿部驱动的同步性是这个训练的重要目的。重点是在每次同步髋关节屈曲和肩关节伸展后，主动驱动腿部下压。掌握进行对侧肩部和髋部伸展动作的时机，对最大限度地提高爆发力至关重要。教练可以在进行这项训练时，评估运动员在横向移动时每次重复练习所移动的距离，以确定是否达到最大效率。

高级

　　1. 面向正前方，肘部屈曲成 90 度（参见图 a）。

　　2. 保持双脚脚踝背屈，脚趾向上，同时动态地驱动右脚和右膝向上向左并越过身体，使右膝到达肚脐高度（参见图 b）。

　　3. 当膝盖到达该高度时，立即通过伸展髋部使右脚和右膝落回地面。同时，通过向后驱动右肘，伸展并激活右侧的肩膀。保持核心收紧，保持从一侧到另一侧的节奏。

　　4. 在两侧进行连续重复相同次数的 2 组练习，每组练习移动 14 至 18 米。

阻力带过顶上举

阻力带过顶上举是一种激活练习，它利用可调节的阻力来训练肩部肌肉，特别是三角肌，以及斜方肌（上部纤维、下部纤维）和前锯肌。

1. 挺直站立，将一条弹性阻力带牢牢地踩在双脚下，双手掌心向前握住它（参见图 a）。

2. 向上举起阻力带，直至举过头顶，并保持双臂伸直（参见图 b）。然后下放阻力带，回到起始姿势。

3. 进行 2 组重复 10 至 15 次的练习。

阻力带外旋

　　阻力带外旋需要外旋肩部，但这与活动范围无关。此练习主要用于激活肌肉。运动员应在整个练习过程中保持中立姿势，以激活肩袖后侧肌群、三角肌后部纤维、菱形肌、斜方肌中部纤维和背阔肌。

中等

　　1. 以运动姿势站立，双手握住阻力带，手掌朝上。肘部屈曲成90度，上臂紧贴在身体两侧（参见图a）。

　　2. 将阻力带拉开，保持上臂紧贴身体两侧，在整个练习过程中保持阻力带的张力。将腋窝压向臀部，以便在整个练习过程中保持肩膀中立（参见图b）。在拉开阻力带时呼气，以帮助保持脊柱中立，并防止通过过度伸展进行代偿。

　　3. 进行2组重复10至15次的练习。

哑铃膝上高翻

哑铃膝上高翻是一种自由重量练习，主要针对股四头肌，其次是腘绳肌、髋关节屈肌、下背部、大腿外侧、股二头肌、臀肌和肩部。

1. 双手持哑铃放在身体两侧站立，双脚应该与肩同宽（参见图a）。

2. 通过屈曲膝关节做下蹲动作，让哑铃刚好位于膝关节下方（参见图b）。

3. 从深蹲姿势向上爆发性站起，同时将哑铃翻转到肩膀上（参见图c和图d）。然后回到起始姿势。

4. 进行1至2组练习，每组练习重复10次。

这些针对一般性和特定于速度的主动动态热身的练习只是示例，你可以使用第12章中的训练计划来修改这些练习，以满足自己的需要。但需要牢记的一点是，你要混合使用这些练习。如果每天都进行相同的训练，运动员会感到厌烦，尤其是年轻运动员。无论你使用哪种练习，谨慎一点的做法是，从一般练习到特定练习，从全身负重运动（如ViPR PRO负重弓步），到低强度快速伸缩复合训练（如开合跳），再到机动性训练（如双腿桥式练习和单腿桥式练习），再到高强度训练（如跳跃或加速冲刺），所有练习都应该针对当天的训练目标。如果实施正确，你可以自然地过渡到当天的训练中，甚至你训练的运动员不知道热身是何时结束的，训练是何时开始的。这就是让热身运动成为训练内容的方式。

第5章

特定于速度的力量

　　由于研究表明质量特异性力量是影响速度的一个重要因素，因此从逻辑上讲，要想速度快，就需要有相对于体重的足够力量。但这导致了有关速度和力量的悖论。实际上，地球上一些速度最快的人并不是你所认为的那些举重达人。除了有良好的跑步姿势和坚实的力量基础外，基因赋予了他们与生俱来的速度优势。因此，他们可以在没有大量肌肉的情况下迅速产生巨大的爆发力。事实上，过多的力量训练可能会损害速度，因为拥有过多的肌肉实际上会减慢运动员的速度并增加他们损伤的风险。

　　肌肉力量在新陈代谢方面也很重要。虽然变得更强壮确实会使大多数没有太多训练经验的运动员变得更快，但在实现最初的力量增长后，力量训练在速度方面的回报会递减。关于特定于速度的力量，真正的问题是：多强壮才算够强壮？该问题的后续问题是：足够强壮是为了什么？用爆发力冲击地面以快速加速，与快速减速以马上衔接切步或变向所需的力量是不同的。每个人的身体都是独一无二的：每个人都有不同的肌肉和筋膜组织成分、运动特长、解剖比例和心理驱动因素。没有放之四海而皆准的答案，答案永远是：视情况而定。

更强壮并不总是意味着更快

2000 年，人体运动专家彼得·韦安德博士进行了一项开创性的研究，揭示了无论是速度超快的运动员还是速度较慢的运动员，他们摆动腿的摆动时间几乎是一样的（Weyand，2000）。此后，负重训练可以提高速度的观点开始流行。不同之处在于，与速度较慢的运动员相比，速度较快的运动员可以对地面产生更大的力。这一发现导致教练过度强调举重训练，他们认为变强壮是提高速度的主要策略。随后，深蹲和硬拉成了速度训练的新内容。

然而，将传统的力量训练用于提高速度的最大挑战之一是，爆发力的产生是多维的。虽然训练师和教练长期以来一直将身体概念化，认为身体是由可以单独训练的各个部件组成的高度精密的机器，但实际上身体更像是植物而不是机器。身体的各部位更多时候是根据生物学规律而不是牛顿定律来运行。身体内相互连接的筋膜系统和神经系统在力的表达中起着重要作用。力量训练不仅与杠杆、支点和肌肉有关。因此，要看到有意义的结果，我们必须将多维的、系统的方法应用于力量训练。

速度需要在髋部和核心部位的近端向心力量和刚度之间取得平衡，并将远端力量传递到刚性的小腿和踝足复合体，以完成足部和地面强有力的接触。如果核心和髋部有能量损失，腿部就没有在撞击地面时产生最大远端力量所需的坚固支柱。要想跑得快，你需要有相对于体重的坚实力量基础、强壮而稳定的核心、高弹性的小腿肌腱和筋膜组织，以及一个高度协调的神经系统。这些功能可以在举重室中得到增强，但通常不会以传统的方式来实现。部分原因是力量训练师倾向于关注单个肌肉的发展，而不了解筋膜和神经系统在力的表达方面所起的重要作用。你不需要巨大的肌肉；相反，你需要的是利用整个身体快速产生巨大爆发力的能力。这要从拥有一个超级强壮且稳定的核心开始。无论你的下肢多么强壮，能够产生近端刚度的力量限制了你向远端传递力量的能力。当核心部位不稳定时，你不仅会泄漏能量和失去速度，还会增加损伤的风险，因为你的身体会在动力链的其他地方进行代偿。

然而，核心训练提供的好处要远远多于传统腹肌训练或深蹲和硬拉的好处。虽然这些练习可以为你提供帮助，但核心力量的本质来自能够共同收缩多个筋膜结构以创建组织的力学复合体，从而使整体比各个部分的总和更强大。这种在核心和踝足复合体中产生超强刚度脉冲的能力，是一项需要神经和组织适应的技能，而传统的矢状面负重训练并没有充分解决这个问题。明确地说，我并不是说举重是坏事。问题是，在许多高中和大学的举重室中，举重训练获得了过多的、过长时间的关注。

多强壮才算够强壮

阅读此书的人应该不会感到惊讶，如果你想跑得快，则需要相对于体重的比较均衡的力量基础。有许多方法可以定义基础力量，但我没有让你相信我的话，而是联系了世界顶级抗阻训练研究人员之一威廉·克雷默博士，询问他对这个问题的看法。克雷默博士目前是俄亥俄州立大学神经科学和神经肌肉实验室的负责人，与人合著了400多篇同行评议的出版物和十几本书。除了是一位经验丰富的研究人员和专业训练顾问之外，他还是《体能研究杂志》（*The Journal of Strength and Conditioning Research*）杂志的主编。我问他：说到速度，多强壮才算够强壮？

克雷默说："我可以为你简化这个问题，因为我们已经对不同运动项目的大学运动员进行了多项研究，而且我们有数据支持。我们发现的主要问题是（至少对于大学运动员来说），如果你想发展爆发力和速度，男性应该能够在承受其2倍体重的负荷下进行深蹲，而女性能够承受的负荷约为体重的1.8倍。当你将能够承受其2倍体重的负荷的运动员与只能承受其体重1.3或1.4倍负荷的运动员进行比较时，二者的爆发力输出会存在明显差异。因此，能够在承受2倍体重的负荷下进行深蹲是我认为的速度训练的力量门槛。显然，你还需要良好的跑步技巧和柔韧性，以及与速度有关的其他素质。但数据显示，如果你不能在承受2倍体重的负荷下进行深蹲，你的爆发潜力就会下降。"

这就引出了一个问题：为什么使用深蹲作为特定于速度的力量的基准，而不是六角杠硬拉或其他举重练习？答案是，当你跑步时，重心会落在腿部活塞的上方。这使得深蹲用于评估速度的基础力量更有意义，因为它能更好地模拟以最大速度冲击地面时所施加的力的方向（而在进行六角杠硬拉时，是从地面举起一个重物）。当然，这个指标取决于每个运动员和他们的体型——没有适合所有人的数字。一旦你达到了完成2到2.5倍体重负重深蹲所需的基础力量，超过这个数字就可以获得许多速度优势。我们的目标是最大限度地提高你的相对力量 – 体重比，而不是让你成为一名有竞争力的力量举运动员。坚实的力量基础也被证明有助于降低损伤风险（Young，2006）。关键是教练要根据每个运动员的体型、不足和专项情况，为他们制订训练方案。这就是评估的重要性所在。

测量和评估速度力量

由于无法改善不能测量的东西，因此进行准确评估的能力是任何教练或训练师都应拥有的最有价值的技能之一。速度是艺术与科学的结合物。有各种各样的工具可以提供关于运动员的优势、不足和不平衡之处的客观数据——包括测力板、动作捕捉技术和视频分析，但视觉评估是最简单的，而且对于有经验的教练来说，它是最有用的工具之一。无论你使用哪种工具，都要先进行初步评估，然后定期进行基准测试以监控进度，这对了解运动员的需求以及训练是否按预期发挥作用至关重要。评估和基准测试还能让运动员产生更多的认同感，因为他们能以一种可衡量的方式看到实现目标的进展。

除了深蹲评估之外，在速度方面，你可以做的最相关的评估之一是垂直跳跃测试。垂直跳跃测试是一种可靠的、经过科学验证的测量方法，可以测量爆发力、下肢力量和冲刺时间（Loturco et al., 2015）。实际上，可以在任何地方使用卷尺、粉笔和墙壁进行垂直跳跃测试。你还可以用一台摄像机从后方、前方和侧面拍摄运动员完成垂直跳跃的过程。观察运动员的垂直跳跃过程可以帮助你确定他们是否需要更多的前侧肌群力量、后侧肌群力量、核心力量，或三者的组合。显然，你首先要测量的是跳跃的高度。但是，更重要的是，你要评估跳跃的质量。这意味着要查看关节的角度。膝关节是否外翻？核心是否稳定？髋部的铰链是否正确？是否摆动了手臂？在跳跃过程中是否完全伸展了髋部？是否在最初的预蹲动作中以离心方式逐步提高跳跃速度？是否有不对称现象？观察结果可以为评估运动员的强项、弱项、活动限制或不平衡提供指标。一旦确定了这些问题，就可以制订一个有针对性的训练计划来解决这些问题。当然，也有一些垂直跳跃评估技术可以提供关于力量产生和运动对称性的客观数据。

这方面的一个可靠的、基于研究的解决方案包括测力板技术，如 Sparta Science 平台。事实上，在 Sparta Science 平台上进行垂直跳跃测试，现在是美国国家橄榄球联盟联合训练的一项必要评估测试。该平台的独特之处在于，除了为垂直跳跃的三个变量（分别为负荷、爆发力和驱动力，参见图 5.1）提供产生力的数据（称为 Sparta 得分）外，该平台还将机器学习与超过一百万次跳跃扫描的匿名数据库相结合，以识别动作失衡和偏差，并高度准确地预测损伤风险。

我提到 Sparta Science 平台，不仅是因为它拥有先进的技术，还因为它的术语有助于将力产生的不同阶段概念化。这为我们提供了一个框架，可用于定位不足问题并通过制订力量训练计划来解决这些问题——无论是跳跃的离心负荷阶段、向心爆发阶段，还是驱动阶段，即向心爆发阶段的延续。基于这些三维数据，你可以评估运动员的前链相对于其后链和核心稳定性是否较弱。例如，如果他们的前链较弱，我们会推荐他们进行更多的前蹲或后蹲，这样会使髋部的铰链减少，膝部的铰链增加。前链力量在减速和离心承载的能力中起着重要作用。如果他们的后链较弱，我们会推荐进行更多的单腿罗马尼亚硬拉或后脚抬高蹲等。

Sparta Science 平台将测量的负荷变量作为向下力的离心速率。这个数值与前筋膜链有很大关系。对于长时间进行深蹲的运动员，如后卫、接球手和回转滑雪运动员，负荷得分往往非常高。它的爆发力变量是对向心力产生的测量值——运动员在为跳跃而伸展时所做的过渡。这个数值往往是最难提高的，因为爆发力更像是一种遗传的神经能力，但研究表明，核心刚度和力量都在最大限度地减少能量损失以最大限度地增强爆发力方面起着重要作用。虽然可以通过训练来增强爆发力，但爆发力增强的程度远低于其他两个数值的增加。驱动力变量是对向心脉冲的测量，它是唯一将力乘以时间的度量单位（其他两个是将其除以时间）。具有高驱动分数的运动员往往拥有更发达的后链，并且能够在整个跳跃过程中募集和使用这些肌肉。

事实上，传统的抗阻训练通常不是最好的训练方法，这就是定期的基准测试对此流程至关重要的原因。你需要知道你的训练方法是否按预期的那样发挥作用。例如，据 Sparta Science 平台的创始人、首席执行官兼平台的开发者菲尔·瓦格纳（Phil Wagner）博士说，该公司的研究团队惊讶地发现，过顶深蹲竟然是提高驱动力分数的最佳方法之一。

瓦格纳博士说："这种认知改变了我们之前的想法。因为我们一直在推行许多单

图 5.1 Sparta Science 平台提供了垂直跳跃的三个变量（负荷、爆发力和驱动力）的三维测量，这可以用来识别影响损伤恢复能力和表现的不足和不平衡问题

（图片来源说明：Adapted from Sparta Science, "Sparta Jump Scan 101: Load, Explode, and Drive," 2018, accessed April 26, 2021.）

腿运动，认为这种运动会提高驱动力，而过顶深蹲是一种双腿运动。最初，我们认为后链肌群的力量与驱动力大小有关。从理论上讲，如果你想提高驱动力，就应该做一些像单腿深蹲、弓步和罗马尼亚硬拉这样的练习，这些练习都会对肌肉组织产生非常明显的影响，并产生较严重的延迟性肌肉酸痛。但是，当你仔细思考就会发现，简单的过顶深蹲就可以让你的下肢和上肢都经历一次全方位的运动。当你做这个动作时，你不会真的感到酸痛，因为没有涉及太多的重量。该练习没有专注于任何一个特定的肌群。对过顶深蹲的认识和体验，特别是过顶深蹲所产生的影响和效果让我们对筋膜系统的重要性有了深刻的认识。当你了解到筋膜是一个相互连接的、覆盖全身的系统，然后思考如何最大限度地激活该系统时，可能没有比过顶深蹲更好的运动了。我认为过顶深蹲对全身激活的效果说明了整个身体的相连程度以及筋膜对运动的重要性。但正是这种对不同练习的效果进行分类的能力，使我们能够根据垂直跳跃测试制定不同的训练方法。"

根据精英力量举运动员、力量训练师以及 EliteFTS 的创始人戴夫·泰特的说法，举重室中另一个有价值的评估方法是查看举重时杠铃移动的速度。作为路易·西蒙斯（Louie Simmons）的前弟子和俄亥俄州哥伦布市传奇性 Westside Barbell 公司的训练师，泰特与竞技力量运动员的合作时间已超过 35 年。

泰特说："我想看看杠铃在力的作用下的移动情况，观察杠铃在力的作用下的运动情况在很大程度上依赖于对杠铃速度的观察。根据我训练有素的专业视角，我寻找的杠铃速度大约为每秒 0.8 米。基于此，我可以确定运动员是需要更多的绝对力量还是更多的重复力量。如果运动员的杠铃移动速度较低，那么我知道他们需要做更多的快速伸缩复合训练和动态训练，因为他们不知道如何表现力量。"

在帕里西速度学校，我们发现引体向上也是一种很有价值的速度评估工具。乍一看这似乎有悖常理，但正如我提到的，核心力量是影响速度的重要因素。上半身，尤其是背阔肌发挥着重要作用，因为筋膜系统的后表线和螺旋线对于稳定至关重要。后表线从足底延伸至头顶，然后止于眉毛，形成一个连续的筋膜网，可以将其作为一个整体进行剖析（参见图 5.2）。

与后表线相关的常见姿势代偿模式包括踝关节背屈受限、膝关节过伸、腘绳肌短缩和骨盆前移——这些都会影响速度表现。

当伸展左髋时，你也在伸展右肩，反之亦然。后表线和螺旋线的连接筋膜锁链在这种交换中共同作用，以分散力量并稳定运动。这就是上肢力量训练有助于速度发展的原因之一。事实上，对于年轻运动员，有时甚至是年长的、更有经验的运动员，在帕里西评估测试中，能做更多引体向上的运动员的速度基本上都更快。关键在于，成功的训练编排始于全面的评估，然后在运动员进行训练时，将该评估作为跟踪进度的基线，以便进行相应的调整。问题是，并不存在适合所有人的理想评估方法。每个运动员都有独特的身体成分、运动偏向和损伤历史。而且有很多评估工具可以为你提供不同的数据。无论你采用哪种工具，如果表现水平没有提高，那么运动员很可能需要休息或者你需要调整训练计划。

力量训练的形式和技巧

说到力量训练，无论怎么强调形式和技术的重要性都不为过。这是本章非常重要的信息。力量训练是一项需要正确指导和精通的技术技能。形式很重要，如果你以不

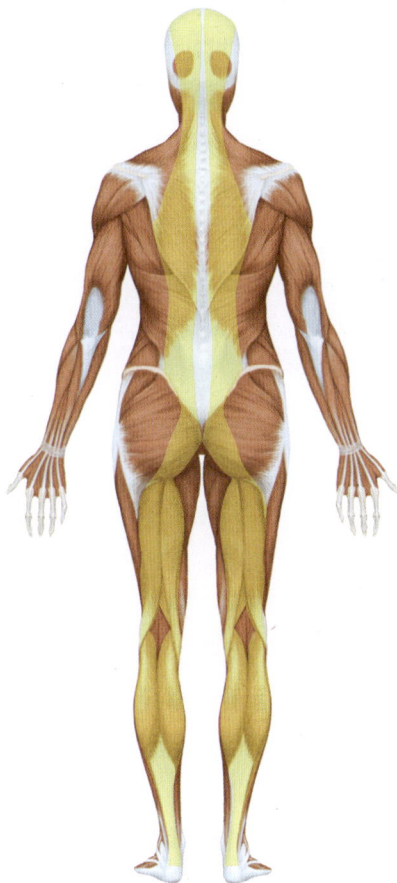

图 5.2　后表线始于足底表面，沿着背部向上，延伸至头顶，止于眉毛

恰当的形式进行高强度负重训练,可能会导致自己受伤。不幸的是,很多发生在赛场、球场或跑道上的损伤往往都始于举重室,因为教练没有意识到,运动员在举重时使用了错误的、导致肌肉失衡的力学动作。

最常见的与举重相关的损伤之一是下背部椎间盘的纤维环受损。纤维环环绕着椎间盘柔软的内核,即髓核(参见图 5.3)。

这种致密的外部保护组织由韧带纤维组成,韧带纤维包裹着内核,并连接每个椎间盘上方和下方的脊椎。它是一种类似橡胶甜甜圈的结缔组织,可支持脊柱的旋转稳定性,并帮助抵抗压缩应力。根据斯图尔特·麦吉尔博士的说法,如果你在做下蹲、弓步或其他负重运动时没有将腰椎锁定在中立位,就会使纤维环的纤维分层,并随着

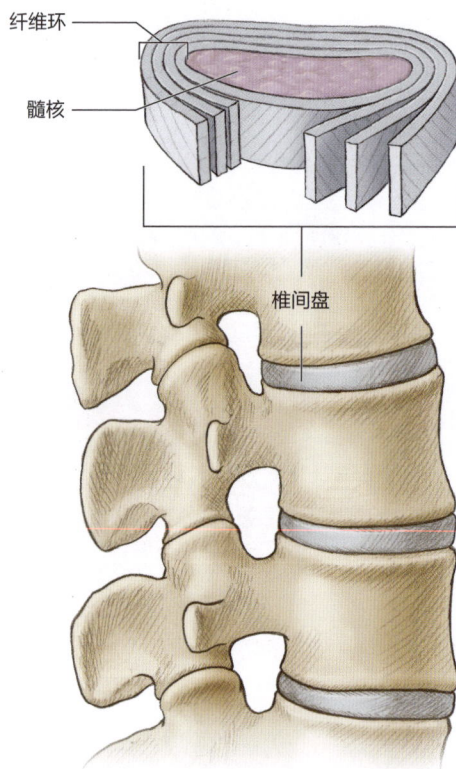

图 5.3 使椎间盘能够承受压缩和扭转力的椎间盘弹性内核称为髓核。它由一种像果冻一样的物质组成,该物质主要由水和胶原纤维组成

时间的推移造成累积性损伤，这种损伤愈合缓慢，可能导致更严重的损伤。这意味着，如果你不从一开始就帮助运动员掌握正确的举重技术，并让他们使用正确的训练形式，则可能导致运动员受伤。你面临的一个挑战是，错误的训练形式有时很难被发现。例如，运动员可能会以不正确的形式进行举重，你却没有看出来，因为他们的 T 恤可能非常宽松。而如果脊柱略微偏离中立位，负荷相对于运动员来说就会变得很重，这将成为一个问题。这就是运动员在进行负重训练时应该穿更紧的衣服的原因。这使教练更容易评估和纠正他们的训练形式。

举重是一项多数运动员必须掌握的技能，但前提是脊柱健康。教运动员以正确形式从地上拿起杠铃，并以良好姿势将其放回架子。非常重要的一点是，运动员应始终努力保持强壮的中立脊柱。这是每个运动员都需要接受的脊柱健康范式。如果他们没有向我表明他们明白这一点，我就不想看到他们做任何杠铃负重训练。运动员，尤其是年轻运动员，他们希望看到成功，他们想要看到进步。如果你不向他们教授适当的技术，让他们在运动中变得更强壮，那么他们很快会变得沮丧，并最终受伤。如果运动员的技术有问题，那么即使他们在初级阶段有所收获，在 6 周或 8 周后，他们就不会再有进步。但如果你能及早纠正他们技术上的错误，就可以让运动员举起的重量增加 23 千克左右，甚至在他们没有变得更强壮的前提下。

这里需要注意的是，正确的举重形式在某种程度上取决于运动员个人。不同的身体比例会产生不同的杠杆力学，而不同深度的髋关节窝决定了一个人在骨盆翻转并开始对腰椎间盘施加压力之前可以蹲多深。对一个运动员来说最理想的举重形式可能并不适合另一个运动员。但是，可以遵循一些基本原则以找到最佳举重形式。麦吉尔博士帮助做举重练习的运动员找到正确形式的一种方法是游击手下蹲。

1. 双脚分开，做几次屈膝动作，以调整髋部的内旋和外旋角度，并为膝盖和脚踝找到正确的铰链轨迹。看一下脚的转角。记住这个角度，并从这个位置开始。

2. 站直，并将双手放在大腿顶部，同时拇指和食指之间形成一个 V 字形（参见图 5.4a）。保持手臂伸直，将双手下推到大腿上，铰接处位于髋部。不要让脊柱弯曲。

3. 当你的手刚好到达髌骨上方并抓住膝盖时，停止下推（参见图 5.4b）。

4. 想象有一条垂直线从膝盖处垂下。它应该落在脚掌和脚跟之间。这可以确保髋部处于良好的姿势。关注你的躯干曲线。如果躯干曲线与你站立时相同，那么你有良好的姿势。如果躯干曲线与你站立时不同，请将它们调整回自然曲线。

5. 从这个姿势站起来，不要耸肩——做反耸肩动作，将肩膀往躯干方向下压，同时收紧胸肌和背阔肌。在保持自然曲线的情况下，让躯干变得更具有刚性。

6. 当你往上抬起身体的时候，不要想着通过背部抬起躯干。考虑如何让背部和躯干保持刚性。当你用双脚按压地面并将双手向后滑动到大腿上时，只需将髋部向前拉即可实现上升运动。

图 5.4 使用游击手下蹲动作来帮助找到正确的举重形式

若要将这个动作过渡到提拉动作，应将双手放在大腿上，采用游击手下蹲姿势。用脚趾和脚跟抓住地面，做反耸肩动作，并用双手握住横杆。然后尝试通过肩部的外旋来弯曲横杆。绷紧背部，用力挤压横杆，同时用 10 个手指施加力量。想象一下，当你将髋部向前拉的时候，用髋部、腿部和双脚蹬地伸展。这将使你能够以正确的形式安全地从地板上举起重物。

与正确举重形式同等重要的一点是，通过运动员的技术来帮助他们获得快速增益是一种简单的方法。技术改进是一个很容易解决的问题，在你为训练计划增加更多重量和复杂性之前，必须先解决这个问题。我们建议开始时使用一次重复最大值（One-Repetition Maximum，1RM）的 40%，这样运动员就可以摸索练习一个动作，直到掌握一项举重技能。然后，运动员可以逐渐增加重量和速度，以便安全地实现增益。

特定于速度的力量

在提高运动员的速度之前，必须先发展他们产生力量的能力。发展特定于速度的力量始于发展运动员的基础力量。对于没有太多训练经验的运动员来说，取得进步相当快，随着运动员达到能够承受 2.5 倍体重的负荷进行深蹲的目标，进步会变得更困难。发展核心力量对于促进力量传递、减少能量损失和提升抗损伤能力也是至关重要的。当然，发展良好的下肢力量对于实现最大速度至关重要。

基础力量

培养男性承受 2 倍体重的负荷进行深蹲和女性承受 1.8 倍体重的负荷进行深蹲所需的基础力量，最好的方法是帮助运动员逐渐掌握深蹲技术。根据运动员的肢体长度和骨骼解剖结构，可以使用深蹲和硬拉技术的不同变式。最重要的因素是，作为战略结构计划的一部分，它们是以正确的形式来完成的。当运动员刚开始进行力量训练时，深蹲和硬拉可以提高速度，因为他们正在努力发展适当的力量 - 体重比。但深蹲和硬拉只是速度提升难题的一部分。这些练习有助于为产生最佳力量和降低损伤风险奠定坚实的力量基础，但它们并不是万能和终极的训练方式。太多教练过分强调这些动作，而忽略了其他训练方式，那些被忽略的训练方式构建了极其重要的全身筋膜弹簧悬挂系统。

引体向上

引体向上是一项很好的基础力量练习，要求屈曲肘部、伸展肩部、收缩肩胛骨并向下旋转，主要涉及的肌肉包括背阔肌、斜方肌（中部纤维、下部纤维）和菱形肌。

斜方肌中部纤维
背阔肌
肱二头肌
菱形肌

a   b

激活的主要肌肉

牵拉阶段（在返回阶段，同样的肌肉会进行离心收缩）

- 肘部（屈曲）：肱二头肌、肱肌、肱桡肌
- 肩部（内收）：背阔肌、胸大肌下部纤维、大圆肌、肩胛下肌、喙肱肌
- 肩带（内收、向下旋转、下沉）：斜方肌中部纤维、斜方肌下部纤维、胸小肌、菱形肌

1. 双手内旋（手掌朝外），以比肩宽稍宽的距离抓住横杆，直臂悬挂在横杆上（参见图a）。

2. 将上胸部拉向横杆，直到下颌位于横杆上方。在上拉身体时，试着想象肩胛骨正在向裤子后口袋移动（参见图b）。

3. 根据训练阶段的不同，进行3至8组练习，每组练习重复2至12次。常见的变式包括在动作的顶部和底部位置保持15秒，逐渐增加到60秒。一些辅助和阻力选项也会使该练习的难度减小或增大。

颈后深蹲

颈后深蹲模拟了在跑步时，在重物作用下的腿部的垂直施力方向。在整个练习过程中，身体重量应保持在脚中部，脚跟和脚趾应与地面保持接触。脚中部的压力可以促进腘绳肌和股四头肌协同收缩，从而获得更好的稳定性和发力效果。

中等

臀大肌　股外侧肌

股二头肌

腓肠肌

激活的主要肌肉

下降阶段（在上升阶段，同样的肌肉会进行向心收缩）
- 髋关节（屈曲）：臀大肌、股二头肌长头、半腱肌、半膜肌
- 膝关节（屈曲）：股直肌、股外侧肌、股内侧肌、股中间肌
- 踝关节（背屈）：腓肠肌、比目鱼肌

1. 开始时将杠铃置于深蹲架或立式支架上，高度与胸部中部齐平。面对杠铃，用手抓住杠铃，双手间距尽可能接近肩宽。将肘部压向臀部，肘部位于杠铃下方。这个姿势有助于运动员产生上身张力，以保持躯干和脊柱的中立，使杠铃在整个练习过程中与脚中部垂直对齐。双脚分开，至少与髋部同宽，如果可以，让双脚朝前，或略微向外旋转。

2. 将杠铃从架子上取出，将其放在后肩部肌肉上（参见图 a）。

3. 当你向下和向后降低髋部时，想象你正在用下肢将自己向下拉。适当的下蹲深度是指运动员在不弯曲腰椎或不后倾骨盆的情况下所能达到的最低点，适当的下蹲深度对每个运动员来说都是不同的（参见图 b）。

4. 通过脚掌用力，回到挺直站立姿势，在接近最挺直姿势时有意识地收紧臀肌。

5. 根据训练阶段的不同，进行 3 至 5 组练习，每组练习重复 2 至 5 次。

中等

六角杠硬拉

六角杠硬拉是训练基础力量的主要练习。在整个练习过程中，身体重量应保持在脚中部，脚跟和脚趾应与地面保持接触。脚中部的压力可以促进腘绳肌和股四头肌协同收缩，从而获得更好的稳定性和发力效果。

高级

臀大肌
股二头肌
股直肌
a　　b

激活的主要肌肉

下降阶段（在上升阶段，同样的肌肉会进行向心收缩）
- 髋关节（屈曲）：臀大肌、股二头肌长头、半腱肌、半膜肌
- 膝关节（屈曲）：股直肌、股外侧肌、股内侧肌、股中间肌
- 踝关节（背屈）：腓肠肌、比目鱼肌

1. 站在六角杠里面，将中指对齐手柄中心线位置并握住六角杠，使其垂直于双脚中间的线。在整个练习过程中，六角杠的运动轨迹应保持在这条双脚中间的垂直线上。在提起六角杠之前，髋部应放低，挺胸抬头，脊柱处于中立位（参见图 a）。

2. 保持双臂伸直，通过脚掌向下压，提起六角杠，形成上身张力，直到站直为止（参见图 b）。在接近最挺直姿势时有意识地收紧臀肌。

3. 当降低髋部时，想象你正在用下肢将自己向下拉。根据你的目标，可以选择在动作底部保持或释放张力。

4. 根据训练阶段的不同，进行 3 至 5 组练习，每组练习重复 2 至 5 次。

核心力量

训练身体成为一个弹性较强的弹簧，从而获得更快的速度，这要从核心力量训练开始。在过去的几十年里，在训练各种类型的运动员以帮助他们获得更快速度的过程中，我们在帕里西速度学校看到的最大问题常存在于运动员的核心部位。显然，大多数运动员的下肢和上肢也需要变得更强壮，但核心部位通常是存在最大问题的地方。在某些时候，在许多高中和大学的举重室里，核心部位已被人遗忘，人们花费了太多时间专注于深蹲和硬拉练习。如果将适当的核心支撑应用于举重技术中，有助于激活和训练核心，但它们的应用也受到限制。它们可以通过提供高负荷训练的能力来增强肌肉募集，但自由度非常有限，而且只能在矢状面上。躯干和核心为将远端力量有效地传递到四肢提供了稳定的基础。但是，躯干和核心也需要进行神经编程，以便快速激活，并在三个运动平面上提供稳定性。这就是以牛顿力学为思考人体运动的模型的不足之处。

人类更像是植物而不是机器。我们不是由一盒可以单独训练的零件组装而成的机器人。我们在生物学上自行组织以应对环境的压力——就像树木一样。我给你举一个与核心相关的示例。当树木在野外生长时，风迫使它们的枝条不断移动。这种来自风的多向负荷产生的压力通过整棵树的枝条和树干一直分布到根部。树木通过在内部生长所谓的反应木（或压力木）来应对这种压力，就纤维素含量和组成方式而言，反应木与结构木在力学上有所不同。纤维素是一种聚合纤维，它在反应木中以三螺旋模式沿着应力线自行组织，其组织方式与筋膜组织中的胶原蛋白的组织方式大致相同。反应木通过产生一种力学复合功能对负荷做出反应，为树木提供结构稳定性，就像钢筋在混凝土中所做的那样。它使树木能够以扭曲的方式向最佳光线方向生长，而且即使是在别扭的形状下，也能承受极端负荷。

风所产生的多维次最大负荷使树木在生长时足够强大，足以支撑自身的重量。事实上，当科学家们试图在亚利桑那州的全封闭生物圈 2 号研究设施中种植树木时，他们惊讶地发现，虽然这些树木比在野外生长得更快，但它们会在完全成熟之前倒塌，因为它们从未暴露在风的压力之下。因此，它们没有生长出使其强壮的、形状稳定的反应木。我们的身体，尤其是核心（即躯干复合体），需要类似的多维次最大负荷，以发展提供稳定性的弹性筋膜连接。

这就是理解斯图尔特·麦吉尔的力学复合功能概念和米科尔·达尔科特的发展奇位姿势力量概念很重要的原因。核心力量并不是由单个肌肉负责提供的。核心部位的近端刚度来自多块主动肌和拮抗肌的协同收缩，它们作为一个复合体一起工作，使整体强于各个部分的总和。这种力学复合功能是由围绕和连接身体每块肌肉的筋膜组织的网状结构实现的。

那么，我们如何进行多维度的核心训练呢？这要从 McGill Big 3 训练练习中的预热身开始，这些练习可以激活核心部位和各种类型的平板支撑所需的小肌肉运动单位（参见第 3 章）。此外，健腹轮运动对核心也很有好处，因为它们可以训练腹直肌、臀肌、下背部和腹斜肌，同时迫使整个动力链一起工作。负重等长提举，如手提箱搬运和农夫搬运，对激活核心也很有价值；抗旋转练习，如站姿绳索抗旋，有利于加强核心的水平面力量。虽然等长练习是发展核心力量不可或缺的，但你最终可能还想让核心肌肉被快速激活和协同收缩，并将这些应用到田径和球场运动中。这就是动态药球练习和快速伸缩复合练习发挥其作用的地方，在这些练习中运动员要擅长利用动力链，以更大的自由度和更轻的负荷进行全身运动，同时为快速、类似游戏的反应来编排神经肌肉系统。

农夫搬运

　　农夫搬运是一种全身运动，是指在行走时两只手拿着相同重量的物体。该练习可以训练整个上半身和核心，以及手臂和下肢，包括斜方肌、腹斜肌、腹直肌、腹横肌、股四头肌、腘绳肌和小腿肌群。农夫搬运是一系列搬运练习中的一种，这些搬运练习包括手提箱搬运和过顶搬运。

中
等

斜方肌
竖脊肌
腰方肌
腹直肌
腹内斜肌
腹外斜肌

a   b

激活的主要肌肉
等长阶段（前脚平放在地面上）
- 肩带（等长抬高）：菱形肌、肩胛提肌、斜方肌上部纤维、斜方肌中部纤维
- 肘部（等长屈曲）：肱二头肌、肱肌、肱桡肌
- 腕部（等长屈曲）：桡侧腕屈肌、掌长肌、尺侧腕屈肌、指浅屈肌、指深屈肌、拇长屈肌
- 躯干（等长中立）：腹横肌、腹直肌、腹内斜肌、腹外斜肌、竖脊肌、腰方肌
- 髋关节前侧（等长屈曲）：臀大肌、股二头肌长头、半腱肌、半膜肌
- 膝关节前侧（等长屈曲）：股直肌、股外侧肌、股内侧肌、股中间肌
- 脚踝前侧（等长屈曲）：腓肠肌、比目鱼肌

1.双手持一个六角杠或一对同等重量的壶铃或哑铃（参见图 a）。开始时，采用大约为 50% 体重的较轻的重物（每只手大约 25%）。调整并逐渐挺起背部，屈曲膝关节以拾取重物。

2.在有控制的情况下，直线缓慢行走 18 至 37 米（参见图 b）。

3.你可以转过身，再次走完这段距离，但如果你手握的是六角杠，请不要带着重物转身。先停下来，将六角杠放在地上，在六角杠内转身，然后拾起六角杠，返回到起点。转动身体时，六角杠的动量会对腰部产生扭力，可能导致你受伤。你可以在携带壶铃或哑铃的情况下转身，但要有控制地、慢慢地转身。

4.随着手臂和核心力量的增强，你可以将每侧手的重物增加到体重的 50%。进行 2 至 4 组行走练习。

中
等

站姿绳索抗旋

站姿绳索抗旋是一种非常有效的核心稳定性练习,可以帮助运动员抵抗脊柱屈曲、伸展和旋转。它通过等长收缩方式对腹斜肌和腹直肌进行挑战,以抵抗脊柱和骨盆的旋转,以及在快速转动、变向和敏捷性运动中产生的剪切力。

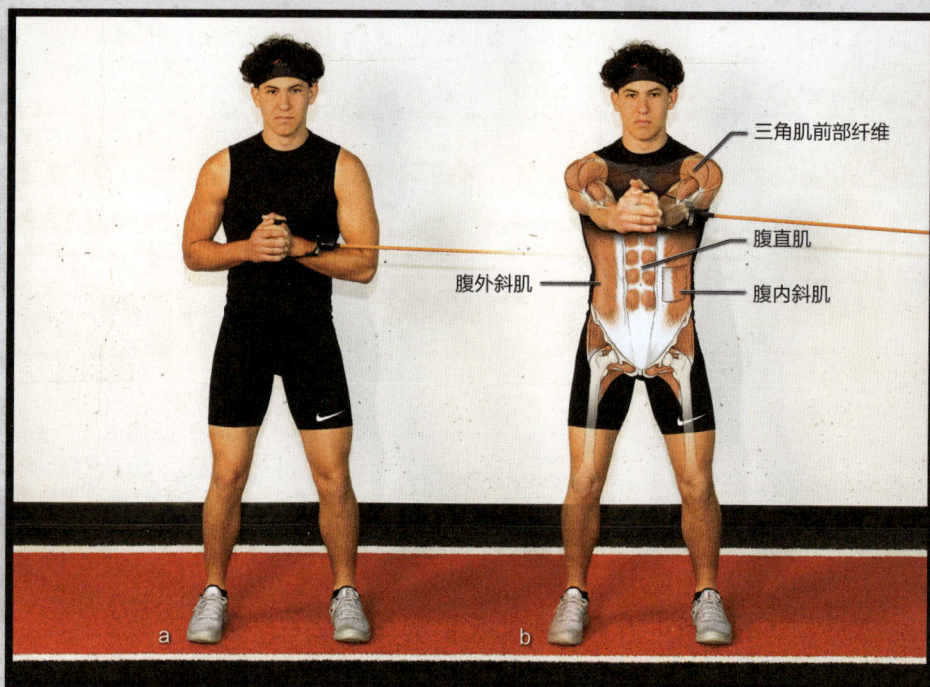

激活的主要肌肉

等长阶段（右手握住手柄）

- 肩部（握住手柄的一侧水平内收）：肱二头肌、胸大肌上部与下部纤维、喙肱肌、三角肌前部纤维
- 躯干（等长屈曲）：腹直肌、竖脊肌、腹内斜肌、腹外斜肌
- 髋关节（等长外旋）：臀大肌、臀中肌后部纤维、梨状肌、上孖肌和下孖肌、闭孔内肌和闭孔外肌、股方肌

　　1. 将绳索拉力器或带有可控阻力的阻力带连接到固定物体上，然后在胸部高度抓住阻力带或绳索手柄。

　　2. 远离绳索拉力器或连接阻力带的一侧，使绳索或阻力带与手臂形成90度，让阻力作用于核心部位。

　　3. 膝关节保持轻微的运动性屈曲，并通过将肋骨稍微移向骨盆来支撑核心。

　　4. 将手柄紧贴胸部（参见图a），然后将手柄推离胸部，同时保持核心支撑（参见图b）。目标是保持核心稳定，并且不要从这个受压位置移动。

　　5. 保持伸展姿势4至10秒。

　　6. 在身体两侧各做2至4组练习，每组练习重复2至5次。

基础

健腹轮运动

　　健腹轮运动可看作滚动式平板支撑，增加了一个滚轮（或稳定球）作为变量，以更好地锻炼核心肌肉。健腹轮运动对核心力量和平衡能力的要求比平板支撑高，因此它是一种高级练习。健腹轮运动旨在锻炼腹直肌、腹斜肌和竖脊肌。

高级

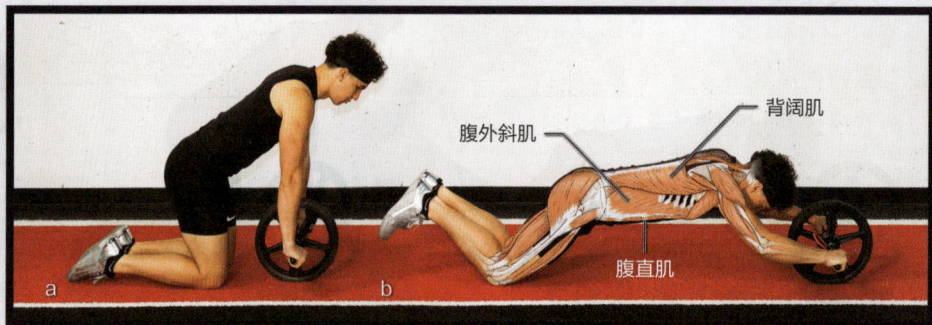

腹外斜肌　　背阔肌

腹直肌

激活的主要肌肉

屈曲阶段
- 肩部（伸展）：背阔肌、大圆肌、肱三头肌长头、胸大肌下部纤维、三角肌后部纤维、冈下肌
- 躯干（屈曲）：腹直肌、腹内斜肌、腹外斜肌
- 髋关节（屈曲）：股直肌、髂肌、腰大肌、耻骨肌、阔筋膜张肌

伸展阶段
- 肩部（屈曲）：三角肌前部纤维、胸大肌上部纤维、喙肱肌
- 头部和躯干（伸展）：竖脊肌、腰方肌、头夹肌和颈夹肌、胸锁乳突肌（头部伸展）
- 髋关节（伸展）：臀大肌、股二头肌长头、半腱肌、半膜肌

　　1. 从跪姿开始，将双手放在健腹轮上（参见图a）。如果你使用的是稳定球，请将前臂放在球上，轻握拳头。

　　2. 通过深吸气来支撑核心，慢慢向前伸展手臂和身体。

　　3. 伸展到你很难保持稳定的、可以保持4至10秒的位置（参见图b）。如果力量允许，你可以伸得更远。不要让核心部位坍塌或下垂！

　　4. 缓慢地回到起始姿势，在两次动作之间休息1至3秒。在这个练习中一定要控制呼吸，不要放松核心部位。

　　5. 从重复6至8次的保持4至6秒的练习开始，慢慢增加到做2至4组练习，每组练习重复8至15次，每次保持6至10秒。

下肢力量

　　当谈到下肢力量时,对速度而言最重要的肌肉是髋关节和膝关节的屈肌和伸肌(参见图5.5)。一项磁共振研究比较了一级短跑运动员与普通人的力量和肌肉组成,结果表明,除了坚实的力量基础外,强壮的髋关节和膝关节的屈肌和伸肌对速度也很重要(Hands-field et al.,2016)。此外,对短跑生物力学的分析表明,髋关节的屈肌和伸肌具有更强的近端向心力量,而膝关节的屈肌则具有更强的离心力量(Chumanov,Heiderscheit, and Thelen,2011)。臀大肌和臀中肌可以稳定骨盆和髋关节复合体,帮助抵抗摆动、下沉和过度旋转。在跨步的触地阶段,臀肌会进行等长收缩。这意味着,特定于速度的抗阻训练计划应包括要求肌肉在长度较短的状态下达到峰值收缩的臀部练习。

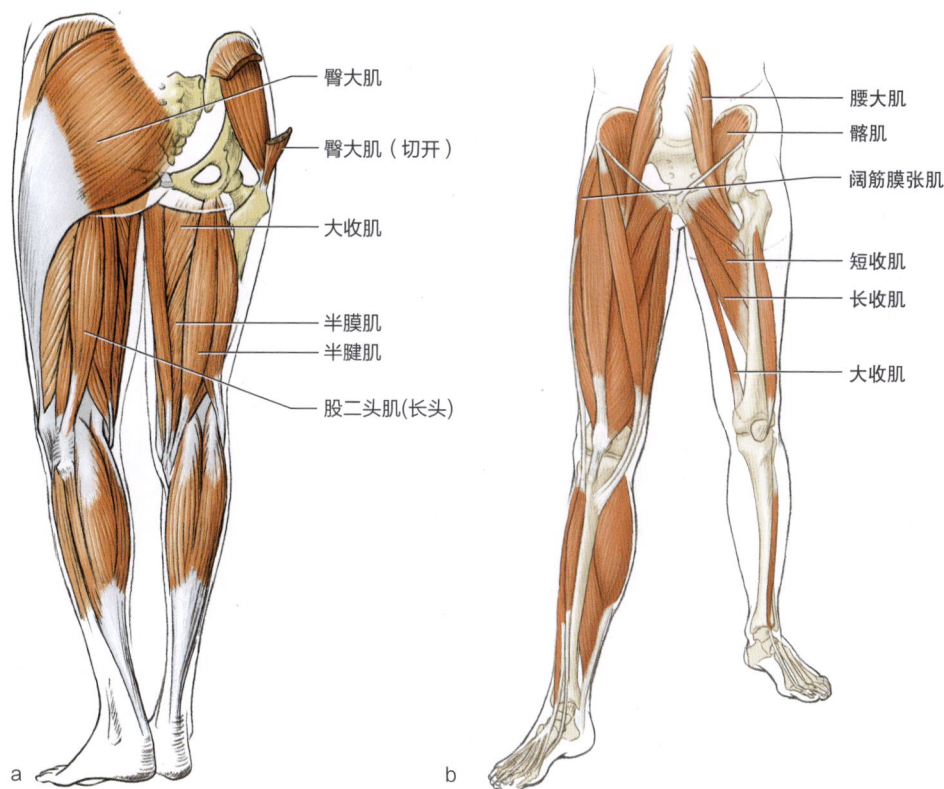

臀大肌

臀大肌(切开)

大收肌

半膜肌
半腱肌

股二头肌(长头)

腰大肌

髂肌

阔筋膜张肌

短收肌

长收肌

大收肌

a

b

图5.5 强壮的髋关节和膝关节的屈肌和伸肌对速度、稳定性和损伤恢复至关重要

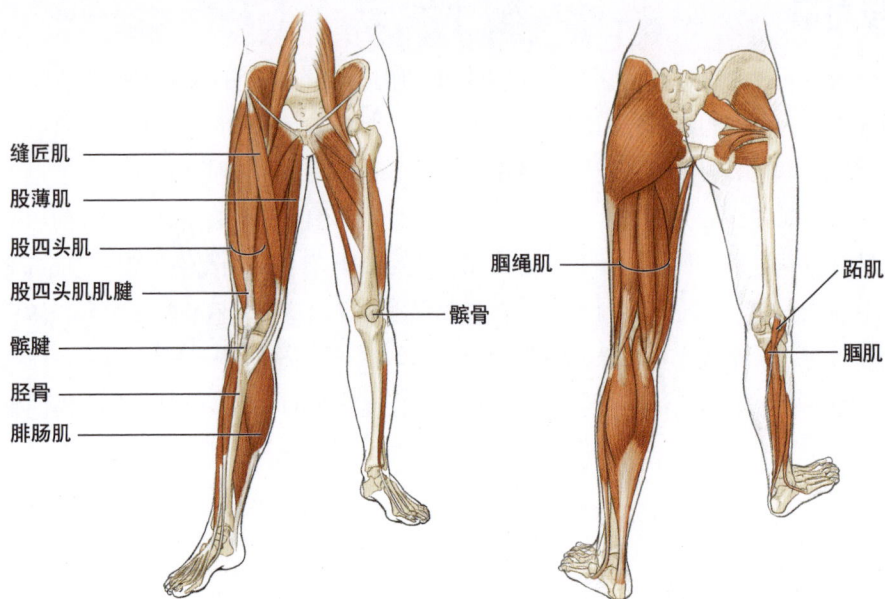

缝匠肌
股薄肌
股四头肌
股四头肌肌腱
髌腱
胫骨
腓肠肌

髌骨

腘绳肌

跖肌

腘肌

图 5.5 （续）

在短跑中用到的主要肌肉是腘绳肌，它由股二头肌、半腱肌和半膜肌组成。腘绳肌在膝关节处进行离心收缩，在髋关节处进行向心收缩，在地面准备期间大量使用储存的弹性能量，在拉长阶段储存弹性能量，并在脚接触地面时释放这些能量。因此，腘绳肌的力量在地面准备阶段较大，在触地阶段较小（与臀肌不同）。在地面准备阶段开始时（在髋关节最大屈曲期间），腘绳肌近端进行向心收缩，同时远端进行离心收缩。在地面准备阶段，腘绳肌的离心收缩对速度起着重要作用，但它也是造成损伤的一个原因。

一项关于腘绳肌短跑力学的研究表明，股二头肌承受了最多的肌肉和肌腱张力——这可能是股二头肌在腘绳肌中最常受伤的原因，而半膜肌完成了大部分的向心和离心收缩，产生了最大的力量（Schache, Dorn, and Pandy, 2012）。多项研究表明，拥有更强壮的髋关节伸肌可以提高短跑速度（Beardsley and Contreras, 2014）。此外，研究表明，针对离心收缩的训练计划对提高最大速度和预防损伤非常有效（de Hoyo et al., 2015）。关于这一点，2004 年在挪威进行的一项研究发现，在发展腘绳肌的离心力量方面，使用阻力带进行北欧式腿弯举比传统腿弯举更有效（Mjølsnes et al., 2004）。

北欧式腿弯举

　　北欧式腿弯举是一项具有挑战性的高级练习。运动员应该在尝试进行这项练习之前建立起完成该动作离心阶段的能力，方法是在 4 到 6 秒的时间里只进行离心下降阶段的练习，直到发展出足够的力量来进行向心阶段的练习。

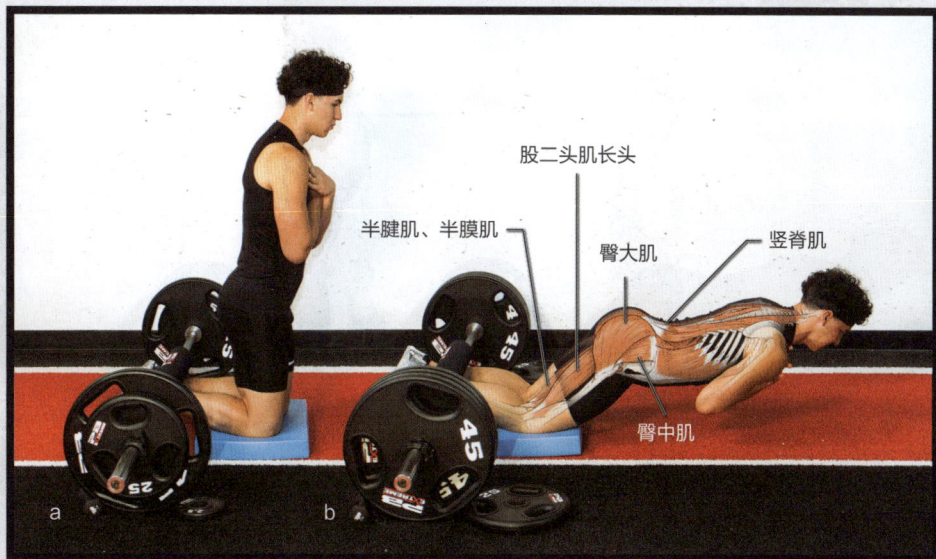

高级

激活的主要肌肉

伸展阶段

- 膝关节（屈曲）：股二头肌短头和长头、半腱肌、半膜肌
- 髋关节（等长外旋）：臀大肌、臀中肌后部纤维、梨状肌、上孖肌和下孖肌、闭孔内肌和闭孔外肌、股方肌
- 躯干（等长伸展和屈曲）：竖脊肌、腰方肌（伸展）；腹直肌、竖脊肌、腹内斜肌、腹外斜肌（屈曲）

　　1.将脚跟固定在一个重物下（也可以让搭档扶住你的脚），跪在一个垫子上，背向重物或搭档（参见图 a）。

　　2.缓慢地前倾身体，同时保持脊柱中立和胸部挺直，直到身体与地面平行，腘绳肌有拉伸感（参见图 b）。

　　3.收缩腘绳肌，将身体拉回到起始位置，同时保持躯干在一条直线上。始终保持髋部伸展，不要让髋部脱离腘绳肌张力的控制。

　　4.进行 1 至 3 组练习，每组练习重复 4 次。

站立提踵

　　站立提踵是跑步者可以纳入训练中的最简单的下肢运动之一。这项运动需要脚和踝关节具备稳定性、跖屈和背屈能力。站立提踵涉及的主要肌肉是腓肠肌和比目鱼肌。

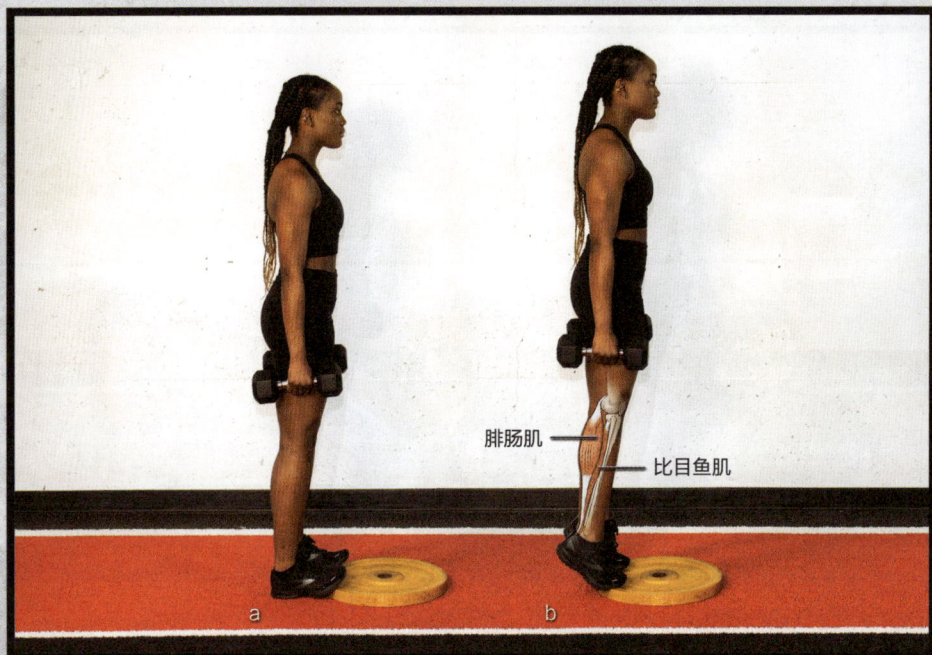

腓肠肌

比目鱼肌

a　　　　b

激活的主要肌肉

上升阶段（在降低阶段，同样的肌肉会进行离心收缩）

- 踝关节（跖屈）：腓肠肌、比目鱼肌

　　1.挺直站立，脚掌放在一个抬高的表面上，例如一个平放在地面上的配重片（参见图 a）。抬高的表面可以增加活动范围，使足底屈肌、跟腱和足底筋膜处于一个延长的起始位置。为了增加强度，可以用哑铃或壶铃来增加阻力。

　　2.用脚掌推动身体，尽可能高地将脚跟抬离地面，直到用脚趾站立（参见图 b）。

　　3.慢慢地返回起始姿势。当放下脚跟时，想象它们被拉回地面。

　　4.进行 3 至 5 组练习，每组练习重复 6 至 12 次。

单腿蹲

　　单腿蹲的目标是增强单腿力量，这有助于教练识别力量失衡，并帮助运动员纠正。此外，在田径和球场运动的许多动作中，运动员都需要将力量从一条腿转移到另一条腿上。

激活的主要肌肉

下降阶段（在上升阶段，同样的肌肉会进行向心收缩）

- 髋关节（屈曲）：臀大肌、股二头肌长头、半腱肌、半膜肌
- 膝关节（屈曲）：股直肌、股外侧肌、股内侧肌、股中间肌
- 踝关节（背屈）：腓肠肌、比目鱼肌

　　1. 在身后放一个长凳或箱子，用一只脚挺直站立，将身体的重量放在脚掌中间，抬起另一只脚，使其悬停在站立脚前面（不接触），停在地面上方5至10厘米处（参见图 a）。在整个练习过程中，保持胸部挺直，脊柱处于中立位，并保持核心收紧。

　　2. 当用单脚站立下蹲时，想象站立脚正在把你拉下来。当臀部接触到长凳或箱子时（参见图 b），通过脚掌用力，回到挺直站立姿势。

　　3. 每侧进行3至5组练习，每组练习重复5次。

　　4. 如果需要，可以通过站在一个小配重片上，增加站立脚的脚跟垫起高度。这有助于提高那些有跟腱紧张症状的人的技术水平。你也可以双手各握一个哑铃，以增加运动强度。

奇位姿势力量和静止启动力量

奇位姿势力量是指从不常见的身体姿势产生力量的能力。在田径运动和球场运动中运动员往往需要熟练掌握特定的和非常规的姿势。在奇位姿势下进行次最大负荷训练，需要多个关节和结构在三个运动平面上协同工作。它在结缔组织中建立形态稳定性，并发展运动员的内部防御。奇位姿势力量可以从不同的身体方向（从站立到地面）进行训练，以应对各种组织反应。静止启动力量是指在结缔组织的弹性成分贡献较少的情况下产生高水平力量的能力。从一个几乎没有初始运动的静止姿势（静止位置）开始，并且当从放松姿势移动时只产生幅度非常小的机械预拉伸，如从地面到站立的运动（例如硬拉、土耳其式起立），以及预置姿势，如大多数短跑起跑和奥林匹克举重上拉模式。

侧跨步雪铲

侧跨步雪铲是一项多维的负重运动训练，侧重于增强运动员的奇位姿势力量。

三角肌
腰方肌
臀中肌
股薄肌

a　　b

激活的主要肌肉

落地阶段

- 肩部（上手；外展）：胸大肌上部纤维、三角肌前部纤维、三角肌中部纤维、三角肌后部纤维、冈上肌
- 肩部（下手；内收）：背阔肌、胸大肌下部纤维、大圆肌、肩胛下肌、喙肱肌
- 髋关节（固定腿；外展）：臀中肌、阔筋膜张肌、臀大肌上部纤维、臀小肌
- 髋关节（迈步腿；外展、屈曲）：臀中肌、阔筋膜张肌、臀大肌上部纤维、臀小肌（外展）、臀大肌、股二头肌长头、半腱肌、半膜肌（屈曲）
- 膝关节（迈步腿；屈曲）：股直肌、股外侧肌、股内侧肌、股中间肌
- 踝关节（迈步腿；背屈）：腓肠肌、比目鱼肌

1. 像握住铲子一样握住 ViPR PRO，将其放在身体前方的中线上（参见图 a）。

2. 将 ViPR PRO 举过一侧的肩膀，就像你在铲起和清除灰尘一样，同时向相反方向横向迈出一步（参见图 b）。

3. 保持伸展姿势 2 至 3 秒，然后有控制地回到起始姿势。

4. 每侧进行 1 至 3 组练习，每组练习重复 4 至 8 次。

水平面弧线弓步

水平面弧线弓步是一项多维的负重训练，侧重于增强运动员的奇位姿势力量。

中
等

三角肌

股直肌

股外侧肌

股内侧肌

a   b   c

激活的主要肌肉
落地阶段
- 肩部（上手；外展）：胸大肌上部纤维、三角肌前部纤维、三角肌中部纤维、三角肌后部纤维、冈上肌
- 肩部（下手；内收）：背阔肌、胸大肌下部纤维、大圆肌、肩胛下肌、喙肱肌
- 髋关节（固定腿；外旋、屈曲）：臀大肌、臀中肌后部纤维、梨状肌、上孖肌和下孖肌、闭孔内肌和闭孔外肌、股方肌（外旋），臀大肌、股二头肌长头、半腱肌、半膜肌（屈曲）
- 膝关节（固定腿；屈曲）：股直肌、股外侧肌、股内侧肌、股中间肌
- 踝关节（固定腿；背屈）：腓肠肌、比目鱼肌

1. 以过顶中立握姿握住 ViPR PRO（参见图 a）。

2. 后退一步形成横向弓步，将 ViPR PRO 垂直移动到前腿上方，就像在前面拿着一根圆木一样（参见图 b、图 c）。

3. 保持伸展姿势 2 至 3 秒，然后有控制地回到起始姿势。

4. 每侧进行 3 至 5 组练习，每组练习重复 4 至 8 次。

横向大弧度全移

横向大弧度全移是一项多维的负重训练，侧重于增强运动员的奇位姿势力量。

胸大肌
对侧腹外斜肌
同侧腹内斜肌
股直肌

高级

激活的主要肌肉

上升阶段（在下降阶段，同样的肌肉会进行离心收缩）
- 肩部（上手；外展）：胸大肌上部纤维、三角肌前部纤维、三角肌中部纤维、三角肌后部纤维、冈上肌
- 肩部（下手；内收）：背阔肌、胸大肌下部纤维、大圆肌、肩胛下肌、喙肱肌
- 髋关节（前腿；伸展）：臀大肌、股二头肌长头、半腱肌、半膜肌
- 膝关节（前腿；伸展）：股直肌、股外侧肌、股内侧肌、股中间肌
- 踝关节（前腿；跖屈）：腓肠肌、比目鱼肌

旋转阶段
- 躯干（旋转）：同侧竖脊肌、对侧腹外斜肌、同侧腹内斜肌
- 髋关节（双侧外旋）：臀大肌、臀中肌后部纤维、梨状肌、上孖肌和下孖肌、闭孔内肌和闭孔外肌、股方肌

---

1. 将 ViPR PRO 竖直放置，并以运动姿站在它旁边一臂远的位置。蹲下并抓住 ViPR PRO 的手柄（参见图 a）。

2. 在旋转时将其举过头顶（参见图 b）。

3. 以弓步姿势，有控制地将其放在另一侧，就像把一根大圆木从一侧搬运到另一侧一样（参见图 c）。

4. 每侧进行 3 至 5 组练习，每组练习重复 4 至 8 次。

足够强壮是为了什么

　　本章前面已经回答了第一个问题（多强壮才算够强壮？），现在让我们来看看第二个问题：足够强壮是为了什么？当谈到加速和冲刺时，这个问题的答案是能够以比眨眼还快的速度将大量的力施加到地面上（精英跑步运动员的触地时间约为百分之八秒，而眨眼的平均时间为十分之一秒）。这种力的施加也需要像鼓手一样以近乎完美的节奏一遍又一遍地进行。在举重室中运动员要增强以这种节奏施加力的能力需要采取更有针对性的方法，而不仅仅是做深蹲和硬拉。这要从训练神经肌肉系统开始。由于神经系统和组织的适应性都是针对训练压力的，因此在谈论速度的时候，要记住的第一件事是，如果你想变得快，就需要进行快速训练。因为你移动东西的速度越快，神经肌肉系统的参与程度就越高。当你负重深蹲时，身体的肌肉和筋膜组织主要在矢状面以较慢的速度辅助完成较大强度的运动，但当你加速或切步以在多个运动平面上快速改变方向时，它们的反应则非常不同。这就是简单做深蹲和硬拉并不总是能提高比赛速度（一旦达到基础力量标准）的部分原因。在田径和球场运动中发生的方向、负荷和速度的突然变化需要非常不同的神经肌肉反应。另一个示例是进行负重单腿平衡练习和站立提踵，以增加踝关节的稳定性和小腿刚度。踝关节稳定性和小腿刚度对速度至关重要，但当你减速和切步时，踝关节周围的肌肉、肌腱和结缔组织的激活方式与你在负重姿势下保持重心时截然不同。它们必须将力量传递到地面，同时还要稳定和保护关节，避免其在身体向不同方向旋转时受伤。因此，关注心理意图和时机对运动训练至关重要。迅速协同收缩肌肉并利用肌腱和筋膜的弹性势能的能力，以及按正确节奏传递力量的能力对于速度和爆发力来说比单纯的强壮更为重要。随着运动员水平的提高，一般抗阻训练对其速度的影响会越来越小。一旦建立了坚实的力量基础，就可以通过特定于速度的专项训练来实现速度提升。这些训练包括次最大负荷训练、动态快速伸缩复合训练，以及模拟跑步生物力学的适应性抗阻模式训练。

肌肉松弛

提升速度和力量的最重要的训练原则之一是速度教练弗兰斯·博施所说的"消除肌肉松弛"。根据博施的说法，快速消除肌肉松弛并在系统中产生张力的能力比你能产生的最大力量更为重要。肌肉松弛概念的一个很好的类比是试图用绳索牵引一辆汽车。为了通过施加必要的力来移动汽车，你必须先消除绳索的松弛状态。消除肌肉松弛就是在垂直跳跃的预蹲加荷阶段比从静态下蹲姿势起跳要跳得更高的原因——即使你可能因为从静态下蹲姿势开始而产生更多的力。如果你没有通过快速消除肌肉松弛的反向运动来预紧肌肉，那么你产生力量的速度就会太慢。根据博施的说法，精英运动员能够做出幅度较小的反向动作，有效地最大化肌腱和筋膜组织的弹性存储容量，而速度较慢的运动员在跑步或跳跃时往往会做出幅度更大的反向运动，因为他们正试图消除肌肉松弛。我总是以投掷标枪为例，因为这是我最开始进行的一项运动，而投掷是你能做的全身性的运动之一。当你投掷标枪时，在助跑的倒数第二步后，你的前脚落地，并将投掷手臂向后扬起，通过短暂的等长收缩来消除肌肉松弛，这有助于你利用肌腱和筋膜的弹性力量，使投掷的效果最大化。但是，如果肌肉过于松弛，就不会有足够的弹性力量，你需要更长的时间来产生力量。这意味着涉及反弹运动（如跳深）和缓冲运动（如降速保持）的动态快速伸缩复合训练对特定于速度的力量训练是有益的，因为它们会促使肌肉协同收缩并迅速产生张力。这些练习的注意事项是，虽然它们有可能获得高回报，但它们也涉及较高的风险，教练只有在经验丰富、训练有素的运动员发展出较强的基础力量后才能进行。

迅速消除系统中的松弛也是杠铃速度在举重室训练中很重要的原因，研究表明，快速的奥林匹克举重，如高翻和抓举，也有助于提高爆发力和速度水平的原因（Ayers et al.，2016）。奥林匹克举重所面临的挑战是，它涉及的动作也是有较高损伤风险的技术性动作。出于这个原因，奥林匹克举重应该被限制在与经验丰富的教练进行的一对一或小团体训练环节中。

这种情况也有心理方面的原因。研究表明，至少在快速力量训练中，产生快速发力的心理意图比动作的实际速度更重要（Balshaw et al.，2016）。这也是次最大负荷训练对速度有益的原因之一。目前的证据表明，使用运动员 1RM 的 40% 到 60% 快速完成的抗阻练习对提高爆发力、高速力量和短跑表现水平最为有效（Mora-Custodio et al.，2016）。最终，你将对神经肌肉系统进行训练编排，而这始于一个心理意图。

哑铃推举

哑铃推举是传统杠铃推举的一种变式，可以发展下肢的力量。你应该用下肢来产生向上的动力，并在将哑铃举过头顶时，专注于保持核心收紧。在整个练习过程中，保持胸部挺直，躯干和脊柱处于中立位。

胸大肌
肱三头肌

a   b   c

激活的主要肌肉
上升阶段（在下降阶段，同样的肌肉会进行离心收缩）
- 肩部（屈曲）：三角肌前部纤维、胸大肌上部纤维、喙肱肌
- 肩带（向上旋转）：前锯肌、斜方肌上部、中部、下部纤维
- 肘部（伸展）：肱三头肌、肘肌

1. 双脚分开站立，与髋部同宽，两手各握一个哑铃，放在略比肩高的位置，手掌朝内，前臂位于哑铃正下方（参见图 a）。

2. 保持核心收紧，脊柱处于中立位，略微前倾并屈曲髋关节和膝关节以加大推进力（参见图 b）。

3. 通过伸展髋关节、膝关节和踝关节产生向上的爆发力，并用手臂向上推哑铃，将哑铃举过头顶，直到肘部伸直（参见图 c）。稍做停留，然后有控制地将哑铃放回起始位置。

4. 进行 3 至 5 组练习，每组练习重复 2 至 5 次。

杠铃高翻

　　杠铃高翻是一种复杂的、全身性的奥林匹克举重运动。它要求身体作为一个连接单元来运动，并要求运动员集中注意力。因此，在进行杠铃高翻（或任何奥林匹克举重动作）时，要学习的最重要的技巧之一是在动作失败时安全地放下杠铃。在没有完成高翻动作时，杠铃会向前跌落。当杠铃下落时，要将手放在杠铃上，但不要试图减缓其速度。只需引导杠铃的路径，将其推离你，并在距离地面两三英尺时将其松开。当杠铃碰到地面时，它会弹跳并滚动。杠铃弹起后，要防止它滚得太远。在增加运动负荷和强度之前，花时间学习这项技能很重要。学习高翻动作的一个好方法是开始时使用一个空的奥林匹克杠铃（或较轻的固定杠铃），直到你熟练掌握动作。

中等

斜方肌
竖脊肌
臀大肌
股二头肌长头
胸大肌
股内侧肌
股薄肌

a

b

激活的主要肌肉

上升阶段（在下降阶段，同样的肌肉会进行离心收缩）
- 踝关节（跖屈）：腓肠肌、比目鱼肌
- 膝关节（伸展）：股直肌、股外侧肌、股内侧肌、股中间肌
- 髋关节（伸展）：臀大肌、股二头肌长头、半腱肌、半膜肌
- 躯干（伸展）：竖脊肌、腰方肌
- 肩部（屈曲）：三角肌前部纤维、胸大肌上部纤维、喙肱肌
- 肩带（抬高）：菱形肌、肩胛提肌、斜方肌上部纤维、斜方肌中部纤维
- 肘部（屈曲）：肱二头肌、肱肌、肱桡肌
- 腕部（伸展）：桡侧腕长伸肌、桡侧腕短伸肌、尺侧腕伸肌、指伸肌、拇长伸肌

中等

1. 站在杠铃边，双脚分开与髋部同宽。当你蹲下并举起杠铃回到屈膝站立位置时，收紧核心并保持脊柱中立。保持核心收紧，膝关节略微弯曲，让杠铃靠在大腿前面（参见图 a）。

2. 在伸直双腿时，用力地推动髋部向上和向前运动。一旦髋部完全伸展，迅速将身体下降到杠铃下方，以四分之一蹲的蹲举姿势（肘部尽可能高地横在肩部前方）抓住杠铃，然后伸展到完全站立的姿势（参见图 b）。

3. 将杠铃放回起始位置（屈膝站立）。

4. 根据训练阶段的不同，进行 3 至 5 组练习，每组练习重复 2 至 5 次。

壶铃抓举

壶铃抓举是一项全身运动。它也是一项对技术要求很高的举重运动，需要身体各部分共同努力，才能正确完成动作并获得最佳效果。

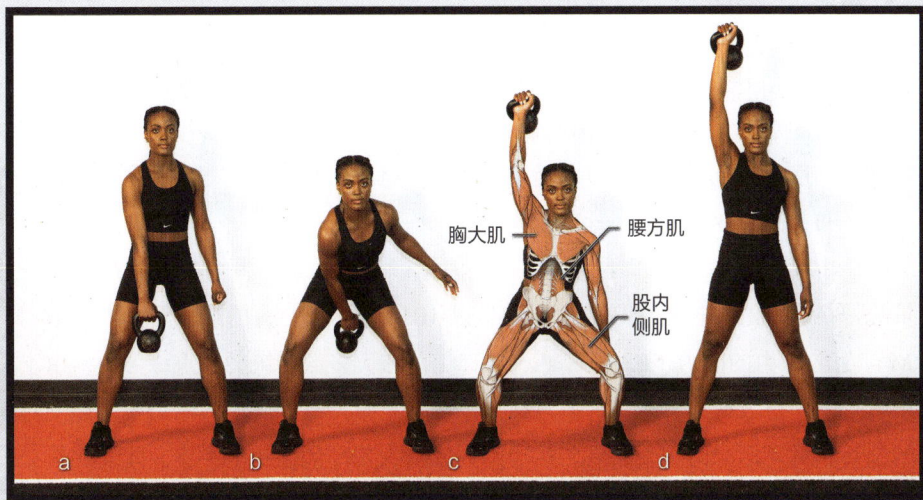

激活的主要肌肉

爆发阶段（在下降阶段，同样的肌肉会进行离心收缩）

- 踝关节（跖屈）：腓肠肌、比目鱼肌
- 膝关节（伸展）：股直肌、股外侧肌、股内侧肌、股中间肌
- 髋关节（伸展）：臀大肌、股二头肌长头、半腱肌、半膜肌
- 躯干（伸展）：竖脊肌、腰方肌
- 肩部（屈曲）：三角肌前部纤维、胸大肌上部纤维、喙肱肌
- 肩带（抬高）：菱形肌、肩胛提肌、斜方肌上部纤维、斜方肌中部纤维
- 肘部（屈伸）：肱二头肌、肱肌、肱桡肌（屈曲），肱三头肌、肘肌（伸展）

1. 双脚分开站立，与肩同宽，挺直核心部位，一只手握住壶铃，置于两腿之间（参见图 a）。

2. 在髋部位置形成铰链，在两腿之间爆发性地提起壶铃，同时保持核心支撑和脊柱中立（参见图 b）。

3. 想象手臂是一个钩子，上面挂着壶铃，通过伸展髋关节、膝关节和踝关节产生向上的爆发力，加速壶铃的垂直上升（参见图 c）。利用髋部的动量，将手臂伸直（参见图 d）。

4. 将前臂朝中线向内弯曲，同时向上伸展肘部，将壶铃放回起始位置。当将壶铃放向地面时，控制壶铃的下降速度。

5. 进行 3 至 5 组练习，每组练习重复 2 至 5 次。

等速练习和适应性抗阻练习

虽然相对力量对运动表现很重要，但肌肉骨骼系统只是"交响乐"的一部分。整个身体都在参与创造速度。肌腱和筋膜系统的动能储存和弹性反冲特性赋予了肌肉将力表达为爆发力的能力。神经系统主导着"表演"，这就是传统举重在提高速度方面作用有限的原因。虽然举重可以促进肌肥大和运动单位募集，但它也限制了运动自由度。在竞技体育中，大多数动作都是在高自由度、低负荷和快速的情况下完成的。为了达到更高的水平，你的训练计划必须迎合身体实际快速运动的多维度方式。这就是等速练习和适应性抗阻练习可以对运动表现产生巨大影响的地方。它们允许你在更大的自由度和更高的速度下模拟特定运动的负重练习。

另一个需要考虑的因素是离心负荷在力量产生中的重要性。虽然大多数传统的举重练习都有离心和向心阶段，但运动员以 1RM 产生离心力的能力明显大于他们以 1RM 产生向心力的能力（Kelly et al.，2015）。在大多数传统的举重练习中，由于关节角度提供了更大的杠杆作用，所以你可以在举重开始时产生更大的力量，但随着肌肉的拉长和运动结束时关节角度的减小，你施加力量的能力也会下降。此外，你必须在运动结束时给重物减速，以控制举起它所需的动量（除非你想扔掉它）。无论举起多重的重物，都要通过身体提供动量来提起或放下重物。因此，许多传统的举重练习不会以培养向心力量的速度来培养运动员的离心力量，因为重量和重复次数受到运动员最大向心能力的限制。这就是在杠铃上添加带子或链条，或以等速模式来进行某种形式的适应性抗阻练习可以提高爆发力和速度的原因（Joy et al.，2013）。通过进行等速模式的适应性抗阻练习，你可以将爆发力运用到活动范围的极限来最大限度地训练自己。

为了说明这一概念，帕里西速度学校与宾夕法尼亚西切斯特大学运动科学实验室的肯·克拉克博士一起进行了测力板研究，研究了与使用等速 OHM 机器相比，进行传统六角杠硬拉时运动员产生爆发力水平的特征（参见图 5.6）。这些研究表明，一旦进行到传统六角杠硬拉的半程，运动员的力量输出水平就会开始下降。相比之下，在使用等速 OHM 机器做同样的运动时，运动员可以继续增加力量输出，直到运动结束。

事实证明，适应性抗阻练习可以提高所有类型运动员的力量、爆发力，但它对速度运动员尤其重要。速度运动员除了要求小腿复合体在接触地面时具有高水平的刚度以产生最大力量和速度外，整个核心和髋部复合体在接触地面时也需要具有高水平的刚度。此外，你需要快速消除肌肉松弛状态。负重运动的等速训练使你能够利用整个身体以自然的方式产生力量，并将这一技能应用到球场或赛道上。当以这种方式进行

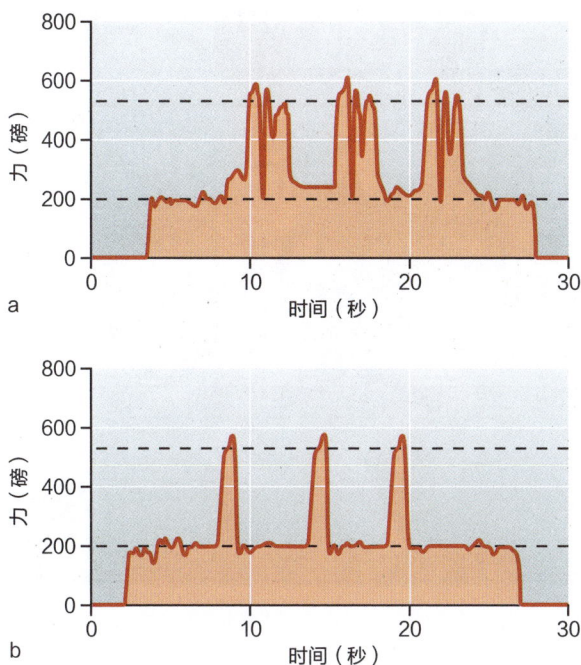

图 5.6 (a) 传统六角杠硬拉和 (b) 使用等速 OHM 机器硬拉的测力板力量特征比较结果显示，力量输出存在明显差异，等速 OHM 机器可以让动作更流畅，从而扩大了活动范围极限
［图片来源说明：© Kenneth P. Clark.Used with permission.］

训练时，你可以在每个阶段都募集更多的运动记忆单元，如在 Vertimax 平台上进行动态抗阻跳跃，或在等速 OHM 跑步机上进行短距离抗阻冲刺（参见图 5.7）。当然，许多运动员和教练没有机会使用这些工具，但可以在传统练习，例如拖雪橇、抗阻跳跃或从加速位置动态推动药球中使用同样的原则。一旦理解了这些基本概念，你就可以在加速和减速练习中加入某种类型的负荷刺激，例如阻力带、负重背心、药球或沙袋（在后续章节中有详细介绍）。可以采用一些特定的身体姿势做与专项相关的负重练习，这些身体姿势需要平衡、核心稳定性和快速发力。除了有助于提高特定于速度的力量外，这种方法还能锻炼肌腱和韧带，并增加神经肌肉的参与度。

关于如何制订最优的速度力量训练计划，有多种思想流派和观点。涉足这些领域并不是本书的目的。我在第 12 章的训练计划安排中概述了一些基于实证的训练和周期性训练草案，这些将为你提供一些基础知识，以便你能将这些原则应用到自己的计划中。教练可以为运动员做的最重要的事情之一就是保持计划相对简单。如果教练能保持计划相对简单，并在实施计划过程中清楚地解释，运动员会更容易接受这些计划，

图 5.7 等速 OHM 跑步机的 Delta Kinetic 平台提供了一种等速的适应性抗阻，使运动员能够最大限度地利用响应性负荷，直至到达活动范围的极限，在这个活动范围内，力量的产生最为重要

也会更好地理解他们为什么要这么做。你还需要提醒他们速度训练是一个缓慢的过程。对于没有经验的运动员来说，早期的进步很容易实现，但更高水平的进步需要时间。始终如一至关重要。运动员必须相信这个过程，相信可能需要六个月到一年的时间才能获得明显的进步。我经常看到训练师或运动员像换衬衫一样更改训练计划。速度训练的结果产生过程与头发的生长过程大致相同，二者都是生物过程。你的头发每天都在生长，但你并没有真正注意到它。然后，突然有一天，你醒来的时候发现自己需要理发。很多时候，速度训练就是这样——你越来越努力地训练，却没有看到随时间过去而出现的变化，所以你会感到很沮丧。但是，如果你坚持挺过这个过程，并有策略地安排休息时间，最终你会发现在休息几天后，自己有了质的飞跃！这里的训练秘诀是，教练应根据运动员的需要制订一个可靠的训练计划，通过定期评估来监控进展，最重要的是，运动员要相信这个过程。

第6章

加速

意图在所有事情中都很重要，而神经系统掌控着一切——尤其是在涉及加速时。

研究已经证明，速度技能可以通过有针对性的训练和学习相关技巧来发展和提高。在过去的几十年里，关于如何提高速度的科学也在迅猛发展。由于开创性的研究和日益先进的分析工具，我们现在对冲刺、加速、最大速度和多向速度等的了解远远超过了30多年前我刚开始从事这个行业的时候。肯·克拉克博士是引领这项新知识研究的研究人员之一，他曾是帕里西速度学校的运动员，他对速度力学的热情始于年轻时他父亲带他来到帕里西速度学校，那时他是一名速度相对较慢的高中橄榄球运动员，他想跑得更快，以便能够成为一名更好的跑卫。

克拉克说："从基因的角度讲，我当时大概可以在 5.2 秒内完成 40 码跑，对于一名高中橄榄球运动员来说，这个速度太慢了，甚至无法参加大学Ⅲ级联赛。我父亲开始指导我，带我拜访不同的速度教练，参加不同的速度表现项目，包括拜访帕里西速度学校。从那时起，我对理解速度力学的热忱才真正开始展现。在那段时间里，我了解到两件重要的事情。第一，教练可以帮助运动员跑得更快。我的意思是，教练不可能让每名运动员都成为尤塞恩·博尔特，但他可以通过针对性的训练让运动员跑得更快。第二，总有一些训练方法比其他训练方法更有效。"

从那时起，了解速度的生物力学成为肯毕生的追求。在就读于斯沃斯莫尔学院期间，他成了全美联会Ⅲ级联赛的跑卫，而后，他继续在美国各地的高中、大学和私营部门担任体能教练。2014 年，肯从南卫理公会大学获得了应用生理学和生物力学的博士学位，在那里，他与人体速度专家彼得·韦安德博士一起进行开创性的研究，在先进的人体运动实验室研究跑得非常快的短跑运动员。如今，克拉克在宾夕法尼亚西切斯特大学教授生物力学、运动解剖学和动作学习，并被公认为是速度力学方面的专家。意图很重要。在实现目标时，你无法依靠魅力和良好的基因。你需要比其他人更努力地训练。更重要的是，你需要以更聪明的方式进行训练。你需要从比你聪明得多的人那里学习关于你选择学科的一切知识，然后不断努力，直到你开辟新天地。这就是你从新手到专家，从低水平到高水平的方式。我讲这个故事也是因为我有机会为这本书认真采访了克拉克，我想让你知道，他的观点基于与世界上一些顶尖的研究人员和运动员一起进行的严谨的科学研究。这并不仅仅是我想出来的东西，虽然它听起来很酷。如果你想充分发挥速度方面的遗传潜力，就需要了解发动机的工作原理——还有变速箱、悬架、动力传动系统、电气系统，以及引擎盖下的其他一切。

关于数据的来源

值得注意的是，本章和下一章中引用的大部分有关线性速度的研究都来自田径领域。虽然球场运动的运动员在比赛中的跑步方式与田径运动员有所不同，但重要的是，他们了解加速和冲刺的规则，这样他们就可以根据运动的限制来打破这些规则。本章中引用的一些数据还来自在日本 Kanoya 国家健身体育研究所的一个独特测试设施中进行的研究，在那里，由永原隆（Ryu Nagahara）和其他人领导的研究团队可以使用最先进的跑道，该跑道嵌入了 50 米的仪器测力板，并使用同步动作捕捉系统，可以收集步幅的详细数据。

"运动员可以从起跑线出发，他们整个冲刺过程中的每一步都会产生三维力数据，包括触地时间、腾空时间、步频、步幅和速度。"克拉克说。同时，他提到了在Kanoya 的测试跑道："当拥有这种类型的实验装置时，你发表的每一份研究出版物都将是一项有价值的贡献，因为它是全新的。"

加速的各个阶段

图 6.1 显示了运动员从三点站姿进行 20 米加速时的冲刺阶段和步幅变量。冲刺的开始和初始加速阶段发生在 0 到 10 米处，触地时间相对较长，腾空时间相对较短，身体前倾。过渡加速阶段发生在 10 到 20 米处，触地时间和腾空时间属于中等水平，身体逐渐直立。最大速度阶段始于大于 20 米处，触地时间较短，腾空时间较长，身体几乎完全直立。到了 20 米处，运动员将展示出接近最大速度的力学特性。这具有重要的训练（和比赛）意义，本章后面和下一章中将加以阐述。

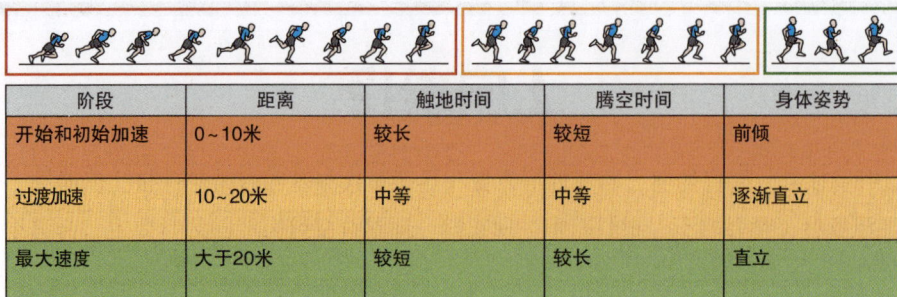

阶段	距离	触地时间	腾空时间	身体姿势
开始和初始加速	0~10米	较长	较短	前倾
过渡加速	10~20米	中等	中等	逐渐直立
最大速度	大于20米	较短	较长	直立

图 6.1　冲刺的开始和初始加速阶段发生在 0 到 10 米处，过渡加速阶段发生在 10 到 20 米处，最大速度阶段从大于 20 米处开始，此时运动员将展示直立最大速度跑步力学

［图片来源说明：© Kenneth P. Clark. Used with permission. Adapted from R. Nagahara, T. Matsubayashi, A. Matsuo, and K. Zushi, "Kinematics of Transition During Human Accelerated Sprinting," *Biology Open* 3 (2014): 689-699.］

　　克拉克说："重要的是要知道，从刺激和力学的角度来看，如果你让一名运动员进行 20 米或 30 米冲刺，你就会接触到最大速度的素质。"数据还显示，运动员在大约 10 米时达到最大步频的比例很高，这意味着他们将会在第 6 步至第 8 步时接近最大步频。在 10 米后，步幅的增加几乎与速度的增加成正比（参见图 6.2）。简而言之，当运动员从静止状态开始逐步进入加速阶段时，他们的触地时间会随着腾空时间的增加而逐渐减少，节奏感逐渐增强，直到达到最大速度（Nagahara et al., 2014）。

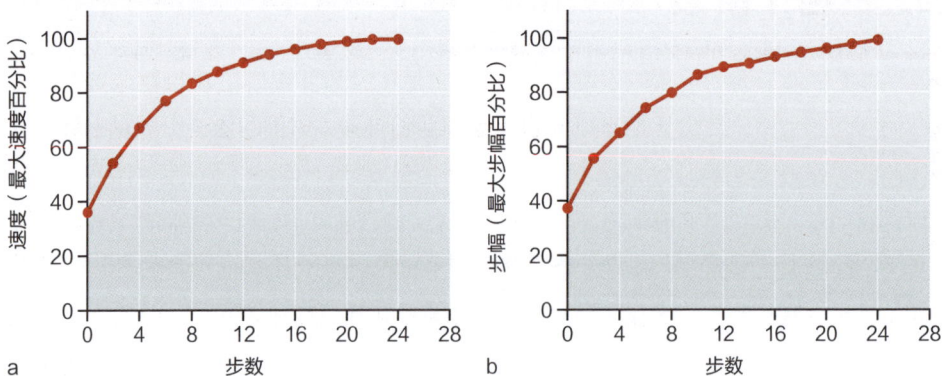

图 6.2　运动员从静止状态开始加速，在大约 10 米处会达到其最大步频的比例很高，这意味着他们将在第 6 步到第 8 步时接近最大步频，之后步幅的增加几乎与速度的增加成正比

［图片来源说明：© Kenneth P. Clark. Used with permission. Adapted from R. Nagahara, T. Matsubayashi, A. Matsuo, and K. Zushi, "Kinematics of Transition During Human Accelerated Sprinting," *Biology Open* 3 (2014): 689-699.］

速度提示：加速

加速可以分解为不同的阶段，例如正面和背面的力学和过渡。虽然教练可以根据运动员所需训练的内容来提示加速的各个要素，但是运动员会将它们作为一个连续的动作。提示要强有力，因为它们为运动员提供了一个任务驱动的隐喻，使他们可以想象和感受要完成的任务。教练应该使用简单、简短的提示，一次专注于一个目标。一旦实现该目标，你就应继续前进，仅在必要时才重新审视该提示。此外，提示有无穷无尽的可能性。我在此处列了一些行之有效的加速提示来帮助你入门，但你应该尝试找到对你和你所执教的运动员最有效的方法，并记住：每种情况都是独一无二的。

"把弹簧刀打开！"

让运动员将整个身体想象成一把在髋部折叠的弹簧刀，以髋部为中心，用一个动态的、类似弹簧的动作打开"弹簧刀"。

"大腿剪式运动！"

让运动员将大腿想象成一把剪刀。

推离地面，并考虑用全力把地面推回去。

膝盖向前冲，就像拳击手用膝盖打出刺拳一样。简短版本：膝盖出击！

加速力学

良好的加速力学涉及在水平和垂直方向上施加的推进力和制动力的平衡（你需要更大的推进力和更小的制动力），在最初的几步中，水平力更大，触地时间更长，随着速度的增加，垂直力变得更大，触地时间更短。加速还需要结合使用爆发力和弹性反冲力，以便有效利用拉长 – 缩短周期的力量。

推进和制动

加速度的定义是速度随时间的变化率。它并不局限于你能多快从静止状态加速。如果你以每小时 16 千米的速度跑步，那么加速度就是衡量你从每小时 16 千米过渡到每小时 32 千米的速度有多快——换句话说，就是你的速度变化率。问题是：你能以多快的速度达到最大速度？

克拉克说："当跑步者从静止状态开始加速时，在每一步的过程中速度都会增加，但在第二步之后，跑步者的脚将开始略微落在重心的前方。从第三步开始，脚会略微落在重心前方，这就是加速对每个人的运作方式。这会导致产生制动力（技术上称为'制动脉冲'）。当你的支撑脚位于重心前方时，制动方式与你试图停止时采用的减速方式相同。然后，在触地阶段的后半段，当重心移动到脚的前方时，就会产生一个推进力（技术上称为'推进脉冲'）。基本上，在触地阶段的前半段会产生制动力，在触地阶段的后半段会产生推进力。这意味着，你每一步增加的速度取决于推进力和制动力的比例（参见图 6.3）。如果你在迈步开始时没有太大的制动力，而在迈步的第二阶段有很大的推进力，那么你就会在接触地面时获得更快的加速度。"

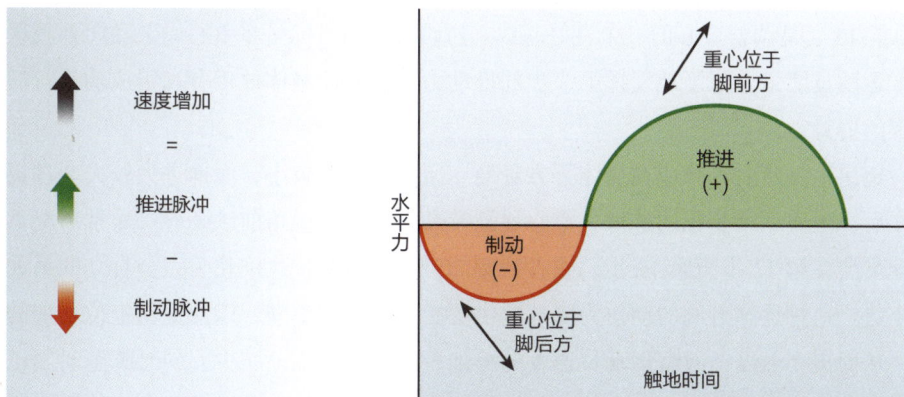

图 6.3 运动员需要施加比制动脉冲更大的推动脉冲，以在加速过程中增加速度

（图片来源说明：© Kenneth P. Clark.Used with permission.）

在冲刺的最初几步（第1步至第3步）中，制动脉冲很小（因为脚的落地位置靠近重心下方），而推进脉冲很大（因为推离地面的时间很长）。这就意味着在冲刺开始时，每一步都有很高的加速度（速度大幅增加）。随着短跑运动员的前进，他们的身体变得更加直立，制动脉冲会增大，而推进脉冲会由于身体姿势和脚相对于重心的触地位置而减小。你跑得越快，脚就会落在前面更远的地方，制动脉冲也就越大，而推进脉冲则越小。当你以最大速度奔跑时，制动脉冲和推进脉冲变得相等，而且每一步的速度没有净变化，因为你现在正在以最大速度奔跑。简而言之，要提高每一步的速度，你需要施加比制动脉冲更大的推进脉冲。事实上，J.B·莫林（J.B. Morin）及其同事于2015年进行了一项研究，对世界级短跑运动员和普通短跑运动员进行了比较，发现他们在短跑的前几步中的制动脉冲是比较相似的，但与普通短跑运动员相比，世界级短跑运动员能够在更短的触地时间内施加更大的推进脉冲。这一点在短跑的前几步中尤为重要。精英短跑运动员在最初接触地面的两到三步中，落地点都是在重心后面。因此，在他们的整个触地时间中包括推进脉冲和几乎为零的制动脉冲。这种快速加速的能力来自相对于体重的最佳力量和良好的加速力学（身体姿势）。

垂直力和水平力

需要施加垂直力和水平力才会产生速度。在最初的加速阶段，运动员的目标是通过施加足够的垂直力来支撑身体，并抬高重心以进入下一步，同时将其余的力量引导至水平方向，以便作用力－反作用力可以推动他们前进。当从静止姿势开始跑步时，运动员要以大约45度的前倾姿势开始。这个姿势允许运动员在水平方向投射最大的力量，以最小的制动脉冲来提高加速度。当然，根据不同的因素，包括体形、相对力量，以及是采用两点、三点还是四点起跑姿势，每个运动员的最佳起跑角度都是独一无二的。但45度是调整重心的一个良好基线。初始加速的目标是将重心向上和向外投射，这样运动员能最大限度地发挥第一步的推动力，同时让身体处于有利于成功执行后续步骤的姿势。

迈出第一步时，脚应在身体下方着地。所以制动力较小，而推进力较大。在第一步之后，随着后续步骤的进行，重心逐渐升高，身体呈锐角前倾姿势。通常情况下，运动员会在第12步至第14步，或者冲刺20至25米时，达到几乎完全直立的最大速度姿势。这种逐渐升高的动作为腿部提供了必要的摆动空间，以便重新定位增加的步幅，从而提高速度。随着运动员速度的增加，触地时间逐渐减少，同时腾空时间也相应增加，步幅也逐渐增加。在触地阶段的前半段，运动员必须转移重心，使重心位于支撑脚和地面反应力矢量的前方。这意味着，运动员应关注下肢并在大部分的触地时间内保持重心在脚的前方。这将产生最佳力学效果，从而最大限度地减小制动力并最大限度地增大推进力。随着每一步的速度增加和触地时间的减少，需要向下施加的支撑身体重量的垂直力也随着前进的每一步而增大。

克拉克说："从一般物理学的角度来看，静态冲刺起跑的要求是，通过向下施加足够的垂直力来支撑体重，然后将剩余的所有力量引导向后方。更强壮、更轻盈的运动员可以轻松施加足够的垂直力来支撑其体重，而且还有很多剩余的力量可用于向后推。根据牛顿第三定律，运动员的重心会向上和向前投射。因此，他们的步幅变得非常大，因为他们每一步都会将其重心向前投射得非常远。更轻、更强壮、相对力量更大的人在第一步或第二步就有一个更小的驱动角，即40至45度。因为他们可以通过在垂直方向上产生足够的力来支撑自身体重，而其余的力量则用于向后推。因此他们有一个尖锐的力矢量，而且驱动角很小，相比之下一名145千克的后卫相对于自身的体重来说并不强壮。除去支撑体重所需的垂直力之外，他并没有留下太多的力量用于向后推。因此，他无法很好地将重心投射出去。此外，即使他的身高更高，他的步幅也不会像一个身高178厘米、体重77千克，可以举起227千克的人那样大。"

这使得相对的身体力量对初始加速和更大的步幅至关重要。事实上，在对帕里西速度学校运动员的9米加速进行数十年的分析后，我们发现，速度更快、体重更轻的运动员在起跑时第一步的幅度要大得多，而且他们用了更少的步数就到达了9米的标记处。关于这一点，我听到的传闻是，尽管他们的脚离重心更远，因此产生了更多的制动力，但他们有相对较强的臀大肌、腘绳肌、后链力量和激活能力，所以他们可以通过将重心向前拉到支撑点上来克服这个问题。他们还具有更大的相对弹性，这意味着他们更受筋膜的驱动。然后，随着重心的前移，髋关节和膝关节的伸肌和跖屈肌的三重伸展使他们能够在每一步的第二阶段接触地面时向后推进，从而在前几步中产生更大的推进力。

衡量运动员 40 码冲刺水平的黄金标准

不管你是喜欢还是讨厌，40 码冲刺都是田径和球场运动（特别是美式橄榄球）中衡量运动员的加速和冲刺表现的黄金标准。球员的 40 码冲刺时间会显著影响他们在美国国家橄榄球联盟的选秀地位和获得大学奖学金的机会。但是 40 码冲刺并不是一项正式的田径比赛。它最初是为衡量美式橄榄球运动员的表现基准而设立的，因为 40 码是一脚踢球的平均距离。一个有趣的事实是一脚踢出的球的平均腾空时间约为 4.5 秒。这意味着，如果一名球员能在 4.5 秒内跑完 40 码，他们就能在差不多的时间内从争球线跑到球落地的地方。

2016 年，肯·克拉克研究了参加美国国家橄榄球联盟联合训练营的 260 名运动员的冲刺速度曲线。该研究的目的是评估最大速度和冲刺表现之间的关系，并比较快速和慢速运动员的加速模式（Clark，2017）。该项研究提供了一些值得注意的见解。

克拉克说："我们对所有在美国国家橄榄球联盟联合训练营中完成 40 码冲刺的运动员的相关数据进行了一系列运算和分析，得出一条曲线，该曲线显示了每个人在冲刺阶段每一码的速度。这使我们能够看到他们在比赛中的每一点上能达到的最大速度的百分比。结果非常有趣。长期以来，经典的田径文献和研究表明，田径短跑运动员在 100 米短跑时，直到 50 米、60 米或 70 米时才达到最大速度。因此，很多教练都认为，运动员在比赛进行到 60 米后才会达到速度的峰值。传统观点是，如果你只跑 20 米，你的移动速度不会有多快。但是，我们在美国国家橄榄球联盟联合训练营所做的分析表明，当比赛距离较短时（在这里，是指 40 码相较于 100 米更短），几乎每个运动员在跑到 20 码的时候，都能达到他们最大速度的 90%。对于速度非常快的人（如外接手）和速度较慢的人（如后卫）而言，均是如此。这意味着如果运动员的最大速度是每秒 10 米，那么当他们跑到 20 码时，他们的速度很容易达到每秒 9 米。

显然，运动员的加速能力在团队运动中非常重要，研究表明，最大速度会影响整个加速曲线。克拉克用于速度分析的一个有用的指标被称为 tau，这一术语用于表示最大速度和初始加速度的比率。虽然这个术语在行业中没有得到广泛应用，但 tau 实质上提供了某人相对于其最大速度的加速程度的具体数值。通过评估运动员的 tau 值，教练可以分析其 10 码冲刺的速度，并根据他们的整体速度能力，了解他们在加速方即使他们的速度较慢，例如他们的最大速度是每秒 8 米，当他们跑到 20 码的时候，他们的速度也很容易达到每秒 7 米。从百分比来看，这是非常一致的。作为一名研究人员和一名教练，这对我来说意义重大。因为以 40 至 60 米冲刺进行最大速度训练，可能是一种不正确的观点。我的看法是，如果你做任何超过 20 米的运动，那么你可能已经在进行极速训练。从训练编排的角度来看，这是一件大事。因为这意味着，如果你进行 40 码冲刺，你就会接触到起跑、过渡性加速和最大速度阶段（参见图 6.4）。"

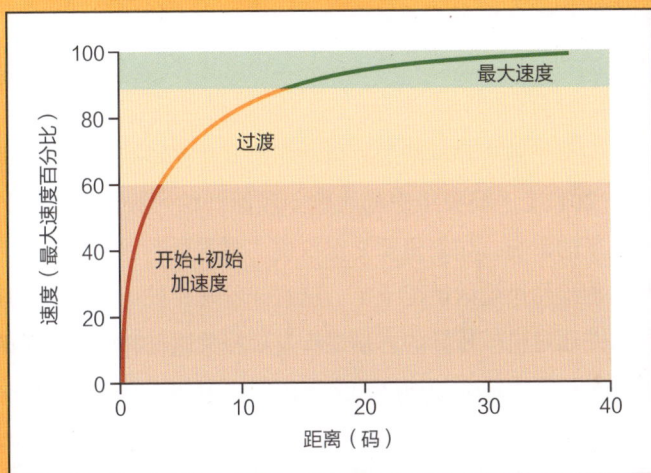

图 6.4 肯·克拉克对参加美国国家橄榄球联盟联合训练营 40 码短跑运动员的研究表明，运动员从静止状态开始加速，在 20 码左右可以接近最大速度

（图片来源说明：© Kenneth P. Clark.Used with permission.）

面的表现是好是坏。例如，某运动员 10 码冲刺的速度可能看起来很慢，但若与一名进攻后卫的最大速度相比，这个速度可能还不错。这使教练能够以各种方式进行速度分析，从训练的角度确定运动员需要什么。但重要的是要注意，进行极速冲刺训练和提高最大速度能力，可能会对加速和整体速度产生直接的、可衡量的影响。

力量和弹性

　　加速训练是非常个性化的，教练应根据运动员身体的自然平衡机制以及他们在举重室应该做什么训练来确定指导运动员的最佳方式。在制订训练计划之前，教练需要分析每位运动员的运动驱动因素。运动员更像一头肌肉驱动的犀牛，还是更像一头筋膜驱动的猎豹？显然，我们一直在训练所有的系统，但问题是：他们哪些地方需要更多的发展，弱点在哪里？合理的策略有利于他们保持优势并弥补不足之处。在最初的加速过程中（前三步），肌肉动作实质上更偏向于向心动作。虽然在第二步和第三步中涉及离心阶段，但与最大速度阶段相比，初始加速阶段肌肉动作在很大程度上是向心的，后者更多地依赖于肌腱和筋膜的弹性拉长 – 缩短周期。举例来说，一个在举重室里显得很强壮并有高水平起跑速度的肌肉发达的运动员，可能并不具备达到最大速度所需的弹性。在制订包含更多罗马尼亚硬拉而不是更多快速伸缩复合训练的训练计划之前，你必须牢记这一点。注意分析运动员是需要更多的力量和形态稳定性，还是需要更多的弹性和爆发力。

　　科学已经证明，用于跑步和跳跃的大量动能都储存在结缔组织中，尤其是跟腱中（Wiesinger et al., 2017）。筋膜组织和肌腱中胶原纤维的数量、结构和类型会受运动负荷、频率和速度的影响，如果想要变得更快，则需要经常地进行冲刺训练（在不损害恢复时间和增加损伤风险的情况下）。这意味着既要进行大量的加速训练，又要做最大速度训练，并通过机械传导的力量逐步发展相关肌腱和筋膜组织的弹性。虽然研究表明，身体力量是影响最大加速度的重要因素，但如果没有一个强大的核心来稳定重心，创造一个密集的近端刚度弹簧并有效地传递力量，那么很多力量就会被浪费。斯图尔特·麦吉尔进行的肌电图实验分析了进行加速起跑的顶级奥运会短跑运动员，结果表明，当他们在起跑器上准备起跑时，核心已经高度激活。利用这种脉冲刚度来提高加速和最大速度的关键是能够有节奏地快速激活和放松核心，让身体按照动作序列进行运动，这样它就可以准备好用另一种刚度脉冲来冲击地面。这种有节奏的刚度脉冲是一种由神经系统和筋膜系统控制的可训练技能。在整个动力链中，这种脉冲可以通过主动肌群和拮抗肌群的协同收缩来实现。这种脉冲不仅发生在核心部位，也发生在远端的足踝复合体上。其他肌电图研究表明，在脚接触地面之前，当身体准备冲击地面时，小腿和足踝复合体也会发生类似的协同收缩脉冲（Morin et al.，2015）。

加速训练

　　加速训练日的训练包含三个步骤。第一步是从第 4 章中列出的主动动态热身训练进展到做两到三个特定于加速的锚点训练，为加速力学和组织激活做好身体准备。第二步是在保持最佳加速姿势和力学的情况下，以比赛速度进行特定于加速的应用训练。最后一步是以全强度加速冲刺来结束一天的训练，因为如果你想跑得更快，就需要进行快速训练。此处提供了几个特定于加速的锚点训练和应用训练的示例，你可以在第 12 章的训练方案中找到更多信息。请记住，一个好系统的本质不是做成千上万次的不同练习，而是进行一些关键训练，并通过不同的负荷、角度和强度进行渐进式训练和回顾训练，直到你掌握它们。

双臂墙壁驱动平板支撑

　　加速的本质，尤其是在前两到三步中的加速，是通过产生动态力量从静态姿势开始运动，无论你站在田径运动员的立场，还是站在足球运动员的立场。核心需要充分参与到运动中，身体需要向前倾斜，以产生最大的驱动力和加速度。

　　在进行加速锚点训练时，你要做的第一件事是让运动员感受到 45 度的姿势。如前所述，身体的实际角度对每个人来说都是不同的，具体取决于个体的体形、解剖学比例和相对的身体力量。如果他们又高又重，而且不强壮，那么这个角度可能更接近于 50 度。如果运动员很强壮，那么这个角度可能会降低到 42 或 43 度。但是，你首先要让运动员通过基础练习（如双臂墙壁驱动平板支撑）来感受这个姿势，让运动员基本了解如何在核心部位创建力学复合功能，并以 45 度姿势创建刚度。

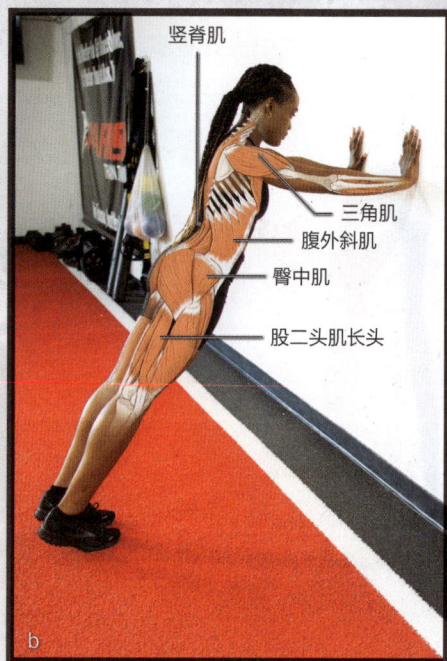

竖脊肌

三角肌

腹外斜肌

臀中肌

股二头肌长头

激活的主要肌肉

等长阶段

- 腕关节（屈曲）：桡侧腕屈肌、掌长肌、尺侧腕屈肌、指浅屈肌、指深屈肌、拇长屈肌
- 肩关节（屈曲）：三角肌前部纤维、胸大肌上部纤维、喙肱肌
- 躯干（等长中立）：腹直肌、腹内斜肌、腹外斜肌、竖脊肌、腰方肌
- 髋关节（伸展、外旋）：臀大肌、股二头肌长头、半腱肌、半膜肌（伸展），臀大肌、臀中肌后部纤维、梨状肌、上孖肌和下孖肌、闭孔内肌和闭孔外肌、股方肌（外旋）
- 膝关节（伸展）：股直肌、股外侧肌、股内侧肌、股中间肌

基础

1. 站在离墙一臂远的地方，将双臂放在墙上。

2. 双手撑在墙上，直到身体与地面成大约45度，双臂和双腿伸直（参见图a）。

3. 将髋部向前压，形成一个身体与地面角度较大的墙壁平板支撑姿势，脊柱成一条直线（参见图b）。

4. 在不抬起双脚的情况下，通过按压地面和墙壁，尽可能多地向墙壁施加力量。

5. 保持这个姿势20至30秒，进行2至4组练习。

在掌握双臂墙壁驱动平板支撑的技术后，可以根据该练习创建一系列的墙壁平板支撑的变式，包括单臂墙壁平板支撑、双臂和单腿墙壁平板支撑，以及交替进行单臂和单腿墙壁平板支撑。

换腿墙壁驱动

换腿墙壁驱动可以帮助运动员感受到有节奏地激活核心的脉冲式收缩。我们的目标不是做大量的核心练习，而是要了解如何激发至关重要的刚度收缩。

腰大肌
阔筋膜张肌
臀大肌
半腱肌、半膜肌

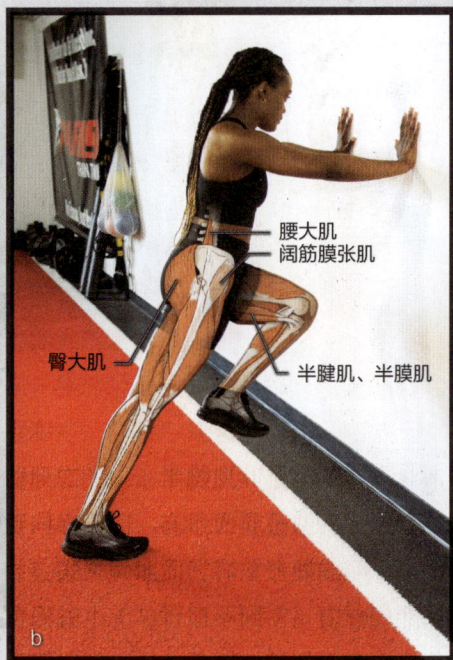

激活的主要肌肉

驱动阶段

- 髋关节（伸展）：臀大肌、股二头肌长头、半腱肌、半膜肌
- 膝关节（伸展）：股直肌、股外侧肌、股内侧肌、股中间肌
- 踝关节（跖屈）：腓肠肌、比目鱼肌

提腿阶段

- 髋关节（屈曲）：股直肌、髂肌、腰大肌、耻骨肌、阔筋膜张肌
- 膝关节（屈曲）：股二头肌短头和长头、半腱肌、半膜肌
- 踝关节（背屈）：胫骨前肌、踇长伸肌、趾长伸肌

1. 站在离墙一臂远的地方，将双手放在墙上。

2. 双手撑在墙上，直到身体与地面成大约45度，双臂和双腿伸直（参见图a）。

3. 抬起一条腿，直到大腿几乎与躯干垂直（参见图b）。抬起的小腿与支撑腿的小腿都应与地面成大约45度，脚呈背屈状态（脚趾向上）。

4. 将抬起的腿向下和向后移动，并将支撑腿抬起来（实质上是交换双腿姿势）。

5. 保持这个姿势2至4秒。

6. 每条腿重复进行4至6次练习。

在完成几次单脚墙壁驱动蹬地动作后，以快速的节奏（砰–砰）完成两次蹬地动作，回到起始姿势。然后按照三次节奏（砰–砰–砰）完成此动作，运动员做开始和结束动作时用的是同一只脚。在提高速度之前，应以正确的方式慢慢做这些练习。

基础

阻力跑：拖雪橇和推雪橇

事实证明，使用雪橇进行阻力跑是提高加速度的有效锚点训练。该训练的目的是帮助运动员在负荷下感受倾斜（45度）运动，但移动速度无须太快，这样你就可以发展产生水平力的特定运动技能。负重加速可以增加处于张力下的时间，有助于发展神经通路，让组织参与运动，并沿着压力线发展筋膜。此外，针对短跑运动员和团队项目运动员的多项研究发现，在抗阻雪橇训练中，最大限度提高加速爆发力的最佳负荷是将运动员的最大跑步速度降低约50%时对应的负荷（Morin et al.，2017）。因此，如果运动员的最大速度约为每秒10米，那么拖雪橇和推雪橇的最佳负荷是使运动员减慢到每秒5米的负荷（平均约为运动员体重的80%）。显然，该负荷将取决于运动员的相对身体力量。

拖雪橇

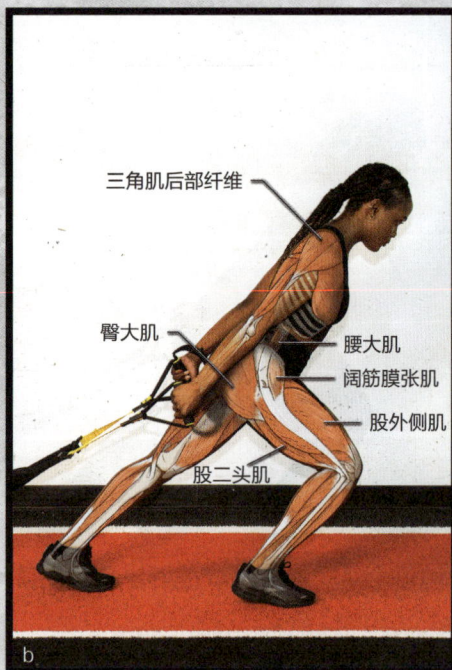

三角肌后部纤维

臀大肌

腰大肌

阔筋膜张肌

股外侧肌

股二头肌

激活的主要肌肉

摆动阶段（前腿腾空）

- 肩关节（等长伸展）：背阔肌、大圆肌、肱三头肌长头、胸大肌下部纤维、三角肌后部纤维、冈下肌
- 髋关节（屈曲）：股直肌、髂肌、腰大肌、耻骨肌、阔筋膜张肌
- 膝关节（屈曲）：股二头肌短头和长头、半腱肌、半膜肌
- 踝关节（背屈）：胫骨前肌、踇长伸肌、趾长伸肌

站立阶段（前腿着地并推离地面）

- 肩关节（等长伸展）：背阔肌、大圆肌、肱三头肌长头、胸大肌下部纤维、三角肌后部纤维、冈下肌
- 髋关节（屈曲至伸展）：臀大肌、股二头肌长头、半腱肌、半膜肌
- 膝关节（屈曲至伸展）：股直肌、股外侧肌、股内侧肌、股中间肌
- 踝关节（背屈至跖屈）：腓肠肌、比目鱼肌

中等

1. 背对带负重的雪橇，并将带子或悬挂系统连接到雪橇上。抓紧带子或悬挂系统，将手臂伸到身后。

2. 向前走并远离雪橇，直到感觉到带子或悬挂系统有张力（参见图 a）。

3. 进入加速姿势，身体 45 度前倾，保持脊柱中立，臀部收紧（参见图 b）。

4. 慢慢向前行进，保持加速姿势前移 9 至 18 米。专注于保持良好的形态和肌肉活动。目标是拖动带负重的雪橇，负重是运动员体重的 80% 至 120%。

5. 重复进行 4 到 6 次练习。

推雪橇

图中标注：
三角肌前部纤维
臀大肌
半腱肌、半膜肌
腓肠肌
股外侧肌

激活的主要肌肉

推动阶段（脚推离地面）

- 肩关节（等长屈曲）：三角肌前部纤维、胸大肌上部纤维、喙肱肌
- 髋关节（伸展）：臀大肌、股二头肌长头、半腱肌、半膜肌
- 膝关节（伸展）：股直肌、股外侧肌、股内侧肌、股中间肌
- 踝关节（跖屈）：腓肠肌、比目鱼肌

1. 面对带负重的雪橇站立，并抓住雪橇杆。

2. 靠在雪橇上，采用45度的加速姿势，保持脊柱中立，臀部收紧（参见图a）。

3. 快速移动18米，同时保持核心紧绷，保持脊柱中立，并在向前推雪橇时双脚向下和向后推动地面（参见图b）。专注于正确的加速力学。

4. 重复进行4到6次练习。

药球跳远

　　立定跳远是一项简单的运动，可以通过在该动作中添加一个推药球动作来连接上肢和下肢，以增加产生的力量，并使用类似的动力从静态开始加速。

三角肌前部纤维
肱三头肌
臀大肌
股外侧肌
腓肠肌

激活的主要肌肉

爆发阶段

- 肩关节（水平内收）：肱二头肌、胸大肌上部与下部纤维、喙肱肌、三角肌前部纤维
- 肘关节（伸展）：肱三头肌、肘肌
- 髋关节（伸展）：臀大肌、股二头肌长头、半腱肌、半膜肌
- 膝关节（伸展）：股直肌、股外侧肌、股内侧肌、股中间肌
- 踝关节（跖屈）：腓肠肌、比目鱼肌

1. 以屈膝跳远姿势站立，在胸部高度手持药球（参见图 a）。

2. 从蹲姿爆发到向前跳远，同时以胸前传球的方式将药球抛出（参见图 b 和图 c）。专注于以 45 度最大限度地产生力量，并在向前跳跃和投掷药球时调动核心力量。

3. 重复进行 4 至 6 组练习，每组练习前进 9 至 14 米。

俯卧撑起跑

这项练习的特点是小腿角度比大多数运动场合要求的角度更水平，这增加了脚在第一步的触地时间，并导致施加更大的力量，尤其是会产生更大的水平力。该练习还需要良好的等长姿势力量、有力的髋关节屈曲、有力的髋关节和膝关节伸展、较高的踝关节刚度，以及协调的手臂动作。该练习对局部和外周神经网络有很高的要求，在有限的有意识的努力下，这些神经网络可以提供最好的效果。

a

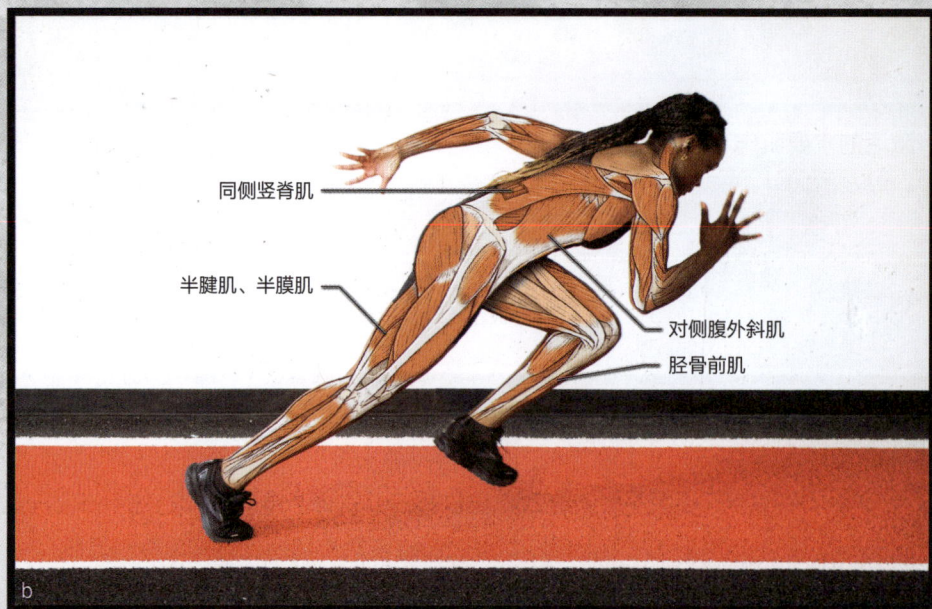

同侧竖脊肌

半腱肌、半膜肌

对侧腹外斜肌

胫骨前肌

b

激活的主要肌肉

摆动阶段（前腿腾空；对侧手臂）

- 肩关节（屈曲）：三角肌前部纤维、胸大肌上部纤维、喙肱肌
- 肘关节（屈曲）：肱二头肌、肱肌、肱桡肌
- 躯干（旋转）：同侧竖脊肌、对侧腹外斜肌、同侧腹内斜肌
- 髋关节（屈曲）：股直肌、髂肌、腰大肌、耻骨肌、阔筋膜张肌
- 膝关节（屈曲）：股二头肌短头和长头、半腱肌、半膜肌
- 踝关节（背屈）：胫骨前肌、踇长伸肌、趾长伸肌

站立阶段（前腿着地并推离地面；后腿和对侧手臂如图所示）

- 肩关节（伸展）：背阔肌、大圆肌、肱三头肌长头、胸大肌下部纤维、三角肌后部纤维、冈下肌
- 肘关节（伸展）：肱三头肌、肘肌
- 躯干（旋转）：同侧竖脊肌、对侧腹外斜肌、同侧腹内斜肌
- 髋关节（屈曲至伸展）：臀大肌、股二头肌长头、半腱肌、半膜肌
- 膝关节（屈曲至伸展）：股直肌、股外侧肌、股内侧肌、股中间肌
- 踝关节（背屈至跖屈）：腓肠肌、比目鱼肌

中等

1.面朝下俯卧，双手呈俯卧撑姿势。脚踝背屈，将脚趾拉向膝盖方向，同时将下颌向胸前收拢，就像拿着棒球一样（参见图 a）。

2.核心收紧，爆发性地上推，迅速向前迈步，尽可能快地进行冲刺（参见图 b）。将目光放在前方 2 至 5 米处。

3.尽最大努力重复进行 2 至 6 次练习，每次练习前进 5 米、9 米、14 米或 18 米，并根据所需发展的能量系统，确定训练时间与休息时间的比例。

加速阶梯冲刺

　　借助特定步幅、间隔阶梯（或锥桶）进行加速阶梯冲刺，是从锚点训练过渡到应用训练的一个很好的方法，因为这种过渡方式可以帮助你了解步幅和频率的力学原理。加速时，你希望最大限度地增加步幅，并在每次迈步时尽可能地将重心向前推。但步幅取决于你可以产生多大的水平力。从加速阶梯冲刺的第一阶段开始时，阶梯步幅比你能产生的步幅要短，这意味着步频会更高。当你过渡到全步幅时，应逐渐切换到更长的阶梯，这需要逐渐增加步幅，同时努力保持相同的步频。这有助于培养节奏和感觉，以实现最佳的脚部位置和驱动。运动员的步幅取决于他们的解剖结构、爆发力输出水平、体形和技术掌握程度，帕里西速度学校在加速阶梯冲刺这一练习中的设置如下。

- 在跑道的两端画 8 条 25 厘米 ×3 厘米的线。
- 根据下面表格中的测量数据，所有的线条都必须从同一起点（例如，12 米处）进行测量和绘制，以显示进展情况。
- 如果采用有 3 条道的跑道，请遵循表中提供的前 3 个跑道的测量数据。

	跑道 1	跑道 2	跑道 3	跑道 4
1	66 厘米	74 厘米	79 厘米	86 厘米
2	155 厘米	170 厘米	183 厘米	196 厘米
3	254 厘米	277 厘米	302 厘米	323 厘米
4	366 厘米	399 厘米	437 厘米	472 厘米
5	485 厘米	536 厘米	584 厘米	635 厘米
6	612 厘米	681 厘米	749 厘米	813 厘米
7	747 厘米	836 厘米	922 厘米	1008 厘米
8	889 厘米	998 厘米	1110 厘米	1219 厘米

帕里西速度学校在加速阶梯冲刺这一练习中的设置

后跳式加速

后跳式加速可以帮助运动员以略微前倾的身体姿势着地，使重心位于身体前方。它还通过对落地的快速、有弹性的快速伸缩复合响应来启动连锁反应加速序列。

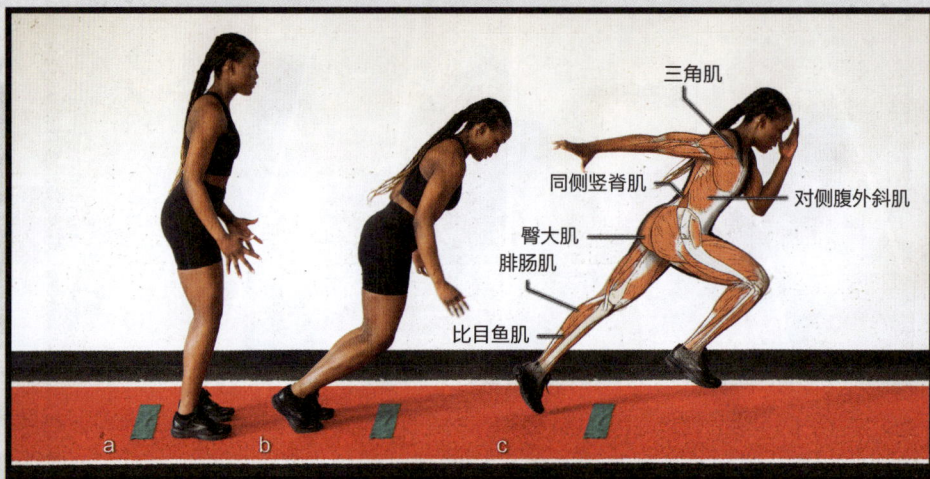

激活的主要肌肉

跳跃阶段（在落地阶段，同样的肌肉会进行离心收缩）
- 髋关节（伸展）：臀大肌、股二头肌长头、半腱肌、半膜肌
- 膝关节（伸展）：股直肌、股外侧肌、股内侧肌、股中间肌
- 踝关节（跖屈）：腓肠肌、比目鱼肌

摆动阶段（前腿腾空；对侧手臂）
- 肩关节（屈曲）：三角肌前部纤维、胸大肌上部纤维、喙肱肌
- 肘关节（屈曲）：肱二头肌、肱肌、肱桡肌
- 躯干（旋转）：同侧竖脊肌、对侧腹外斜肌、同侧腹内斜肌
- 髋关节（屈曲）：股直肌、髂肌、腰大肌、耻骨肌、阔筋膜张肌
- 膝关节（屈曲）：股二头肌短头和长头、半腱肌、半膜肌
- 踝关节（背屈）：胫骨前肌、踇长伸肌、趾长伸肌

站立阶段（前腿着地并推离地面；后腿和对侧手臂如图所示）
- 肩关节（伸展）：背阔肌、大圆肌、肱三头肌长头、胸大肌下部纤维、三角肌后部纤维、冈下肌
- 肘关节（伸展）：肱三头肌、肘肌
- 躯干（旋转）：同侧竖脊肌、对侧腹外斜肌、同侧腹内斜肌
- 髋关节（屈曲至伸展）：臀大肌、股二头肌长头、半腱肌、半膜肌
- 膝关节（屈曲至伸展）：股直肌、股外侧肌、股内侧肌、股中间肌
- 踝关节（背屈至跖屈）：腓肠肌、比目鱼肌

1. 双脚并拢站在一条线的前面（参见图 a）。
2. 双脚向后跳到线的后面，同时保持臀部和重心在线的上方或略在线前（参见图 b）。
3. 落地后，立即尽可能快地向前加速，同时专注于正确的加速力学（参见图 c）。
4. 进行 4 至 6 组练习，在每组练习中进行 9 至 14 米的冲刺。

中等

落球式加速

　　落球式加速利用视觉刺激来激活神经系统并触发意图。这是一个有趣的练习，因为它为你提供了一项任务，而人类运动本质上是由任务驱动的。主要需要注意的事情是，运动员应当使用正确的姿势和加速力学。训练的挑战在于，正确的姿势往往被忽略，特别是对于训练运动技能较少的年轻运动员来说。

臀大肌
股二头肌
腓肠肌
对侧腹外斜肌
a
b

激活的主要肌肉

摆动阶段（前腿腾空；对侧手臂）

- 肩关节（屈曲）：三角肌前部纤维、胸大肌上部纤维、喙肱肌
- 肘关节（屈曲）：肱二头肌、肱肌、肱桡肌
- 躯干（旋转）：同侧竖脊肌、对侧腹外斜肌、同侧腹内斜肌
- 髋关节（屈曲）：股直肌、髂肌、腰大肌、耻骨肌、阔筋膜张肌
- 膝关节（屈曲）：股二头肌短头和长头、半腱肌、半膜肌
- 踝关节（背屈）：胫骨前肌、踇长伸肌、趾长伸肌

站立阶段（前腿着地并推离地面；后腿和对侧手臂如图所示）

- 肩关节（伸展）：背阔肌、大圆肌、肱三头肌长头、胸大肌下部纤维、三角肌后部纤维、冈下肌
- 肘关节（伸展）：肱三头肌、肘肌
- 躯干（旋转）：同侧竖脊肌、对侧腹外斜肌、同侧腹内斜肌
- 髋关节（屈曲至伸展）：臀大肌、股二头肌长头、半腱肌、半膜肌
- 膝关节（屈曲至伸展）：股直肌、股外侧肌、股内侧肌、股中间肌
- 踝关节（背屈至跖屈）：腓肠肌、比目鱼肌

1. 以低重心冲刺姿势开始，搭档站在约 5 米远的地方，将网球高举在空中。
2. 搭档一放下球，你就向前冲刺，并在球第二次落地前接住球（参见图 a 和图 b）。
3. 重复进行 4 到 6 次练习。

当你以一条腿在体前屈曲的分腿姿势开始加速冲刺时，目标是向下和向后推向地面，并在重心下方或重心后方实现脚与地面的初次接触。当成功做到这一点时，你应该能够在前三个关键迈步的大部分触地时间中，保持重心位于支撑脚的前面。最终，你希望地面接触发生在重心下方，身体以大约 45 度前倾，脚用力向后推。态度和意图很重要。

第 7 章

最大速度

　　以最大速度冲刺是人类在没有机械或重力辅助的情况下最接近于飞行的方式。到现在为止，希望你已经明白，无论你从事何种运动或司职哪个位置，以最大速度冲刺都能产生高水平的训练刺激。正如肯·克拉克博士和他的同事在多项研究（2010，2019）中所证明的那样，最大速度能力对整个加速曲线有直接的影响——即使是在短距离内。将最大速度冲刺（以正确的运动量和方式）训练纳入你正在执行的训练计划，还可以防止腹股沟和腘绳肌软组织损伤（Edouard et al., 2019），腹股沟和腘绳肌软组织损伤是运动员在田径和球场运动中常见的损伤。从一开始，我们就在帕里西速度学校教授新运动员高速力学和技术，因为高速力学和技术除了可以预防腹股沟、腘绳肌和其他软组织损伤外，也是运动的基础。许多运动动作都是线性冲刺的衍生物，因此掌握良好的冲刺技术对每个运动员都很重要。此外，正如上一章提到的克拉克在NFL 联合训练营的研究中所展示的那样，即使是在短距离内，最大速度能力也会对比赛速度产生直接影响。以最大速度冲刺可以产生高水平的训练刺激。在举重室里，你几乎无法做到在 0.1 秒内通过一个肢体施加 2 至 5 倍于自身体重的力量。问题是，我们如何帮助运动员安全地提高速度，以充分发挥潜力？答案是，从一开始就教他们正确的形式和力学，让他们定期以较低的运动量挑战自己的最大速度范围，随着他们发展了相对的身体力量并掌握所需的技术技能，你就可以逐步提高训练量。

定义最大努力

由于担心潜在的损伤风险，许多教练对是否将最大速度冲刺训练作为训练计划的一部分犹豫不决。事实上，如果你教会运动员如何正确地以最大速度冲刺，则可以最大限度保护他们免受损伤。然而，有一件事经常被误解，那就是如何安全地指导运动员进行冲刺。问题在于，如果你告诉运动员要全力以赴，把百分之百的精力放在冲刺上，他们往往会过度紧张，这会抑制神经肌肉的协调激活。以放松的状态进行冲刺会使身体更容易找到最佳节奏。一个更好的方法是提示运动员以最大速度的95%左右的速度进行冲刺，这样他们就可以将努力水平保持在比全力以赴稍逊一点的程度。所有用于冲刺的肌肉都有对立的肌群。我们的想法是在将一条腿利用足踝复合体的动态刚度脉冲推向地面的同时，另一条腿会在身体前方无意识地快速抬起，并最大化实现髋关节屈肌拉长 - 缩短周期的效能，以便可以利用这种动能再次将腿推向地面。当髋关节屈肌屈曲以恢复腿部时，对立的肌群需要充分放松，以顺利完成收缩动作——就像悠悠球向上弹起一样。无论你是打高尔夫球、挥舞棒球棒，还是打鼓，知道如何有节奏地快速激活和放松肌肉是一种需要学习的运动技能。在这些精细运动技能中，运动员在感到精神放松和精确时能够实现最佳表现，而不是在他们试图发挥最大努力时实现最佳表现。

影响最大速度的要素

在冲刺中能否实现最大速度，取决于你可以施加到地面上的质量特异性力量的大小，以及施加力的速度和方向的组合。当你全速冲刺时，大部分力量都是垂直投射到地面上，触地时间非常短。

触地时间和力的应用

正如彼得·韦安德博士和他的同事在众多研究（2000，2010，2014）中所确定的那样，影响速度的关键因素之一是质量特异性力量——或者说是你可以产生的相对于体重的力量。但产生高水平质量特异性力量的能力只是影响最大速度的因素之一。脚的触地时间和施力的角度或方向也会影响最大速度。韦安德在南卫理公会大学运动实验室的研究表明，将精英级短跑运动员与速度较慢的团队运动员区分开来的关键在于，他们能够以多快的速度用高水平的力量撞击和离开地面。

用简单的话来说，要想跑得更快，触地时间就需要更短，垂直作用力需要更大。当你用直立姿势以最大速度冲刺时，以最大垂直力击打地面的速度越快，你就能在每一步中将身体向前推得越远，最大速度水平越高。

这个训练秘诀可以归结为动能、运动学和神经时序的融合——通过最佳跑步力学和有节奏脉冲，在小腿和核心部位产生超刚度的动力并引导你的动量和垂直力量产生。克拉克和韦安德（2014）在测力板上进行精英短跑运动员和团队项目运动员的弹簧—支撑力学的研究。他们的研究表明，在接触地面的瞬间所能施加的垂直力是将高速度水平运动员与普通运动员区分开来的原因。

克拉克说："我们研究了触地阶段的前半段和后半段运动员向地面施加的力，发现短跑运动员比团队项目运动员要快得多，他们在触地阶段的前半段，特别是在触地阶段的前四分之一阶段，有显著的差异。在触地阶段的后半段，他们之间没有明显的差异。事实上，我们发现，可以在不知道运动员是谁或他们跑得有多快的情况下，查看精英短跑运动员、亚精英短跑运动员和非短跑运动员的力量特征，我们可以根据他们在接触地面的瞬间所施加的力来判断谁是精英短跑运动员，谁是非短跑运动员。"

精英短跑运动员在开始接触地面时产生的不对称的垂直波形有一个明显的最大垂直作用力峰值——令人震惊的是，峰值力高达运动员体重的 5 倍——因为他们有更高的膝关节抬起高度、更快的肢体速度、更有力的地面撞击，以及接触地面时更高的刚度。这意味着他们可以在不到十分之一秒的时间内施加巨大的垂直力，而不会在此过程中消耗大量能量。相比之下，速度较慢的团队项目运动员在撞击地面时膝盖抬起的幅度较小，从而导致了更小的发力和较慢的肢体角速度。他们在接触地面时也不那么具有刚性。最终这些因素产生了一个垂直力波形，该波形看起来更像一个经典的弹簧－质量模型曲线（一个倒置的 U 形曲线）。由于初始撞击地面时施加的力小得多，团队项目运动员需要更长的触地时间来产生必要的垂直冲击力。他们在接触地面时缺乏远端和近端刚度，这导致了更被动的"接触和回弹"式的力量应用，而精英短跑运动员则提供了更具侵略性的发力和"在脸上击出重拳"式的力量应用。

克拉克解释说："施加更大垂直力的潜在机制之一是大腿和腿部的角速度。根据我们最近在宾夕法尼亚西切斯特大学收集的数据，肢体旋转的速度和达到的最大速度之间存在直接的线性关系。与速度较慢的运动员相比，有竞争力的短跑运动员有更大的大腿角速度。这会导致他们接触地面时有更快的下肢速度，以及更高的刚度，这些可以转化为更大的垂直力和更快的速度。"

根据克拉克的说法，另一个重要的因素是，当髋关节屈曲幅度达到最大时四肢如何快速且平稳地进行剪式运动或切换，然后随着对侧肢体快速屈髋，快速转换为髋关节伸展动作。

克拉克指出："我们最近的研究表明，在速度较快的短跑运动员中，大腿反转动作发生得更快、更有力。因此，这不仅仅与正确的活动范围有关，还与你在达到屈伸运动的末端范围后，能以多快的速度通过剪式动作反转肢体动作有关。"

直立冲刺力学

从初始加速的最佳45度平稳过渡到正确的直立冲刺力学（迈出第8步到第12步），对于运动员充分发挥最大速度的全部潜力至关重要。虽然极速冲刺的动作机制与加速相似，但在姿势上存在显著差异。如前所述，极速冲刺需要核心的刚度，并结合触地时小腿远端刚度的精确脉冲，以便有效地传递力量。但这种力量来自大腿的弹性、前摆收尾，这与筋膜和神经系统的高度参与相关。拥有较高的肢体旋转速度，再加上良好的冲击力学和触地时的刚度，可以以更短的触地时间、更快的速度产生更大的地面作用力。换句话说，教运动员如何从前倾的初始加速阶段平稳过渡到正确的直立冲刺姿势是发展最大速度的关键。对于场地和球场运动的运动员来说尤其如此，因为他们大部分时间都处于蹲着跑的姿势，这种姿势允许进行快速变向。

克拉克说："姿势可能是与我合作过的团队项目运动员正确使用高速力学的首要限制因素。当我说姿势时，不仅是指躯干和头部位置，还包括骨盆位置。像很多事情一样，影响运动员姿势的因素不止一个。根据我的经验，运动员运动的方式，以及他们一直处于的各种姿势会导致他们肌肉紧绷或肌肉缩短，髋关节屈肌紧绷，导致臀部不能像他们需要的那样移动。所以这是一个双重问题。首先，他们由于没有最佳机动性而受到一些身体限制。其次，当他们进入直立模式时，不了解正确的移动方式。"

由于这个过渡阶段对于教练和训练师来说是一个非常重要的概念，因此我联系了教练丹·普法夫，以了解他对这个问题的看法。在职业生涯中，普法夫曾指导过49名奥运会选手（包括10名奖牌得主），50多名世界锦标赛选手（9名奖牌得主），以及5名世界纪录保持者。他还帮助运动员创造了超过55项国家纪录，并在5个不同国家的5届奥运会上担任教练。普法夫目前是Altis公司跳跃和其他多项运动训练的负责人。他的见解基于数十年来与一些世界上最优秀的田径运动员合作的经验。

　　普法夫说："当谈到最大速度时，我认为人们长期以来一直偏向于关注步幅、步频和结果指标，例如他们所用的时间。在田径和球场运动中，很少有人谈论在跑步的各个阶段中身体部位和位置的转变。运动员在接触地面期间产生的力的方向对运动员以适当姿势施加垂直力的能力有很大影响。你可以说摆动时间是相等的，但在旋转方面，或在给定的时间范围内，各身体部位在做什么？对于极速跑步来说，有一些共同点和标志性的位置，如果你不在这些位置上，那么你施加力的能力就会受到影响。如果你的膝盖抬升幅度很小，那么你向下施力的能力就会受到限制，因为你在更短的时间范围内进行运动的范围要小得多。"

　　正确的直立冲刺姿势（参见图7.1）能够增加产生的力，最大限度地减少制动力，并有效利用拉长 – 缩短周期。虽然每个运动员都是独一无二的，但有一些标志姿势对于最大速度冲刺至关重要。这些姿势包括直立姿势，即头部、颈部和肩部都在臀部上方。另一个重要姿势是保持骨盆中立，这会拉伸髋关节屈肌，最大限度地减少背部摆动，并能利用弹性拉长 – 缩短周期使大腿快速回到身体前侧。膝盖应该抬得足够高，

图 7.1　正确的直立冲刺姿势

几乎与臀部齐平——大约在腰带扣的高度——大腿几乎与地面平行。脚应该向下、向后冲击地面，触地位置位于臀部下方和重心稍前方。踝关节复合体在冲击地面时应该保持紧绷，这样来自肢体角速度的力量（绞力）可以有效地传递到地面，使每一步施加的力越来越大。理想情况下，腿向后伸展的程度应恰到好处，以便在它反弹向上回到臀部下方并重新开始前摆时能够施加力量。

最常见的直立冲刺错误之一是骨盆前倾，这会导致整个身体过度旋转，使产生的力量最小，并增加损伤的风险。其他常见的错误包括骨盆倾斜、后侧腿过度摆动（踢到屁股）、前侧腿抬得不够高、脚在臀部前方太远（过度跨步）、先用脚跟着地，以及在接触地面时脚踝塌陷。在本章的其余部分，将解释如何诊断这些运动功能障碍，并帮助运动员避免这些障碍，还将介绍上肢和下肢最大速度冲刺力学的基础知识。

骨盆前倾

骨盆前倾是造成速度相关损伤的主要原因之一。在冲刺时，臀部会与肩关节一起有节奏地摆动和起伏。如果在冲刺时骨盆有前倾现象，就会给腘绳肌带来不必要的压力，并导致其他姿势不平衡的连锁反应，从而影响产生垂直力和最大速度的能力。有关骨盆中立（a）与骨盆前倾（b）的示例，请参见图7.2。

骨盆前倾有多种原因，但一般来说，通常是由肌肉不平衡引起的。肌肉骨骼系统旨在让肌肉骨骼协同工作，以稳定关节，使四肢能够在速度和力的作用下移动。有超过20块不同的肌肉附着在髋部，当其中一些肌肉太紧张或太无力时，就会导致整个动力链其余部分出现运动功能障碍。髋关节屈肌，尤其是腰大肌和髂肌，是许多人长期紧张的肌群之一。在冲刺时，髋关节屈肌会抬高膝盖。如果你一天中大部分时间都坐着，那么你的髋关节屈肌就会长期处于缩短状态。这会使它们变得无力和紧张。当髋关节屈肌过于紧张时，它们会将骨盆向前拉成前倾状态。伸展髋关节屈肌有助于骨盆保持中立位。保持骨盆中立还有助于防止腘绳肌损伤，因为在步幅的摆动末端，即脚下落之前，骨盆中立可以减轻腘绳肌受到的压力、减少不必要的拉伸。

骨盆前倾会导致髋部过度伸展，并延长脚的触地时间。这也意味着后摆恢复需要更长的时间，因为腿在身后摆得很远，而不是在臀部下方以便可以快速恢复良好状态并保持紧绷。腘绳肌在末端摆动阶段也将被过度拉伸，因为它承受了最大离心负荷。要理解的一个关键概念是，关节位置也会影响肌肉募集模式。例如，比较一下做引体向上时手掌朝上（正握）和手掌朝下（反握）的区别。当你改变手腕和手的位置时，整个手臂和背部的肌肉募集模式会大不相同。大多数人在手掌朝上的情况下可以做更多的练习。该原理同样适用于短跑。在整个步幅周期内，踝关节、膝关节和髋关节必

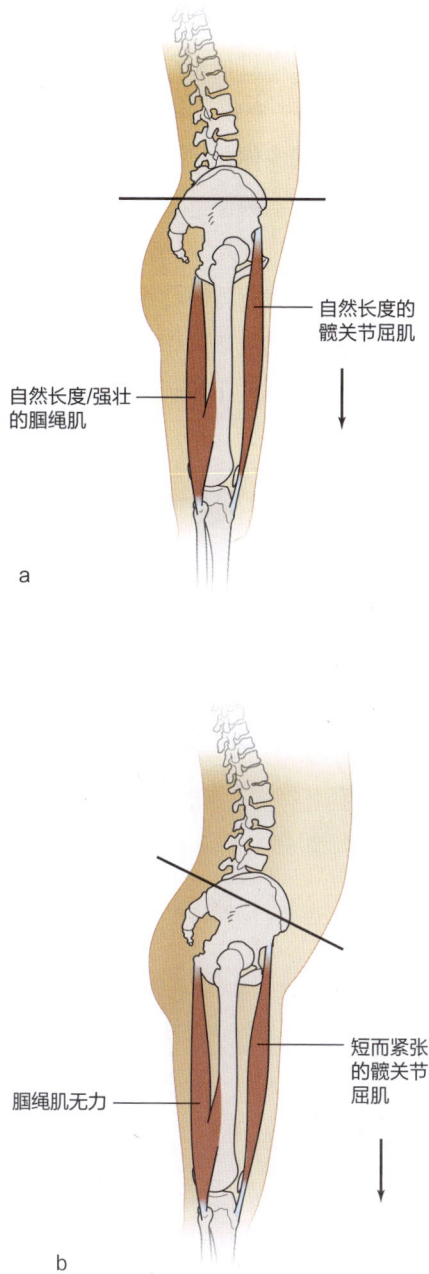

图 7.2　骨盆前倾是最大速度冲刺中最常见的运动功能障碍之一。它会导致一系列的问题，这些问题会影响爆发力输出，并增加损伤风险

须在正确的时间、正确的角度处于正确的位置，以优化肌肉募集模式和速度，并降低损伤风险。

在冲刺之前，帕里西速度学校通过让运动员站在原地并经历骨盆前倾和骨盆后倾的极端位置，帮助他们找到骨盆的中立位。我经常将骨盆描述为一个碗（参见图7.3）。当骨盆前倾（参见图7.3a）时，就像你在从碗的前面倒水一样。我会让运动员从碗的前面倒水，这样他们就能感觉到骨盆前倾。然后我会让他们做骨盆后倾动作（参见图7.3b），告诉他们将骨盆挤在一起，这就像从碗的后面倒水。然后我告诉他们找到中间位置（参见图7.3c），这样他们就能理解什么是骨盆中立位。让运动员了解骨盆中立位有好处。一方面，这有助于运动员按顺序更有效地激活肌肉，从而提高速度。另一方面，这还可以减少腘绳肌的压力（在冲刺期间）和损伤风险。

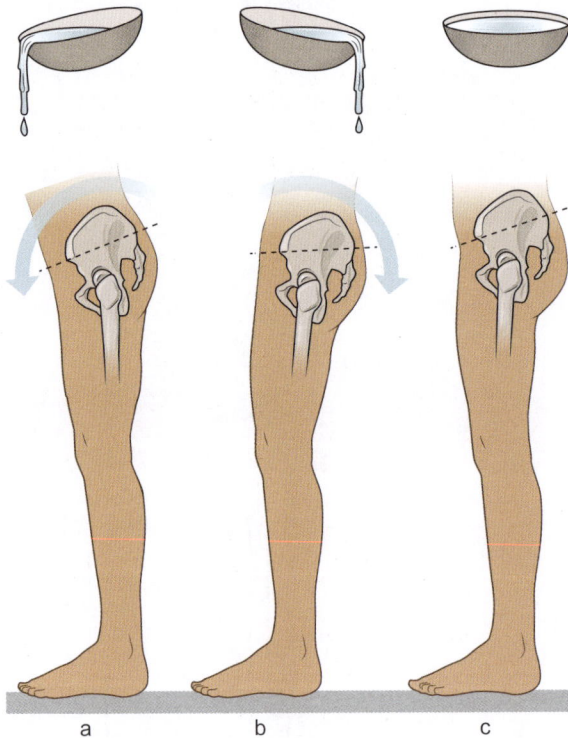

图7.3 将骨盆想象成一个碗，碗里装满水，这样有助于运动员概念化并感受他们的骨盆中立位

我们教授骨盆中立位姿势时喜欢采用的另一种方式是让运动员躺在地上，双臂交叉在胸前，双腿伸直（参见图7.4），这样他们才能真正理解这个概念。我们要求运动员识别接触地面的部位（脚跟、臀部、上背部和头部）。然后让运动员将手放在背部下方。大多数人的腰部和地面之间有一个空间。这个空间的大小取决于运动员的解剖结构，但在大多数情况下，这个空间的高度约等于一个手掌的厚度，而这是用于找到脊柱中立位的一个很好的参考标准。如果腰部过度拱起，则脊柱的前倾角度过大。如果腰部与地面之间没有空间，则脊柱可能过度后倾。

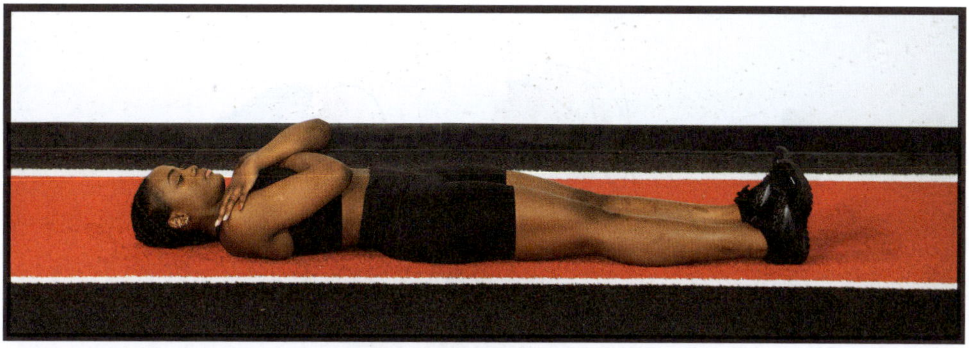

图7.4　躺在地上，双臂交叉在胸前，双腿伸直，该姿势可以帮助运动员找到骨盆中立位并理解这一概念。采用这种姿势时，身体接触地面的部位应该是脚跟、臀部、上背部（胸椎）和头部。下背部应略微抬离地面，通常，抬离高度大约是一个手掌的厚度

在运动员通过躺在地上找到骨盆中立位后，我们让运动员挺直站立，找出站在地面上时的骨盆中立位。这样做的目的是让他们专注于保持良好的整体姿势。第一步是让运动员了解正确的腰椎定位。从腰椎定位开始，再转到胸腔定位，再到颈椎，最后是肩带。运动员应该考虑通过将肩部向下向后拉来压低和收回肩带。头部应该保持中立，下颌略微内收，就像在立正一样。这看起来像是很基本的动作，但对于运动员来说，找到这种姿势的感觉真的非常重要，尤其对于孩子们来说。大多数孩子连走路的姿势都不是很正确，现在你想让他们用正确的姿势跑步？问题是，如果你以最大速度跑步，膝盖没有与臀部齐平，那么你会因错误的运动模式和相关部位没有对齐而增加损伤的风险。这就是为什么首先教授良好的姿势对于最大速度至关重要。我们通过让运动员在跑道上、球场上或田径场地上来回走183至366米来结束姿势课程，重点是关注整体姿势。姿势课程可能是一个很重要的影响因素，因为它向运动员展示了正确姿势的重要性，并让他们能够适应它。

腘绳肌损伤和风险

　　小运动单位的募集和臀肌的激活也在一般性热身和主动动态热身中起着重要作用，在最大速度训练日中保护着腘绳肌。运动员通过臀肌产生冲刺时所需的大部分髋部伸展力量。腘绳肌是臀肌的增效剂，这意味着其会在冲刺过程中协助臀肌进行髋部伸展。如果臀肌受到抑制，腘绳肌就必须挑起重担。这被称为协同优势，意味着如果没有首先激活臀肌来伸展髋部，腘绳肌就必须"加班"。腘绳肌并不是主要的髋关节伸肌。腘绳肌是髋关节伸展的一个增效剂（参见图7.5）。许多腘绳肌拉伤并不是腘

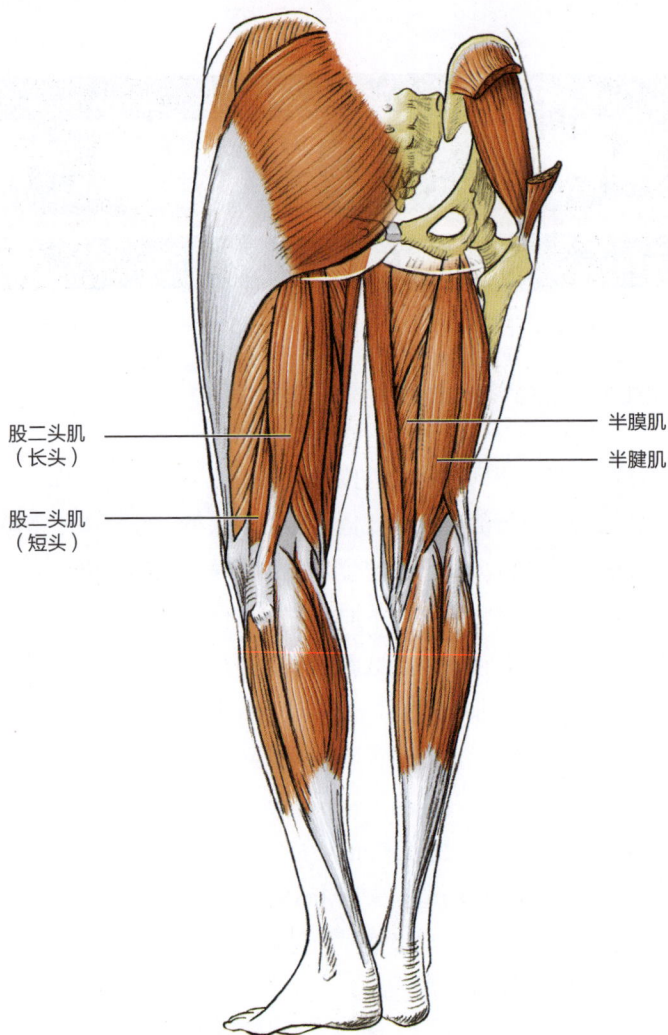

股二头肌
（长头）

股二头肌
（短头）

半膜肌

半腱肌

图7.5　腘绳肌由股二头肌、半腱肌和半膜肌组成，是用于冲刺的主要推进肌肉

绳肌力量不足造成的。腘绳肌拉伤是由腘绳肌过度劳累所致。解决臀肌的功能障碍问题并改善它们的募集模式，可以让腘绳肌在不增加压力的情况下完成其使命。这需要训练臀肌，使其成为髋关节伸展时第一个激活的肌群，这样它们就可以完成大部分的工作。

值得注意的是，在冲刺周期的大部分时间里，腘绳肌是最活跃的肌肉。它们协助强大的臀部肌肉进行髋部伸展，并帮助稳定膝关节。它们还与筋膜系统一起工作，作为脚部触地时的减震器。腘绳肌损伤通常发生在步态的末端摆动阶段，此时它们以离心方式控制膝关节的伸展（小腿向前伸展，并准备成为下一步的踩踏脚）。腘绳肌在脚接触地面前一刻达到最大拉伸状态，股二头肌长头是最常损伤的肌肉，占所有肌肉损伤病例的 80% 以上（Ekstrand, Hägglund, and Waldén，2011）。与流行的看法相反，腘绳肌过紧并不是人们损伤的主要原因。事实上，腘绳肌僵硬已被证明是速度的一种属性，而不是一种损伤机制。每个运动员的腘绳肌都需要有一定程度的柔韧性，这取决于他们的运动项目和活动范围要求，但腘绳肌柔韧性过大和腘绳肌柔韧性不足都很糟糕。

上肢力学

正确的手臂动作是正确跑步技术的一个关键部分。手臂运动与双腿的摆动周期同步，形成一个镜像的反节奏，对于实现最大速度至关重要。除了帮助保持平衡外，手臂摆动还可以通过利用钟摆效应帮助你产生更大的地面作用力。更长的钟摆摆动时会产生更大的力。这方面的一个很好的类比是，如果你摆动一根末端有重物的绳子，绳子越长，摆动时产生的力就越大。相反，如果这是一根较短的绳子，你能够更快地摆动它，但摆动时产生的力会更小。在冲刺时，手臂钟摆动作的作用方式是相同的。最大速度冲刺的最佳手臂动作涉及整个手臂活动范围内的运动，在整个步幅周期内，摆长会发生较大的变化。在后摆冲程中伸展手臂会增加钟摆摆长，从而增加其扭矩。这还会增加对侧腿髋关节屈肌的收缩力，从而增加了对地面的作用力。相反，在上行冲程时屈曲肘部会缩短钟摆长度，增大手臂和对侧摆动腿的角速度，为下一次迈步做准备。在上摆时收起肘部会让运动员产生最快的腿部周转。用手臂引领节奏，当运动员增加或保持速度时，手臂应与腿部反向保持同步的节奏。

每个手臂动作都是从肩部开始的单程动作。身体前侧的手应与肩同高或略高于肩，肘部屈曲约 75 度（参见图 7.6）。从肩部的最高点开始，运动员应该用手向下和向后击打。当手经过臀部口袋下方时，肘部将在合理动作范围内完全伸展，允许

图 7.6 以适当的手臂运动对抗相反的腿部运动对于在最大速度冲刺中产生最佳力量至关重要

脊柱在胸椎处有轻微的旋转，以增加摆臂力量。当手臂摆动到身体后方时，肘部屈曲约 105 度。在这个动作中，胸部肌群和三角肌前部纤维产生的拉伸会导致手臂自然弹回到身体前面，而无须运动员有意识地将手臂向前拉。这是一种自然的节奏对称性，用于最大化实现对侧腿的伸展和触地发力。

帕里西速度学校有很多难以控制手臂的年轻运动员。我们所做的事情之一就是简单地告诉他们，可以考虑肘部保持 90 度。虽然解释了在每一步中发生的所有不同角度的变化，但我发现对于大多数人来说（尤其是孩子），这包含了太多的信息。我通常会告诉他们，可以想象自己的手臂被打上石膏并需要保持 90 度，双手各拿一把锤子，身后是一堵墙，每迈出一步，都要锤击那堵墙。通过向后锤击，手臂会自然张开，并形成摆长较长的钟摆摆动。锤击墙壁后，合上手臂，将手向前伸，回到下颌处。我不会告诉运动员他们的摆动应该达到什么程度，相反，我只是告诉他们继续向后锤击。

另一个重要的关注点是肩带复合体。如果肩带没有向下和向后，那么肩胛骨是不稳定的，运动员的能量就会在肩部有所损耗。虽然核心以及与髋部和脊柱相连的所有肌肉的重要性通常是一个焦点，但同样值得注意的是，肩部有 17 块肌肉与之相连。这意味着肩部需要保持稳定，这样手臂的速度才能动态地平衡腿部和整个身体的冲刺运动。训练和稳定肩带非常重要，这样你就可以有效地向下和向后摆动手臂。当你在钟摆运动中向下和向后摆动每一侧的手臂时，你希望通过肩部的伸展和对侧腿的摆动来提供驱动力，并让结缔组织储存的弹性能量协助手臂向前移动。值得一提的是，运动员可以在原地站立的情况下快速轻松地进行这些基本的手臂动作 – 姿势练习。这样做不会限制他们的训练，而且能优化这些重要的基础姿势。事实上，原地进行这些训练仍然可以让运动员保持髋部和肘部的位置，稳定肩部的核心，并通过身体的调整来发展最大速度——这具有降低损伤风险的好处。

下肢力学

在运动员进行冲刺时，每只脚一离开地面（初始摆动阶段），力量产生周期就开始了。这也是发力和冲击的开始。在发力过程中，起重要作用的主要因素之一是运动员脚尖离地时脚踝的位置。当以最大速度冲刺时，你希望脚踝在脚尖离地时立即背屈。以主动的轻微背屈的踝关节姿势准备冲击地面会在整个后链上产生一个拉伸动作，这就像一个弹簧，可以利用拉长 – 缩短周期所储存的弹性能量。如果在离地后继续保持跖屈，在恢复阶段，你将无法通过有效地募集腓肠肌（即膝关节屈肌）使脚跟向上提起。弹性能量将会耗尽。这意味着腘绳肌必须通过加班加点地工作来屈曲膝关节，而腘绳肌刚刚才完成施力。如果脚踝是跖屈的，腘绳肌将不会有任何休息时间，因为现在你要求腘绳肌协助膝关节进行屈曲，将脚跟抬到臀部。然后，当膝关节向前摆动时，腘绳肌必须进行离心收缩。这就是激发顺序导致损伤的机制。此外，当脚接触地面时，你想利用跟腱复合体结缔筋膜组织中储存的弹性能量（这基本上是自由能量），在脚接触地面后的瞬间有踝关节轻微背屈的意识。当这条腿以脚尖向上的姿势进行恢复时，腓肠肌有助于你在屈髋的时候将脚跟带回到臀部下方，以最大限度地减少触地时间。当屈髋的时候，你希望膝关节抬高到腰带扣的高度，并几乎与地面平行，但你希望这个动作是自然发生的，不仅可以优化自由能量，还能够产生更大的前摆动量（关于正确的前后步幅力学，请参见图 7.7）。

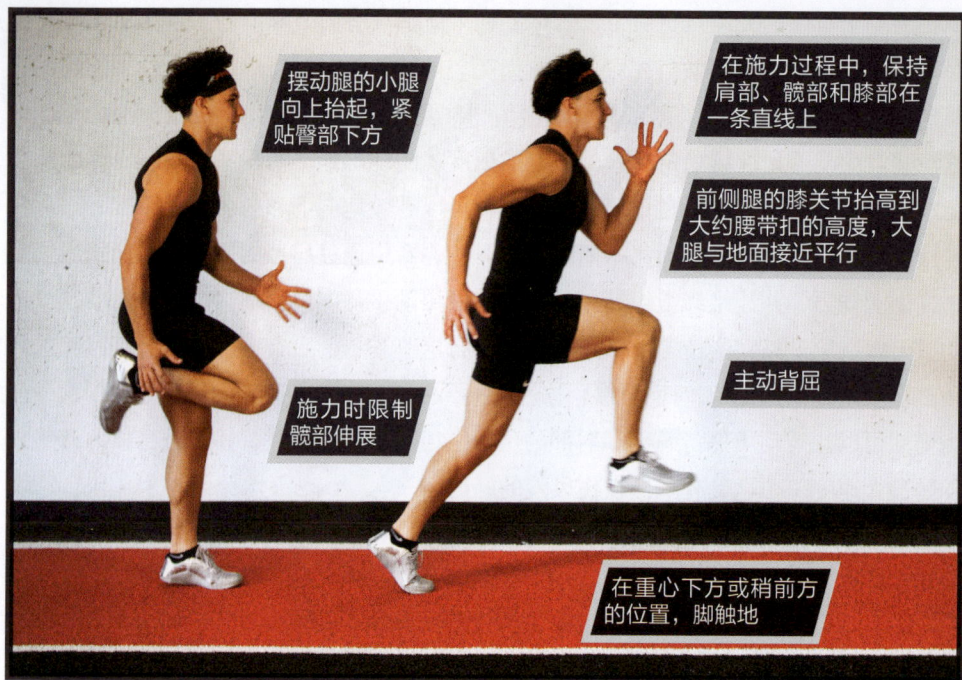

图 7.7 前摆和后摆的正确步幅力学对于在最大速度冲刺期间产生最佳力量至关重要

步幅

步幅是影响运动员能否达到最大速度的重要因素。教练需要了解两种不同类型的步幅：实际步幅和有效步幅。实际步幅是指每只脚接触地面的距离。例如，如果你用蘸着粉笔的双脚进行冲刺，粉笔标记之间的距离就是你的实际步幅。相比之下，有效步幅并不是双脚接触地面的距离。相反，有效步幅是你的重心在跨步之间的空间中移动的距离（更难测量），能优化力的传递。不同之处在于，你的步幅可能非常长，但如果你的步幅过大（脚向前甩出），脚在重心前方落地，则会产生过多的制动力，这会减慢你的速度。正如第 6 章中所讨论的，存在一个理想的垂直力和水平力比例，该比例取决于你处于冲刺的哪个阶段。许多运动员，尤其是年轻的、体质较弱的运动员，步幅往往会过大。解决这个问题并将运动员的注意力集中在有效步幅上的一个技巧是，将教练的目光与从侧面拍摄的运动员的慢动作视频相结合，比较：（1）臀部位置与脚落地位置；（2）臀部在空中从一个脚落地点到下一个脚落地点的距离。这实际上与腾空距离有关。教练要分析运动员在每一步中重心可以向前移动多远，以及他们在恢复肢体位置以准备下一次冲击地面方面的效率如何？冲刺实际上是一系列强有力的单腿跳跃。因此，冲刺与快速将爆发力作用于地面并通过一系列强有力的跳跃来推动重心向前的能力有关。这就是运动员飞奔的方式。

速度提示：最大速度

如前所述，最大速度可以分解为不同的阶段，例如前摆和后蹬的力学和过渡。虽然教练员可以根据运动员所需训练的内容来提示最大速度冲刺的各个要素，但是运动员会将它们作为一个连贯的动作。每一次冲刺都专注于一个提示，并尽量保持每个提示简单、简短。同样，最大速度提示有无限的可能性，教练可以逐渐改进提示内容。我在此处列举了一些行之有效的最大速度提示，但你应该尝试找到对你和你所执教的运动员最有效的方法，并记住——每种情况都是独一无二的。

"保持专注并挺直身体！"

想象一下，在你身旁有一根水平拉伸的绳子，与你头部同高。在冲刺时保持专注并挺直身体，保持头部与绳子水平。

"敲击身后！"

想象你的前臂是锤子，然后用锤子敲击身后的墙壁。

"旋转地球！"

想象你在冲刺时用你的脚旋转地球。

最大速度训练

　　身体会适应逐渐加大的强度，这意味着如果你想跑得快，就必须进行高速训练。训练可以促进神经的启动，帮助运动员发展肌肉记忆（运动记忆），改善姿势，建立标志性姿势，并优化力量的产生，但训练不能替代最大速度冲刺。线性速度练习可以帮助运动员掌握有效冲刺所需的技术和正确姿势，并降低损伤风险，但最大速度冲刺有助于发展速度能力（假设你具备良好的姿势和力学知识）。在最大速度训练日，我们的策略是，从第 4 章介绍的主动动态热身训练发展到做两到三个特定于线性速度的锚点训练，然后进行特定于速度的应用训练，最后进行最大速度冲刺。下面是每种训练的一些示例。你可以在第 12 章的训练方案中找到更多信息。

手臂动作

　　调整身体，使其为跑步做好准备，包括注意手臂的动作，并帮助运动员感受到他们需要击中的地标。站在原地练习手臂动作是协调所需的动作的一个重要的基础锚点训练。

　　1. 站在原地，一侧手臂向前折叠，肘部保持相对 90 度，另一侧手臂向后摆出保持冲刺姿势（参见上图）。

　　2. 在数到"1"时，运动员的手臂进行一次剪式运动并保持这个姿势。一侧手臂向前伸展，另一侧手臂向后屈曲。肘部稍微放松一点也是可以的。运动员要时刻记得保持 90 度，并允许手臂按照自然路径和活动范围进行运动。每侧手臂重复完成几个动作，重复计数为 1-2、1-2-3 和 1-2-3-4。

　　3. 最后，以全力持续剪式摆动手臂大约 4 秒。

　　这个锚点训练的目的是：站在原地，专注于手臂定位，躯干姿势，训练肩部的核心，并保持髋部定位。重要的一点是，该训练是以精确的方式完成的。当你以最大速度冲刺时，这些动作会下意识地发生，而且速度非常快。最重要的是，运动员首先要缓慢而又准确地做这些动作。这就是通过锚点训练获得更快速度的方式。

卧姿腿部恢复

要快速地向地面施加巨大的作用力，就必须了解你的腿部和身体在恢复阶段的动作。卧姿腿部恢复训练有助于改善恢复阶段力学，并教会运动员如何有效地循环利用双腿，以便能够在恢复阶段向地面施加更多的力，而不会将腿摆动到身体后方太远的地方（会增加损伤风险并减缓运动员的速度）。这是一个很好的弹性启动训练，可以激活腘绳肌和腓肠肌。

1. 侧卧在地面上标记好的一条直线上，身体保持笔直（参见图 a）。

2. 使用上面的腿，尽可能快地将脚跟向上推至臀部，专注于折叠腿动作（参见图 b），并在同一连续动作中将膝盖抬起（参见图 c）。膝盖抬起，以屈膝和抬腿姿势暂停并保持一会儿。

3. 每侧重复进行 4 至 6 次练习。完成每侧的重复练习后，过渡到原地站立完成此练习。

爆发式弹跳

爆发式弹跳发展了运动员利用肌腱和筋膜系统的弹射效应的能力。踝关节、膝关节、髋关节、核心部位和肩关节强有力地伸展和屈曲，可以最大限度地产生力量。这个练习会触发肌腱和筋膜系统进行高强度的单腿负荷运动。

同侧竖脊肌

臀大肌

腓肠肌

股二头肌长头

a　　　b

激活的主要肌肉

摆动阶段（前腿腾空；对侧手臂）

- 肩关节（屈曲）：三角肌前部纤维、胸大肌上部纤维、喙肱肌
- 肘关节（屈曲）：肱二头肌、肱肌、肱桡肌
- 躯干（旋转）：同侧竖脊肌、对侧腹外斜肌、同侧腹内斜肌
- 髋关节（屈曲）：股直肌、髂肌、腰大肌、耻骨肌、阔筋膜张肌
- 膝关节（屈曲）：股二头肌短头和长头、半腱肌、半膜肌
- 踝关节（背屈）：胫骨前肌、蹬长伸肌、趾长伸肌

站立阶段（前腿着地并推离地面；后腿和对侧手臂如图所示）

- 肩关节（伸展）：背阔肌、大圆肌、肱三头肌长头、胸大肌下部纤维、三角肌后部纤维、冈下肌
- 肘关节（伸展）：肱三头肌、肘肌
- 躯干（旋转）：同侧竖脊肌、对侧腹外斜肌、同侧腹内斜肌
- 髋关节（屈曲至伸展）：臀大肌、股二头肌长头、半腱肌、半膜肌
- 膝关节（屈曲至伸展）：股直肌、股外侧肌、股内侧肌、股中间肌
- 踝关节（背屈至跖屈）：腓肠肌、比目鱼肌

1. 从一个缓慢而夸张的冲刺姿势开始（参见图 a）。

2. 支撑腿用力后蹬，同时将对侧腿的膝盖向前推，对侧手臂向后爆发用力（参见图 b）。

3. 落地后，立即爆发式跳起，进入下一个步伐，带动对侧手臂向后摆动。重复这种爆发式弹跳，同时努力在每一步中向水平方向跳跃得更远。这种爆发式弹跳动作类似于三级跳远运动员的动作。目标是在每次跳跃中尽可能地将重心向前移动。

4. 进行 4 至 6 组练习，在每组练习中前移 18 至 37 米。

直腿弹跳

直腿弹跳可以激活腘绳肌，并产生脚部离地所需的水平和垂直驱动力。保持腿部伸直和膝关节锁定，通过迫使腘绳肌（而不是四肢和臀肌）做更多的工作，可以激活和加强腘绳肌。

1. 挺直站立，双腿膝关节牢牢锁定。

2. 在向前移动时，以类似曳步的动作屈曲和伸展髋关节，并在每次跨步时慢慢增

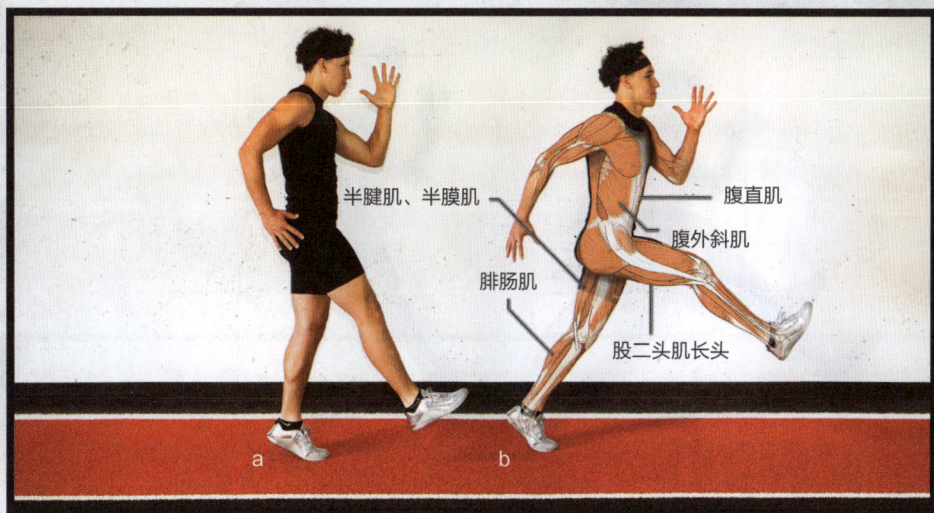

激活阶段（前腿腾空；对侧手臂）
半腱肌、半膜肌   腹直肌
腹外斜肌
腓肠肌
股二头肌长头
a   b

激活的主要肌肉

摆动阶段（前腿腾空；对侧手臂）
- 肩关节（屈曲）：三角肌前部纤维、胸大肌上部纤维、喙肱肌
- 肘关节（屈曲）：肱二头肌、肱肌、肱桡肌
- 躯干（等长屈曲）：腹直肌、竖脊肌、腹内斜肌、腹外斜肌
- 髋关节（屈曲）：股直肌、髂肌、腰大肌、耻骨肌、阔筋膜张肌
- 踝关节（背屈）：胫骨前肌、踇长伸肌、趾长伸肌

站立阶段（前腿着地并推离地面；后腿和对侧手臂如图所示）
- 肩关节（伸展）：背阔肌、大圆肌、肱三头肌长头、胸大肌下部纤维、三角肌后部纤维、冈下肌
- 肘关节（伸展）：肱三头肌、肘肌
- 躯干（等长屈曲）：腹直肌、竖脊肌、腹内斜肌、腹外斜肌
- 髋关节（屈曲至伸展）：臀大肌、股二头肌长头、半腱肌、半膜肌
- 踝关节（背屈至跖屈）：腓肠肌、比目鱼肌

加腿部离地发力的力度(参见图a、图b)。通过有力的前驱核心肌肉保持身体略微前倾，同时让手臂与腿同步，以最大限度地向地面施加力。通过加快锁定腿的触地来增加产生的力，从而增加到最大步幅。

3. 进行 4 组练习，每组练习跳跃 18 至 27 米。

碎步跑：低位、中位和高位

髋关节在腿部前侧的屈曲类似于玩悠悠球的动作。用力向下将腿落下，但快速将其拉回大多只需一次快速轻弹的时间。一个可以帮助运动员找到这项技能标志的很好的练习叫作碎步跑或骑自行车。碎步跑是基础性的短跑训练，根据运动员的需要，以圆形或椭圆形的方式进行较小范围的运动。碎步跑对于运动员学习正确的腿部循环和积极着地的方法，以及练习正确的姿势和头部对齐都非常有帮助。碎步跑还有助于通过滚动的脚部接触，提高腘绳肌的弹性和脚踝的活动范围。碎步跑分为 3 个基本水平：低位（脚踝水平）、中位（胫骨水平）和高位（膝盖水平），并有多种变化。可以逐

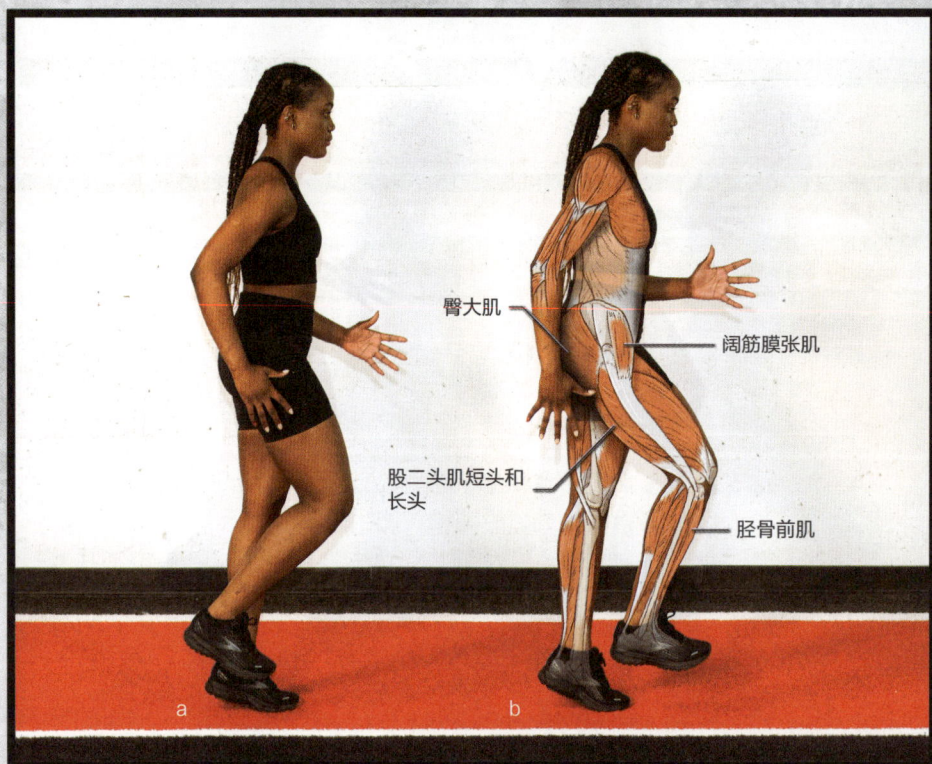

臀大肌

阔筋膜张肌

股二头肌短头和长头

胫骨前肌

a   b

激活的主要肌肉

摆动阶段（前腿腾空；对侧手臂）

- 肩关节（屈曲）：三角肌前部纤维、胸大肌上部纤维、喙肱肌
- 肘关节（屈曲）：肱二头肌、肱肌、肱桡肌
- 髋关节（屈曲）：股直肌、髂肌、腰大肌、耻骨肌、阔筋膜张肌
- 膝关节（屈曲）：股二头肌短头和长头、半腱肌、半膜肌
- 踝关节（背屈）：胫骨前肌、踇长伸肌、趾长伸肌

站立阶段（前腿着地并推离地面；后腿和对侧手臂如图所示）

- 肩关节（伸展）：背阔肌、大圆肌、肱三头肌长头、胸大肌下部纤维、三角肌后部纤维、冈下肌
- 肘关节（伸展）：肱三头肌、肘肌
- 髋关节（屈曲至伸展）：臀大肌、股二头肌长头、半腱肌、半膜肌
- 膝关节（屈曲至伸展）：股直肌、股外侧肌、股内侧肌、股中间肌
- 踝关节（背屈至跖屈）：腓肠肌、比目鱼肌

中等

渐加快速度来完成脚踝、胫骨和膝盖水平的碎步跑, 使身体为当天的冲刺训练做好准备。

1. 从直立姿势开始, 眼睛注视地平线。

2. 低位碎步跑时, 抬起一只脚至高过另一只脚的脚踝, 快速向前移动（参见图a）。对于其他级别的碎步跑, 例如中位碎步跑, 将通过小腿碎步跑, 而对于高位碎步跑, 将通过膝盖碎步跑——重点是水平发力。

3. 以围绕脚踝做圆周运动（同样, 中位碎步跑时围绕小腿做圆周运动, 高位碎步跑时围绕膝盖做圆周运动）的方式移动脚, 而不仅仅是上下运动。这种圆周运动也可以用更椭圆的形状来完成, 这样可以让膝盖稍微伸展（参见图b）。

4. 脚应该向下和向后循环, 首先使用整个脚或脚跟接触地面（具体取决于运动员的需要）。在这个练习中, 脚跟先着地会迫使脚踝进入背屈状态, 更有效地训练腘绳肌, 并帮助对齐腿部和脊柱, 以实现稳固的触地。

5. 在抬腿并开始下一次重复练习之前, 进行由脚跟至脚趾的滚动。

6. 在18至37米的距离内, 逐渐增加重复练习的速度和强度, 从步行到略慢于慢跑。

教练应确认运动员的姿势、脚或脚跟与地面接触的位置、节奏和头部位置都已调整好, 然后再让运动员进行冲刺。如果有问题, 应该在运动员进行高强度冲刺之前解决问题。此外, 重要的是, 这个练习是在整个脚掌, 从脚跟到脚尖与地面接触的情况下进行的, 因为你要确保激活后链, 让臀肌参与运动, 并按正确顺序激活肌肉。从后到前的脚部滚动触地, 有助于确保结缔组织和体液的液压机制可以分散力量。

下肢快爪

　　这个练习需要高水平的神经控制和协调能力，有助于运动员为冲刺形成适当的运动记忆。

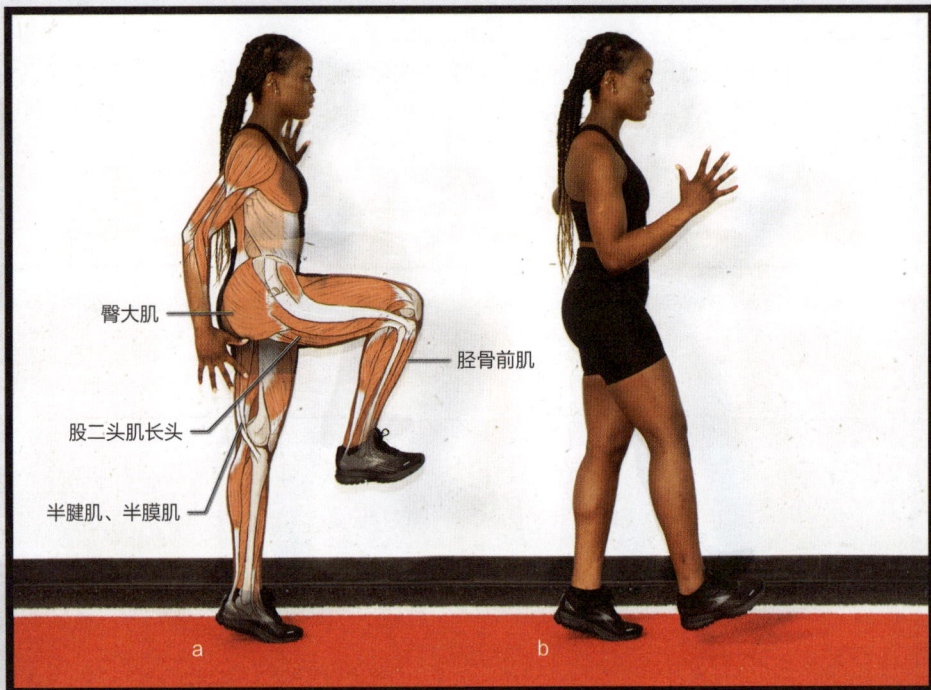

臀大肌

胫骨前肌

股二头肌长头

半腱肌、半膜肌

a

b

激活的主要肌肉

下落阶段（移动四肢）

- 肩关节（伸展）：背阔肌、大圆肌、肱三头肌长头、胸大肌下部纤维、三角肌后部纤维、冈下肌
- 肘关节（伸展）：肱三头肌、肘肌
- 髋关节（伸展）：臀大肌、股二头肌长头、半腱肌、半膜肌
- 膝关节（伸展）：股直肌、股外侧肌、股内侧肌、股中间肌
- 踝关节（背屈）：胫骨前肌、蹞长伸肌、趾长伸肌

上升阶段（移动四肢）

- 肩关节（屈曲）：三角肌前部纤维、胸大肌上部纤维、喙肱肌
- 肘关节（屈曲）：肱二头肌、肱肌、肱桡肌
- 髋关节（屈曲）：股直肌、髂肌、腰大肌、耻骨肌、阔筋膜张肌
- 膝关节（屈曲）：股二头肌短头和长头、半腱肌、半膜肌
- 踝关节（背屈）：胫骨前肌、蹞长伸肌、趾长伸肌

1. 站在墙边，伸展靠墙的手臂，将手按在墙上，以便为身体提供支撑。用内侧腿支撑身体，重心放在脚掌上，在整个练习过程中挤压臀部。在第一次做这个练习时，将外侧手放在臀部上。在能够熟练完成下肢快爪练习后，增加手臂的动作。

2. 将外侧腿抬高至髋关节屈曲 90 度，膝关节屈曲，使脚与膝关节垂直对齐（参见图 a）。在整个训练过程中，重点是最大限度地保持背屈。

3. 将脚向下并稍微向前推。当脚下降到小腿上部三分之二处时，向后拉，就像用脚抓住地面一样（参见图 b）。注意应该用脚掌轻轻接触地面。

4. 接触地面后，大腿和小腿应折叠恢复到起始姿势。

5. 每侧进行 1 至 6 组练习，每组练习重复 3 次。

基础

进出式冲刺

　　进出式冲刺也被称为漂浮冲刺，可以教导运动员如何在高速运动下保持放松，以及如何在冲刺时改变速度。在这个训练中，你需要使用几个锥桶，一个放在起跑线上，其他的每 10 米放置一个（从 20 米处开始放）。让运动员在锥桶之间以不同的努力程度交替进行冲刺。为了增加强度，你可以将冲刺锥桶的间距调整为 15 或 20 米（同时保持每 10 米的漂浮距离）。

　　站在起跑线上，做好准备，以最快的速度冲刺到 20 米处，即第一进场区。在 20 米和 30 米的锥桶之间，即第一出场区，保持漂浮的节奏，放松手臂，运动员既不需要刻意减速也不需要刻意加速（可以将它想象为滑行）。在 30 米和 40 米的锥桶之间（第二进场区）尽可能快地冲刺，然后在 40 米和 50 米的锥桶之间（第二出场区）保持漂浮节奏（参见下图）。继续交替进行最大速度冲刺和漂浮，直到到达 60 米标志处，然后慢慢减速完成最后 30 米。在两次重复练习之间，以缓慢步行的方式进行恢复。进行 3 组练习，两组练习之间稍作休息。该练习有两个目标：（1）在不减速的情况下，轻松完成出场区部分的运动；（2）在进场区域，在不积累乳酸的情况下，至少要付出 90% 的努力。这是一项速度训练，而不是耐力训练。

过顶举棍训练

过顶举棍训练侧重于臀部与躯干联合体的姿势定位。这项练习有助于运动员对齐臀部和躯干从而增大地面反作用力。该练习还能训练躯干抵抗造成能量损耗的过度旋转。这使得肩部可以在矢状面向手臂施加更大的作用力，从而有效地通过筋膜将力量传递到臀部，最终向地面施加更大的力。

1. 挺直站立，将一根棍子举过头顶，肘部锁定，试图将棍子拉开。使用比肩更宽的握距，有经验的运动员可以通过缩短握距来增加挑战性。

2. 保持髋部向前的挺直站立姿势，然后开始跑步，就像你在进行军步跑一样。

3. 确保棍子与地面平行，避免棍子左右移动和横向旋转。

4. 进行 4 至 6 组练习，每组练习移动 18 至 37 米。

三柱门训练

中
等

　　三柱门训练是一项有价值的最大速度应用训练,应该被纳入每个教练的工具箱中。三柱门训练可以帮助运动员(和教练)自然地识别和解决许多阻碍最大速度力学的常见姿势功能障碍。三柱门训练最初由美国大学体育协会精英短跑和跨栏教练文斯·安德森(Vince Anderson)开发,使用小型"香蕉栏"(或锥桶)作为障碍,设置了一个渐进的间距模式,迫使运动员通过自行做出直立冲刺姿势和动作。运动员在最初加速后最常犯的两种最大速度冲刺错误是:小腿向外伸(这会导致过度的制动脉冲)和过度向后摆动(脚踢臀部等),导致步伐落在重心前面太远的地方。三柱门训练可以帮助运动员学习如何通过良好的前侧力学和膝盖抬高来保持姿势挺拔和骨盆中立。该训练还可以帮助运动员学会如何向下发力,用脚在重心下方冲击地面,并在每一步中把臀部向前推(参见下图)。

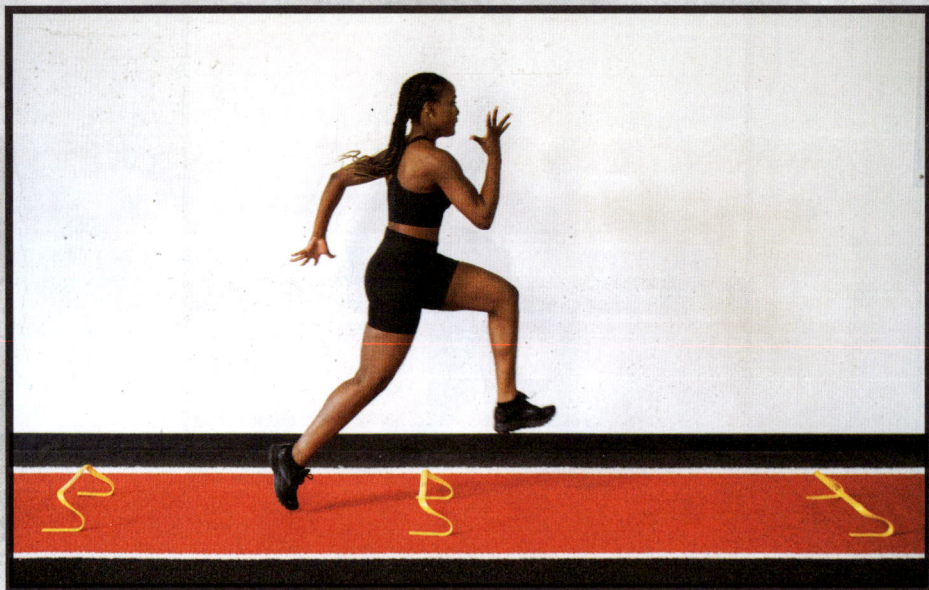

设置三柱门训练的关键是调整三柱门的间距——这有多个变量，具体采用哪个变量受运动员和场地表面等因素影响。我将在此提供一些基本指南，但每个教练都希望根据他们所训练的各个运动员的具体情况，采用不同的间距。三柱门训练的目标间距取决于运动员的最大有效步幅，随着运动员速度的加快，间距也会逐渐增加。最初设置还受运动员的技能水平、训练年龄等因素影响。一个好的方法是从间距的目标基线开始，并通过观察运动员在该间距下的表现进行相应调整。以下是一些一般准则。

• 男性运动员的初始间距略低于 2 米，女性运动员的初始间距为 1.5 米。

• 在三柱门区域之前的 6 个加速步开始，然后以渐进式的间距设置 10 到 21 个三柱门区。

• 理想情况下，运动员应该落在 I 区的中间位置（在 1 号和 2 号三柱门之间）。以这个第一区域为基线，用粉笔、矮锥桶或码（或米）棒标记 6 个跑入加速步。这些加速步应从第一个三柱门区域的中间开始向后计数和标记，每个加速步减少 8 厘米左右，然后向后到起始三柱门。运动员应踩中加速跑入的每个标记，同时确保每只脚都在臀部下方的每个相应位置击地。这将使他们处于踩中第一个三柱门区域中心的最佳位置。常采用以下间距参数。

» II 区（第 2 和第 3 三柱门区域）：间距与 I 区相同。

» III 区（第 3 和第 4 三柱门区域）：间距比 I 区增加 5 厘米。

» IV 区至 VI 区（第 4 和第 5、第 5 和第 6、第 6 和第 7 三柱门区域）：
间距再增加 5 厘米。

» VII 区及以后：对于每组 3 个三柱门区域，间距增加 5 厘米。

可以使用一些创造性的进阶动作和变式，包括以 20 到 30 米的冲刺结束三柱门部分，以加强肌肉记忆。你还可以让运动员在头顶上举一根木棍或 PVC 管，以感受正确的直立冲刺姿势。这就是执教艺术发挥作用的地方。

中等

最大速度冲刺

其他训练对运动员产生的刺激几乎都比不上运动员必须全力以赴的最大速度冲刺。有针对性的训练可以帮助运动员变得更强壮，并形成正确的形态，但如果没有定期进行全速冲刺，最大速度的增益效果将会微乎其微。在某些时候，运动员必须飞奔——而且运动员需要定期处于飞奔状态，以发展必要的神经和组织适应能力，从而达到最大速度。关键是首先要学习正确的技术，以最大限度地降低损伤风险，并提高速度。

正如我已经提到的，运动员必须始终如一地进行高强度练习。如果教练偶尔让运动员进行高强度冲刺训练，则只会招致伤害。根据丹·普法夫的说法，一个好的策略是将高强度冲刺训练加入其他训练中，每周让运动员做几次微量训练。这意味着，在小型比赛中，理想情况下是在运动员热身但不感到疲惫时进行高强度冲刺训练。这使得运动员可以定期达到最大强度，而不会在任何特定的训练中过度疲劳。帕里西速度学校每周至少进行一次专门的最大速度训练。以下是最大速度冲刺训练的一些指导方针。

• 冲刺训练的强度应该以运动员以 95% 或以上的努力水平完成训练为宜，在冲刺之间进行充分的休息，以避免让冲刺训练变成耐力训练。让运动员在每次努力后走回起跑线，这有助于建立自然的休息周期。

• 正如肯·克拉克指出的那样，直立冲刺力学在至少 20 米的距离才是有效的，这意味着团队运动项目运动员的最大速度训练应在 30 至 60 米的距离内进行。

• 微量训练意味着使用最少量的高质量训练来持续推动适应性。这种微量训练基于运动员的高度个性化。同样，这也是执教艺术发挥其作用的地方。

• 直立冲刺的关键是用超级刚度的足踝复合体进行一系列强有力的地面冲击。地面冲击应该来自上方，用一个流畅的弹性鞭打动作，在臀部下方冲击地面，但不要屈服于重力。重力是宇宙中最强大的力量，所以在你一遍又一遍地用脚冲击地面时，想一想重力。

• 当直立冲刺时，运动员应该挺直身体跑步，头部与中立的髋部垂直对齐，肩部向后和向下，胸部挺直。当大腿到达前摆的顶端时，应该几乎与地面平行。双手应该放松并打开，手臂从脸部摆动到臀部。

• 神经系统和所有人体运动都是任务驱动的。为了让运动员获得最佳的冲刺表现，我发现让他们与时间赛跑或相互赛跑非常有用（假设他们的技术水平相似——如果不是，你可以让跑得更快的运动员从更远的起跑线开始起跑）。

高级

休息是最大速度发展中最重要但最不受重视的因素之一。冲刺会让新陈代谢系统和神经系统都非常紧张。当运动员达到一定的疲劳程度时，他们的动作就会变得马虎，产生运动功能障碍。这会增加损伤的风险，并降低运动员的技术精进程度。此外，身体的能量系统和筋膜系统需要一定的休息才能恢复。这使得将休息周期纳入训练回合与在训练回合之间设计休息和恢复周期同样重要。在将休息周期纳入最大速度训练时，一个好的基准是每冲刺 10 米就进行 30 至 60 秒的休息。例如，在进行 40 米冲刺后，应休息 2 至 4 分钟（或更长时间）——最好伴随着一些低强度的运动，以保持组织处于温暖状态，并使体液通过筋膜、淋巴和循环系统进行泵送。最后，在两次训练之间有充足的休息时间，还要注意保持健康的运动、饮食和睡眠习惯，这些因素的重要性怎么强调都不过分。有策略地在训练和比赛之间设计休息和恢复周期，可以产生显著的速度效益，因为它们为弹性结缔组织和其他系统提供了宝贵的时间用于重塑和发展。机械传导是一个缓慢的过程，而筋膜需要比肌肉更长的时间来发展。记住：变得更快需要时间。

第8章

减速

速度发展是一个充满许多悖论的领域。其中最违反直觉的是，减速能力是速度和敏捷性的关键。当大多数人谈论速度训练时，他们首先考虑的是提高加速度、最大速度和跑步技能水平。但是，能够快速停下来并安全地控制你的动量和重心，对于大多数场地和球场运动中涉及的高速切步、突进和变向都是至关重要的。如果你将两辆赛车放在一条赛道上，两辆车驾驶员的驾驶水平相同并有完全相同的引擎与悬挂系统，但其中一辆赛车的刹车性能明显更好，那么刹车性能更好的赛车将轻松获胜。这是因为这辆车的驾驶员能够以更高的精度和更快的速度驶入和驶出弯道。同样的原理也适用于体育运动。停止速度和冲刺速度一样重要。

神经肌肉协调和离心力量

正确的减速技术和坚实的离心力量基础在损伤恢复方面发挥着巨大的作用。美国平均每年有超过 10 万例前交叉韧带损伤（Musahl and Karlsson，2019）。研究表明，80% 以上的前交叉韧带损伤发生在有负荷的非接触性动作中——例如，跳跃落地或跑步时突然减速（Shimokochi and Shultz，2008）。我相信，在许多情况下，患有这类损伤的运动员要么神经肌肉协调能力不够，以至于无法平稳、可控地减速，要么缺乏离心力量来稳定膝关节和核心。正如我在开篇中所提到的，减速时运动员所产生的制动力可能是其体重的两倍。这意味着离心力量和前链力量在安全减速中发挥着巨大的作用。每一位运动员都可以通过训练提升减速（就像加速和最大速度一样）技能。

虽然减速训练对一些教练来说可能是一个新概念，但减速训练一直是帕里西速度学校的基础训练。事实上，早在1999年，我们就是专注于减速训练方法的发起者之一。当时，马丁·鲁尼，现在是"勇士训练"的创始人兼首席执行官，也是一位畅销书作家，他在职业生涯的早期就加入了我们，成了一名物理治疗师。鲁尼带头进行了许多研究并开发了许多训练，我们用这些研究和训练制作了一系列关于这个主题的视频。作为一名专注于帮助高水平运动员从软组织损伤（其中许多是前十字韧带损伤）中恢复的专业物理治疗师，鲁尼明白离心力量和在三个运动平面上控制动量的能力对于运动表现和预防损伤是多么重要。此外，它们是多向速度和敏捷性的基础技能。在对运动员进行多向（切步、突进、反向）速度和敏捷性（对外部刺激做出快速反应）训练之前，他们必须拥有坚实的离心力量基础，并掌握一定的减速技术。否则，他们会面临损伤的风险。这就是常以减速训练开启多向速度训练的原因。在进行变向速度训练和敏捷性训练之前，通过锚点训练和应用训练对运动员进行微量减速训练，可以使运动员对其身体位置、姿势和运动素质有更好的神经肌肉意识。拥有深厚的内在意识、本体感知意识和反应速度对于降低损伤风险，同时达到最佳表现至关重要。

谈到形态，我们在帕里西速度学校的孩子们身上最常见到的减速错误之一是：在减速时重心过高，离他们的支撑点太远，而且他们是平脚落地的。这会导致他们的身体非常不平衡。他们的膝关节是直的，因为他们的腿是直的——如果跑步路面有凹陷或硬度变化，就会造成非接触性前交叉韧带损伤。

在有控制的减速中，需要降低重心，让双脚位于重心前面，这样运动员才能快速控制自己的动量，并将与地面接触的力量均匀地分散到身体的整个减震系统上（参见图8.1）。手臂通过抵消髋关节、膝关节和踝关节屈曲所产生的制动力来帮助保持重心平衡。双脚应该在脚踝跖屈的情况下，用脚的前部与地面接触。事实上，博登及其同事进行的研究（2009）的视频分析显示，出现前交叉韧带断裂的受试者在最初接触地面时，要么是平脚着地，要么是脚跟着地。相反，在做类似动作时注意避免前交叉韧带断裂的对照受试者更多时候是在脚踝跖屈的情况下用脚掌着地。部分原因是腓肠肌 – 比目鱼肌复合体和小腿肌腱在吸收地面反作用力方面发挥着重要作用。在脚踝跖屈的情况下用脚掌与地面接触，可以使小腿在力量到达膝盖之前更有效地吸收和分配

图 8.1　减速的关键是降低重心，让脚位于重心前面，这样运动员就可以快速控制自己的动量

它们。在大多数竞争性运动中，运动员减速后会立即朝不同方向做爆发性运动。这意味着运动员希望通过将动能加载到地面来利用弹性组织中的动能。这样做可以让运动员在拉长－缩短周期中利用这种动能实现动态反冲。这就是更好的减速与更快的变向和更快的比赛速度之间的关系。

针对减速的离心力量训练

坚实的离心力量基础是良好制动的第一要素。这意味着减速训练应该从举重训练开始。当大多数运动员进入健身房时，他们往往有这样一种心态：他们正在努力发展他们的引擎，增加他们的马力。因此，他们非常关注向心肌肉收缩。肌肉和筋膜系统以三种方式发挥作用：以向心方式促进爆发性加速，以等长方式提供稳定性，以及以离心方式实现减速。当场地或球场上的运动员突然停下来，绕过对手，在不同的方向上重新加速时，他们会离心减速，等长稳定以进行旋转，并在再次重新加速时以向心方式爆发。这意味着三种类型的肌肉收缩几乎可以用于所有运动模式中，因此，必须采取平衡的方法进行力量训练，重点放在三种类型的肌肉收缩上。用负重的矢状面运动给组织施加负荷，例如深蹲和硬拉，有助于强健肌肉、韧带和肌腱。但是，运动员往往会过多地关注举起负荷所需的向心力，而没有将足够的注意力集中在放下负荷的离心控制上。

矛盾的是，通过训练身体各组织以离心方式控制负荷，运动员可以发展更能抵抗损伤的组织，同时使它们以最终使运动员更快的方式吸收力量。这正是举重的下降阶段如此重要的原因。在举重室里，运动员要密切关注举重的离心下降阶段，并有控制地缓慢完成该阶段，而不是急于完成此阶段以进行下一个重复练习。这可以加长运动员处于收缩状态下的时间，并使运动员从举重中获得最大的离心收益。一个好的方法是花三秒降低负重，在底部停顿一秒，然后在下一次举起时再次以向心方式向上爆发用力。放慢速度并真正关注正在发生的事情，将有助于促进更多的神经系统募集、提升技术能力和增强肌肉募集——这有利于运动员达到更高的运动和控制效率。

臀大肌的纤维向下延伸并远离髂嵴和骶骨，到达股骨和髂胫束。股四头肌、腘绳肌和核心肌群一起工作，它们与髋部复合体的肌肉共同构成了身体制动系统的重要部分（参见图8.2）。当腿着地时，它通过髋关节的屈曲、内收和内旋的组合来控制力量。这些综合结构中的离心力量对于跑步、制动、落地和变向时保持髋部、膝盖和踝关节的稳定性至关重要。离心运动（如北欧式腿弯举）已被证明可以增加肌肉中串联排列的肌节数量，提高肌肉在伸长状态下的力量，使筋膜系统能够更好地抵抗减速期间所承受的强大力量。

控制性多平面减速

在你让运动员进行固有的涉及不稳定姿势的变向运动之前，至关重要的是，运动员必须能够证明他们有能力精确控制动量，并在三个运动平面上以可控方式减速。在矢状面减速是最容易的，因为运动员的身体可以更有效地使用髋部和膝部的较大制动肌肉，如臀大肌和股四头肌。但竞技比赛运动通常涉及矢状面、额状面和水平面的多维混合，在这种情况下，减速后往往紧跟着不同方向的爆发性运动。如果我们教会身体如何使用正确的减速技术以多维方式向地面施加作用力，那么动能可以通过短暂的拉伸瞬间，储存到肌腱、肌肉和筋膜中，然后用于快速反冲，以最小的代谢成本提供快速变向的运动优势。发展多维形态的稳定性和在三个运动平面上控制动量的能力，对于提升多向比赛速度和损伤恢复能力都非常重要。使用次最大负荷的负重运动训练和练习（如使用药球、壶铃或 ViPR PRO 的练习），对于发展多平面减速控制和形态稳定性非常有益。我打电话给运动研究所的创始人兼 ViPR PRO 的开发者米科尔·达尔科特，以了解他对教授如何利用负重运动训练和练习帮助运动员提升三维减速能力的看法。达尔科特是这样说的。

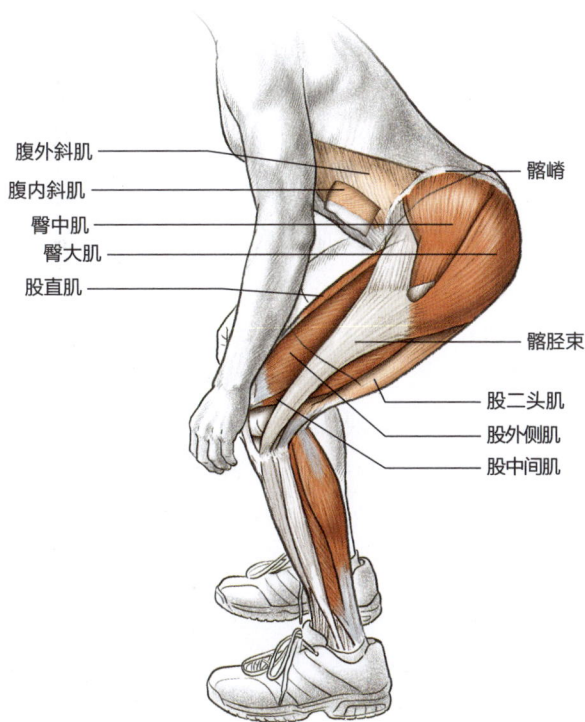

腹外斜肌
腹内斜肌
臀中肌
臀大肌
股直肌
髂嵴
髂胫束
股二头肌
股外侧肌
股中间肌

图 8.2 股四头肌、腘绳肌、核心肌群和髋部复合体的肌肉是身体制动系统的基础

"减速与反应有关。身体各系统受到动量、重力和地面反作用力等外力的作用。因此，当我们考虑采用减速训练时，最好先看看神经系统，因为神经系统需要感知正在发生的事情，然后立即制定最佳的运动决策。它必须迅速确定膝盖的走向、脚踝的走向，以及你的身体质量相对于你的脚的走向。然后，它必须减缓这些运动，并转换能量。让神经系统具有这种敏锐的能力是一种在神经学上更先进的学习技能。因此，你可能真的想让运动员（尤其是需要多向速度的运动员）在三维环境中接触到这种感官信息。"

这意味着，除了训练肌肉骨骼系统以发展离心力量外，你还需要发展运动记忆（即肌肉记忆），以便身体在无意识的情况下对外界刺激做出精确反应。这种无意识地提高协调性的能力被称为自动性，即在无意识的情况下，以一定的速度和准确性执行某个动作或一系列动作的能力，同时有意识地参与其他大脑功能，例如在传球路线上发现空位，或者在独轮车上玩火把时讲一个笑话。可以通过大量的练习和重复，实现精细运动技能的自动化。这方面的一个简单示例是学习弹钢琴。起初，你专注于学习音符。此时你演奏的音乐是没有感情的，让人感到沉闷。不过，通过足够多的练习，你就会不再只关注音符，而是开始带着细微的差别和情感来演奏音乐。最终，你可以在与人谈话或即兴创作歌词时毫不费力地演奏整首曲子。

学习减速的过程也是一样的。为了实现自动性，你需要为所需的技能编写所需的运动记忆，以便利用 SNS 的 γ 环路反应性和自动地激活肌肉。正如第 2 章中所述，SNS 由位于肌梭内的感觉神经（传入神经）和运动神经（传出神经）组成。传入神经将传入的感觉传递给中枢神经系统，而传出神经则发出肌肉收缩命令作为响应。这些神经对肌肉长度的变化（基于拉伸的程度和速度）做出反应，然后由融合运动神经元进行调整。γ 环路是脊髓和周围肌肉之间的通信通路，在有意识的大脑介入之前，它加快了肌肉对外部刺激的反应。例如，如果你在球场上冲刺时踩到了一个坑，等这个信号传到你的大脑以让你做出反应来防止脚踝扭伤时，已为时太晚。

相反，γ 环路使信号可以从脚踝的外周感觉组织传到脊髓，然后在本体感觉和反应的快速反射弧中再次返回。研究表明，筋膜系统及其众多的本体感受器在这种现象中也发挥着重要作用。根据罗伯特·施莱普（Robert Schleip）的研究（2017），筋膜组织中的本体感受器比肌肉组织多 10 倍，越来越多的证据表明，膝盖的本体感受器可以直接向髋部发送信号，而髋部可以利用全身筋膜网直接与膝盖交流。换句话说，信号甚至不需要到达脊髓。这很重要，因为我们现在了解到，除了提供形态稳定性和力学支持外，筋膜系统还是一个重要的感觉器官，它提供了一个感觉信息网络。该网络直接与神经系统（以及其他系统）通信，以对刺激做出快速响应。因此，经过更多训练的、优化的和健康的筋膜组织，可以更好地协助神经系统进行精确的、高性能的运动。神经系统减速训练背后的理念是，教会身体无意识地从全身本体感受器（包括筋膜组织中的感受器、关节本体感受器和其他感受器）收集大量信息，这样身体就能以一种自动但高度协调的方式做出响应。

达尔科特说："将减速训练三维化，并不只是因为它是一种新的时尚，还因为我们希望以正确的方式和正确的运动量让身体系统接受各种输入，这样它就能随着时间的推移做出响应和适应。然后，随着身体的逐渐适应，我们可以添加更复杂的输入，有针对性地进行退阶和进阶训练，促使它继续响应和适应，直到它提供超量恢复。如果教练能以正确的运动量帮助运动员做到这一点，那么运动员的水平最终会变得非常高（相对而言）。因为我们已经挑战了他们，使他们能够在有反应、有方向变化、有切步运动和驱动力的环境中苦壮成长。当你从事一项运动时，你的认知在你的身体之外。你的认知沉浸在比赛中。我们想要强健身体，以便在冲击地面时，将地面反作用力作为一种动力脉冲能量储存在体内，然后将其用于转换。以这种方式训练可以降低损伤风险，优化组织的生物特性。因为当我们教运动员如何正确向地面施加作用力时，可以给这些组织带来益处。"

达尔科特主张使用四步法进行三维减速训练，从仅在矢状面利用体重进行训练，发展到在多个平面上使用次最大负荷训练，具体方法如下。

先以线性方式利用自重进行训练。在通过自重训练培养出一定水平的能力后，可在多个平面上利用自重进行训练，这称为无负荷多平面训练。在多平面的环境中，逐渐演进到线性的、基于负荷的减速训练，做一些像负重深蹲和基本深度减速练习之类的训练。在这些训练中，运动员只是从一个挺直站立姿势进入负重深蹲姿势，在蹲下来的时候，应该进行减速。因此，运动员可以真正掌握这种动量控制。你还可以让运动员做我们称为"预置负荷"的动作，即用双手将 ViPR PRO 或其他重物放在身体的一侧。一切都应该是对称的，运动员直视前方，双臂在身体的一侧拿着重物。运动员从踮起脚尖开始，然后迅速落到地上，并尽可能快地稳定住自己。就运动员的膝盖、髋部和肩膀的动作而言，这仍然是一个线性运动，但重物不对称，这使得一侧组织的负荷大于另一侧。基本上，此时运动员已经开始对压力输入进行三角定位了。

完成上述训练后将进行多平面负重减速训练，即运动员带着负重冲击地面，并尝试在不同的方向上进行减速。从在线性环境中利用自重训练到在多平面环境中利用自重训练，再到在线性环境中增加负荷，然后在多平面环境中进行负重训练，这分为 4 个步骤的训练过程将逐渐强化组织。在减速时，我们通过筋膜网络传递力线，这意味着这些力线会被放大。这将促使筋膜沿着这些应力线变形和去极化，并根据这些负荷的大小和方向重塑细胞外基质中的胶原蛋白、弹性蛋白和其他蛋白质纤维，以强健身体。当身体对这些输入做出反应，并随着时间的推移利用机械传导过程进行重塑时，它将以多方向的方式引导组织适应。从本质上讲，在预测性训练环境中，我们利用负荷的大小和方向来告诉结构哪些地方需要重塑以及如何重塑。因此，当涉及像专项运动这样不可预测的环境时，运动员将拥有更强的能力，身体可以自动以正确的方式对动量、重力和地面反作用力做出反应。

减速训练

对于减速训练，帕里西的策略是从基本的锚点训练开始，以保持正确的身体姿势（就像最大速度训练一样）。目标是帮助运动员在前一章所学的所有姿势的基础上再接再厉，这些姿势包括正确的直立姿势，保持髋部中立，以及保持腰椎、胸椎和肩带中立的姿势。这些运动姿势原理也适用于减速和敏捷性训练。诚然，当你在竞技环境中进行减速和变向时，不可避免地会扭动身体并无法保持正确的姿势，从而使脊柱处于更容易损伤的姿势。这就是我们在运动时所承担的部分风险。但当在受控环境中训练时，我们希望保持良好的脊柱姿势。在比赛中，你可能会摆脱这些姿势，因为这项运动要求你这样做。

在考虑姿势的时候，你要做的是进入一个运动型"后卫姿势"，膝关节屈曲，臀部向后，重心放在脚掌上，脊柱保持中立，肩膀向下和向后缩回，胸部挺直。我们希望运动员能够真正理解并掌握这个姿势。在这个姿势中，经常被忽视的元素之一是肩带和肩部的位置。很多时候，运动员没有考虑到他们的肩膀。他们没有收缩菱形肌、三角肌后部纤维或背阔肌。他们并没有主动把肩膀往后拉。但肩膀和肩带对于帮助保持脊柱对齐和产生力量非常重要，因为在脊柱没有对齐时，运动员控制和发力的能力将受到限制。同样，像传球或绕过对手控制足球这样的动作会使运动员扭曲身体，此时就是事情发生变化的时候。但在训练时，你要激活关键的肌群，并帮助身体了解最佳的运动准备姿势是什么样的。

后文提供了减速应用训练，帮助运动员发展神经肌肉协调能力，并在更像比赛的条件下练习控制自己的动量。这些训练包括侧滑步等（可以在第 12 章的练习方案中找到它们）。由于减速是变向运动的第一步，因此这些训练非常适合在多向速度训练日开始时进行。

速降训练

通常，帕里西速度学校教授的第一个减速锚点训练是速降训练。速降训练加强了正确的定位，有助于运动员理解减速力学。

基础

激活的主要肌肉

下落阶段

- 肩关节（伸展）：背阔肌、大圆肌、肱三头肌长头、胸大肌下部纤维、三角肌后部纤维、冈下肌
- 髋关节（屈曲）：臀大肌、股二头肌长头、半腱肌、半膜肌
- 膝关节（屈曲）：股二头肌短头和长头、半腱肌、半膜肌
- 踝关节（背屈）：腓肠肌、比目鱼肌

1. 用脚掌站立，保持躯干挺直，双手举过头顶（参见图 a）。

2. 通过屈曲髋关节、膝关节和踝关节，将躯干和手臂向下扣压（加速），形成运动型后卫的姿势，然后减速并保持该姿势（参见图 b）。肩膀应在膝盖上方，膝盖在脚踝上方。保持脊柱中立，肩部后缩。

3. 重复进行 6 到 8 次练习。

纵跳训练

　　完成速降训练之后可进行纵跳训练。纵跳训练在大多数训练方案中都很常见，但教练们往往对以平稳、运动的方式着地来优化力量吸收的重要性不够重视。在纵跳训练和减速训练中，教练真正要关注的是运动员的离心负荷和落地控制。关键是运动员要学习如何吸收力量并将其作用到地面上。

三角肌前部纤维
胸大肌上部纤维
股直肌
股中间肌
股外侧肌

a   b

激活的主要肌肉

跳跃阶段

- 肩关节（屈曲）：三角肌前部纤维、胸大肌上部纤维、喙肱肌
- 髋关节（伸展）：臀大肌、股二头肌长头、半腱肌、半膜肌
- 膝关节（伸展）：股直肌、股外侧肌、股内侧肌、股中间肌
- 踝关节（跖屈）：腓肠肌、比目鱼肌

基础

1. 以速降（运动型后卫姿势）姿势开始，屈曲髋关节、膝关节和踝关节，双臂向后伸展。肩膀应该位于膝盖上方，体重均匀分布在双脚上（参见图 a）。

2. 向上爆发进行垂直纵跳，通过整个脚掌向下蹬地，在伸展髋关节、膝关节和踝关节的同时，将手臂向上摆过头顶（参见图 b）。

3. 当身体处于腾空状态时，将关注点放在用脚掌完成的轻柔的、运动性的着地动作上，脚踝跖屈，同时通过屈曲髋关节、膝关节和踝关节来吸收力量。胸部应在膝盖上方，臀部向下和向后。注意力集中在动量控制上。运动能力越强，就能跳得越高，通过身体传递的力量就越大，也就意味着需要吸收的力量就越多。该训练的目标是以一种轻盈的、运动的方式，有控制地吸收力量（而不是直接朝下猛撞）。

4. 重复进行 6 到 8 次练习。

推式弓步

　　在减速训练中，一个更高级的训练是推式弓步。当运动员准备做前弓步或侧弓步时，教练或搭档从后面或侧面推运动员（推动方向取决于弓步方向）。显然，教练需要适当测量推力的大小，以确保运动员的安全，但该练习的目的是提供一种运动员必须通过离心控制来克服的额外力量。这是一个高级的锚点训练，可以帮助运动员感受控制性减速所需的力量。

中等

a

b

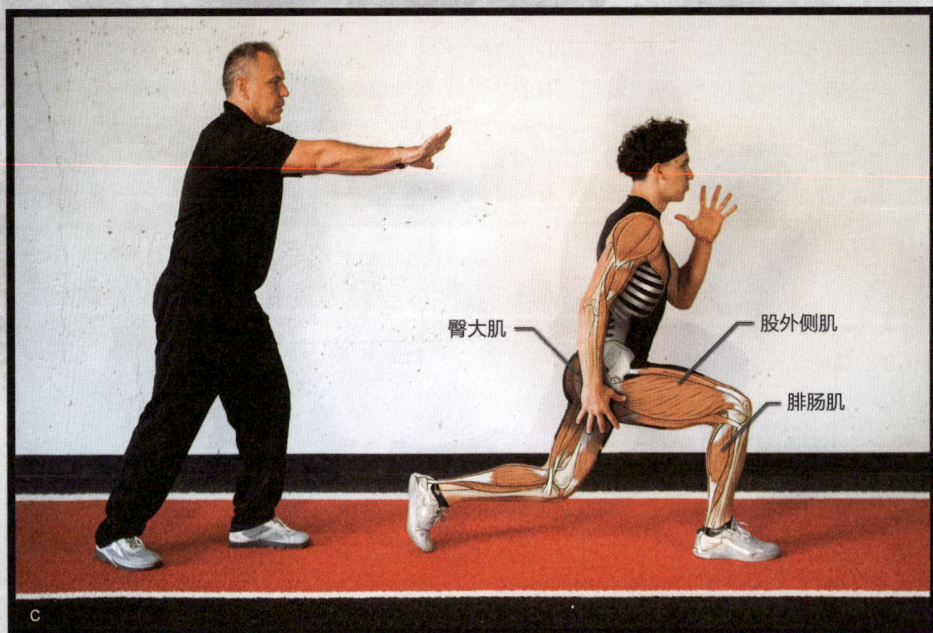

臀大肌　　股外侧肌

腓肠肌

c

激活的主要肌肉

落地阶段（前脚着地；对侧手臂在身体前面）

- 肩关节（屈曲）：三角肌前部纤维、胸大肌上部纤维、喙肱肌
- 肘关节（屈曲）：肱二头肌、肱肌、肱桡肌
- 髋关节（屈曲）：臀大肌、股二头肌长头、半腱肌、半膜肌
- 膝关节（屈曲）：股直肌、股外侧肌、股内侧肌、股中间肌
- 踝关节（背屈）：腓肠肌、比目鱼肌

中等

1. 教练或搭档站在你身后，双手放在上背部中间（参见图 a）。

2. 当以跑步姿势抬起一条腿时，搭档会从后面推你，并全程跟进（参见图 b）。

3. 身体向前形成弓步，以分腿减速（弓步）姿势落地，控制增加的推力，同时通过屈曲踝关节、膝关节、髋关节和核心部位来适当地减速和吸收力量（参见图 c）。

4. 保持弓步姿势几秒，然后回到起始姿势。

5. 两侧（分别以左腿和右腿为主导）重复进行 4 至 6 次练习。

推式弓步也可以使用侧弓步完成，搭档或教练站在旁边，（轻轻地）把一只脚踝放在你的一只脚上（他们站在该脚的同侧），并将手放在你的肩膀上。当你以跑步姿势抬起另一只脚时，搭档将你推向一边，这时你可以通过侧弓步吸收力量，保持侧弓步姿势一拍的时间，然后回到起始姿势。

旋转板翘

旋转板翘是众多多平面负重减速训练中的一种，可以帮助运动员学会动态地将力量作用到地面上，并学会如何在三个运动平面上控制动量。运动员可以使用 ViPR PRO 或其他次最大负荷工具来完成此训练。

在做旋转板翘训练时，运动员的脊柱不能弯曲或旋转，这一点很重要。他们应该保持脊柱高挺，在任何减速点都不能产生节段性脊柱旋转。该训练的目的是训练组织和神经系统在多平面环境中利用动量和捕捉能量。

三角肌前部纤维

同侧竖脊肌

臀大肌

腓肠肌

激活的主要肌肉

摆动阶段

- 肩关节（上手，对角内收）：胸大肌上部纤维、胸大肌下部纤维、喙肱肌、三角肌前部纤维
- 肩关节（下手，对角外展）：三角肌后部纤维、冈下肌、小圆肌
- 躯干（旋转）：同侧竖脊肌、对侧腹外斜肌、同侧腹内斜肌
- 髋关节（伸展）：臀大肌、股二头肌长头、半腱肌、半膜肌
- 膝关节（伸展）：股直肌、股外侧肌、股内侧肌、股中间肌
- 踝关节（跖屈）：腓肠肌、比目鱼肌

落地阶段

- 髋关节（屈曲）：臀大肌、股二头肌长头、半腱肌、半膜肌
- 膝关节（屈曲）：股直肌、股外侧肌、股内侧肌、股中间肌
- 踝关节（背屈）：腓肠肌、比目鱼肌

中等

1. 以蹲姿开始，用握铲子的姿势握住 ViPR PRO 或类似的负荷装置（参见图 a）。

2. 跳跃并旋转 90 度形成弓步的同时，快速有力地将 ViPR PRO 爆发式地抬高至一端高于肩膀（参见图 b）。移动 ViPR PRO，就像用铲东西的动作把泥土强行抛过肩膀一样，然后向上移动。

3. 在不弯曲脊柱的情况下吸收冲击地面的力量时，要控制好负荷，然后回到起始姿势。

4. 每侧重复进行 6 至 8 次练习。

为了增加挑战性，可以使用更重的负荷，或者在起始和停止姿势保持更长的时间。你也可以将负重举过头顶，并将其向下摆动到一侧（两侧交替进行）。

乌鸦跳

　　乌鸦跳是一种单腿版的深蹲跳，可以挑战运动员的平衡能力和协同收缩肌肉的能力，让运动员的小腿、髋部和核心部位产生刚度脉冲，同时吸收跳跃减速阶段的力量。乌鸦跳也是一种高级的锚点训练，并开始融入应用训练。它有助于发展在比赛情况下，运动员快速变向所需的减速能力、稳定性和控制能力。仔细观察运动员落地时的情况。他们是有控制地落地吗？他们的脚踝刚硬吗？他们的动作是否流畅和稳定？他们是平脚落地的吗？他们的膝盖是外翻的吗？教练应在继续训练之前解决发现的所有问题，否则就会增加运动员在比赛中损伤的风险。

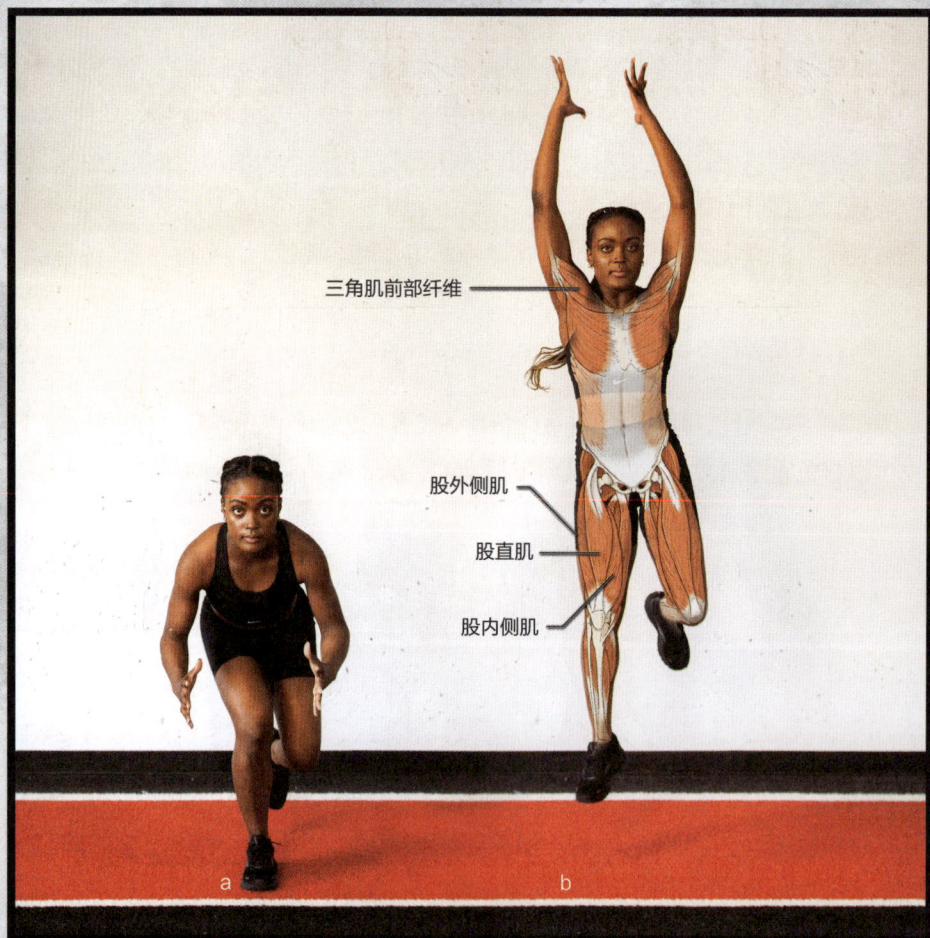

三角肌前部纤维

股外侧肌

股直肌

股内侧肌

a　　　　　　　　　b

激活的主要肌肉

跳跃阶段

- 肩关节（屈曲）：三角肌前部纤维、胸大肌上部纤维、喙肱肌
- 髋关节（伸展）：臀大肌、股二头肌长头、半腱肌、半膜肌
- 膝关节（伸展）：股直肌、股外侧肌、股内侧肌、股中间肌
- 踝关节（跖屈）：腓肠肌、比目鱼肌

高级

1. 以运动型四分之一蹲的姿势开始，双手放在身前，单腿保持平衡（参见图 a）。

2. 单腿尽可能高地用力垂直跳起，以有控制的稳定、平衡的方式用同一条腿落地（参见图 b）。

3. 每侧重复进行 6 至 8 次练习。

侧滑步

　　侧滑步（和前滑步）训练可以帮助运动员了解变向运动中的动量控制。在不交叉双脚的情况下，运动员在每个方向上进行此训练，前进大约 14 米，将重心保持在脚的前部。

中等

激活的主要肌肉

前跨腿（先迈出的那条腿）
- 髋关节（外展）：臀中肌、阔筋膜张肌、臀大肌上部纤维、臀小肌
- 髋关节（等长屈曲）：臀大肌、臀中肌后部纤维、梨状肌、上孖肌和下孖肌、闭孔内肌和闭孔外肌、股方肌
- 膝关节（等长屈曲）：股直肌、股外侧肌、股内侧肌、股中间肌
- 踝关节（等长背屈，摆动阶段；等长跖屈，站立阶段）：胫骨前肌、踇长伸肌、趾长伸肌（背屈），腓肠肌、比目鱼肌（跖屈）

跟进腿（跟随的腿）
- 髋关节（内收）：耻骨肌、短收肌、长收肌、大收肌、股薄肌
- 髋关节（等长屈曲）：臀大肌、臀中肌后部纤维、梨状肌、上孖肌和下孖肌、闭孔内肌和闭孔外肌、股方肌
- 膝关节（等长屈曲）：股直肌、股外侧肌、股内侧肌、股中间肌
- 踝关节（外翻，推动阶段；等长背屈，摆动阶段；等长跖屈，站立阶段）：腓骨长肌、腓骨短肌、趾长伸肌（外翻），胫骨前肌、踇长伸肌、趾长伸肌（背屈），腓肠肌、比目鱼肌（跖屈）

1. 双手放在身前，以制动或落地姿势保持运动型四分之一蹲（参见图 a）。长时间保持这个姿势，以获得对该姿势的强烈感受。

2. 在保持良好身体姿势的同时，以步行的速度向侧面移动，然后慢慢增加速度和强度（参见图 b）。

3. 在结束滑步时双脚着地，将体重保持在内侧（支撑）腿上，然后曳步回到起始位置。

4. 重复进行 6 至 8 次练习，每次练习向两侧移动 9 至 18 米。

运动员在进行侧滑步训练时最常犯的错误之一是将体重放在外侧脚（而不是内侧支撑腿）上，这会降低效率，而且可能导致损伤。在进行这项训练时，也可以且应该向前和向后进行。原理是相同的。向前加速移动约 14 米；减速至停止；保持运动型四分之一蹲两个节拍；然后后退至起始位置，并再次保持运动型四分之一蹲。对运动员来说，每次都能完全停下来很重要，因为这有助于保持高效的训练。运动员练习减速和完全停止的次数越多，就越能在运动场上面对压力时表现出色。

中等

跳深

跳深，也称为高空下落，与纵跳相似，但跳深只关注落地和减速部分。它们可以帮助运动员了解如何通过提高重心并从该位置下降来吸收力量。这是一个高级的训练，运动员需要有坚实的力量和技能基础才能安全进行。首先要确保运动员有足够的能力来控制落地动作。

臀大肌

股外侧肌

股二头肌

腓肠肌

a   b

激活的主要肌肉

落地阶段

- 髋关节（屈曲）：臀大肌、股二头肌长头、半腱肌、半膜肌
- 膝关节（屈曲）：股直肌、股外侧肌、股内侧肌、股中间肌
- 踝关节（背屈）：腓肠肌、比目鱼肌

1. 首先，根据运动员的训练史和技能水平，设置一个大约膝盖高或更低的箱子并让运动员站在上面。

2. 运动员迈步向前离开箱子，不要往下跳或往外跳（参见图 a）。

3. 以减速姿势着地，关节略微屈曲并正确对齐（肩部在膝盖上方，膝盖在脚踝上方），同时在运动中吸收整个身体的落地力量（参见图 b）。在落地时，髋部和核心应该表现出良好的控制和力量。

4. 保持落地姿势几秒的时间。进行 2 至 4 组练习，每组练习重复 4 至 6 次。

箱子的高度可以根据运动员技能和控制能力的提升逐步增加。显然，增加箱子的高度会使训练更具挑战性。另一个有价值的进阶训练是以分腿姿势着地。要确保在两侧进行相同次数的落地训练，以平衡发展两侧的力量。

很多运动员专注于在举重室中举重以增强力量，在球场上练习冲刺，并进行抗阻训练、坡道跑训练等，但发展制动、减速和转向能力也同样重要。你可以帮助运动员在训练生涯的早期阶段打下坚实的离心力量基础，并通过重复和微量训练来发展其肌肉记忆，让运动员自动进行正确的身体定位来减速，从而大大降低损伤风险。学习安全地腾空意味着知道如何优雅地落地。

中等

第 9 章

多向速度

在关键时刻击败对手——以几英寸和几秒的优势，重点不在于你能跑多快，而在于你能多快地停下来、改变方向、创造空间和利用机会。若要具备这种多向速度能力，则需要具备极快的反应能力、以极高的精准度控制动量的能力，并且需要掌握线性速度基础知识。虽然加速度和最大速度是线性速度最纯粹的表现形式，但多向速度是最高级和最细微的表现形式。这就是为什么多向速度训练几乎和球员在各方压力下投出赢得比赛的压哨球一样困难。强壮和快速并不能保证你能将这些体能转化为一种实时的、瞬间的方向变化，从而为你提供竞争优势。

多向速度的形式

在介绍如何进行多向速度训练之前，我想先介绍一下这个概念的各种形式——因为人们经常混淆这些形式。如第 1 章所述，多向速度在技术上通常分为如下所示的三种子类别。

1. 变向。

2. 敏捷性。

3. 机动性。

变向是一种快速的、预先计划好的方向或速度的改变，这种改变是有意的、有计划的，通常与球的进攻方有关。例如，控球后卫冲向篮筐，然后突然切步或后退，在自己与防守者之间创造空间，以便于投篮或传球。变向涉及执行针对性动作的神经运动编排（运动记忆），这些动作可以作为闭链或基于约束的训练方法（例如，模拟比赛、锥桶训练、模式冲刺）的一部分进行演练。变向技能的发展高度依赖于每个特定运动项目和姿势所需的动作要求。

敏捷性是运动员为响应外界刺激而对方向或速度做出的快速反应。它与球的进攻方和防守方都有关系。它不仅是计划外的、反应性的和认知性的，而且还需要运动员拥有快速理解视觉和听觉提示的能力，以便能以适当的反击动作做出反应。想象一下，一个技艺高超的拳手避过一记与其擦肩而过的拳头，然后利用这一瞬间的空当对对手发起攻击。出色的敏捷性需要精心调试的神经系统和筋膜系统，并结合完善的视觉扫描、模式识别、决策能力和反应速度。现实情况是，一些运动员在这方面比其他运动员更有天赋。表达敏捷性所涉及的实时神经因素和情境变量的数量，使得训练和评估敏捷性更具挑战性——这就是为什么我会在下一章专门介绍它（整本书都与敏捷性有关）。需要牢记的重要一点是，扎实的变向技能是运动员拥有良好敏捷性的重要前提。

机动性是指身体处于不同角度时人体管理身体角动量的能力——就像棒球运动员绕着垒的曲线路径冲刺一样。这涉及在高速状态下管理重心，同时轻微改变身体角度和倾斜度、运动节奏和轨迹，以便可以用罕见的姿势安全有效地向地面施加力。良好的机动性要求脚、踝关节和髋关节非常稳定，并且关节周围有非常坚固的结缔组织。毫不奇怪，它还需要一个非常强大的核心。

本章重点介绍如何训练运动员获得更好的变向能力和机动性，下一章会在该主题上进行扩展，介绍这些技能如何帮助运动员提高反应敏捷性。

运动词汇

简单地说，多向速度是动量控制的一种高级表现。如果你想掌握多向速度技能，那么你需要掌握加速、减速和横向运动等基本运动词汇。这很像学习一种新的语言。你首先要记住一些单词、基本语法规则和常用短语。然后一遍又一遍地练习它们，直到你能够进行对话，但在说话时仍然需要思考和处理翻译。随后，经过更多的练习，你会变得足够流利，可以自然地与以该语言为母语的陌生人进行对话。训练肌肉记忆和构建以线性速度表达良好运动素养的体能，是以有意义的方式增加多向速度的复杂性的重要前提。当你在加速、减速和横向运动方面具备较强能力时，你就可以更快地变向，而且损伤的风险更小。我之所以提到这一点，是因为在行业中，围绕着基于约束的、闭链训练（例如，雪地拖行、加速阶梯冲刺、锥桶训练）与开链的、类似游戏式的训练活动的有效性存在着一些争论，一些教练认为闭链式的训练与多向速度和敏捷性基本无关。

我对这个问题的看法是，大众舆论的钟摆不断从一个极端摆向另一个极端，两种训练方法在一个全面的速度训练中都有其作用。基于约束的训练可以帮助运动员确定目标和开发运动程序，以正确的形式无意识地完成基础动作，并转化为更有效的施力方式、更快的速度和更低的损伤风险。开链训练可以帮助运动员发展创造性的适应能力、流畅的应用（何时、何地、如何改变方向），以及提高反应敏捷性所需的情境意识和神经编程能力。

当然，任何训练计划的首要目的都是帮助运动员发展体能，以满足其所参与的项目和姿势的要求。这包括通过抗阻训练优化运动员的力量与体重的比例（对男性来说，深蹲力量应该是其体重的两倍，对女性来说，深蹲力量应该是其体重的 1.8 倍），确保他们有符合运动需求的适当的柔韧性和刚度组合，并能提高他们的有氧阈值，等等。随着体能的提高，教练可能想要加强和扩大运动员的运动词汇，同时针对他们的不足或不平衡之处进行基于约束的训练。通过这种方式，教练就可以确定他们的能力和完成动作的流畅程度，并帮助他们进行相应的训练。随着能力的提高，教练可以开始在包含意想不到的变量的类似游戏的运动中挑战运动员的能力，并要求他们适应当时的情况。

在帕里西速度学校，我们认为这个过程就像武术家的训练一样。拳手需要一遍遍地练习打拳、踢脚等基本动作，直到熟练为止，他们还需要与其他不同风格的拳手进行对练，以便能够通过练习将这些技能应用于实际情况。但这一切都是从完善运动的基本技能开始的。我们的目标是在可预测的训练环境中通过基于约束的训练来培养能力，以便在运动员进入一个无法预测的比赛环境时，能够立即以最佳策略做出反应。

运动策略

当谈到多向速度训练时，只进行开链训练、游戏式训练的问题之一是，运动员会很自然地采用他们熟悉的运动策略，这会加强他们已经擅长的技能和弱化他们不擅长的技能。训练的重要目标之一是，以使运动员的平衡能力、适应能力、恢复能力变得更强的方式来挑战他们。显然，你想帮助运动员保持其强项，但教练的责任是通过改善他们的弱点，平衡其身体各系统，并根据需要为他们提供更广泛的运动策略词汇，帮助运动员做到最好。根据人体测量学、组织成分（无论是筋膜驱动还是肌肉驱动）、训练史、损伤史和所参与的运动专项等，每个运动员都有独特的运动偏向。

这里的挑战在于，如果你不使用基于约束的训练来帮助运动员发展更广泛的运动词汇，迫使他们在其舒适区外制定不同的策略，你就会限制他们适应意外情况的能力。如果他们被两人前后包夹，并发现因为对手拉扯他们的球衣而失去平衡，或者当他们在球门区转身接球时需要保持一只脚踩在地面上，但他们从未练习过适应这种情况的动作技能，他们执行该动作的能力会受到限制，而且很可能会受伤。

在生物力学研究员安迪·富兰克林－米勒（Andy Franklyn-Miller）博士及其同事（2017）进行的一项研究中，可以找到一个良好的运动偏向示例，他们研究了在专项中需要频繁变向的运动员尽最大努力重复进行多次预先计划的110度切步动作的全身运动学和动力学数据。该研究在测试组的运动员中发现了三种不同的运动策略——其中40%是以膝关节为主（这意味着由膝关节承担了大部分工作），45%是以髋关节为主，15%是以踝关节为主。这导致了更长的触地时间，以及更大的地面力沿动力链向上传递到其他关节。

这些数据有许多含义。例如，如果运动员在计划的变向期间偏向于某些运动策略，并且他们在实践中没有受到扩展其运动词汇的替代策略的挑战，那么当比赛期间事情没有按计划进行时，他们将被限制在他们的选择中。从表现的角度来看，这可能使他们效率降低，且更容易受伤。此外，如果他们的运动策略存在缺陷（例如，他们在脚踝处过度屈曲，而在膝盖和髋部处屈曲得不够），那么他们会很容易受伤。这里面临的挑战在于，如果教练没有丰富的经验或没有大量有关运动学和动力学的数据可供参考，就很难确定运动员在不同情况和疲劳程度下的运动偏向。

此外，我们没有办法知道他们在比赛中会遇到什么情况。这就是基于约束的训练很有价值的原因——教练可以通过这些训练，让运动员在某种程度上受控的环境中接触到各种具有不同加荷模式和运动要求的场景。因此，当他们在球场上发现自己处于一个意想不到的运动场景中时，他们的神经系统和肌肉记忆会提供备用反应，他们可以逐渐适应，因为他们在训练中经历过这些。教练还可以使用基于约束的训练来帮助运动员识别和解决特定的运动障碍问题。上述内容说明，一个成功的、全面的多向速度训练方法是，使用闭链训练和开链训练来帮助运动员安全地释放他们在竞争性变向和敏捷性方面的全部潜力。

反应力量

需要频繁变向的运动员拥有高水平的反应力量，该力量可以强化他们的踝关节复合体和小腿的拉长－缩短周期。在时长较短的拉长－缩短周期中，肌肉经历了快速的离心收缩，然后是向心收缩，将弹性能量储存在相关的结缔组织和肌腱中，以便有效地传递力量。在时长较短的拉长－缩短周期中，触地时间小于 250 毫秒。反应力量被定义为运动员利用这种快速的离心－向心耦合来产生更大的力和更短的触地时间的能力。它还拥有高度可训练的力学和神经肌肉成分。

反应速度的力学方面与踝关节复合体结缔组织中胶原纤维的质量、密度和方向有关。当脚落地时，跟腱会像橡皮筋一样伸展开来。橡皮筋绷得越紧，储存的弹性能量就越多，释放力量的速度也就越快——就像一个绷直的弹簧一样。相反，如果踝关节复合体在接触地面时是柔软的，它就会损耗能量，导致触地时间变长，速度更慢。由于力是通过动力链从地面向上产生的，柔软的踝关节也会导致膝关节和髋关节的力量传递减少。这使得踝关节刚度成为影响多向速度的最重要因素之一。快速伸缩复合减速训练，例如乌鸦跳、跳深和弹跳训练，都可以帮助提高踝关节刚度和跟腱的弹性储存能力。

反应速度的神经肌肉成分与小腿三头肌的激活和收缩有关，小腿三头肌是一对由腓肠肌（双头）和比目鱼肌组成的肌肉，构成了小腿的主要部分（参见图 9.1）。这回到了系统预紧张的重要性，通过精确时序控制的协同收缩脉冲来消除肌肉的松弛，并允许肌腱在接触地面时储存和释放更多的弹性能量。2017 年的一项超声研究分析

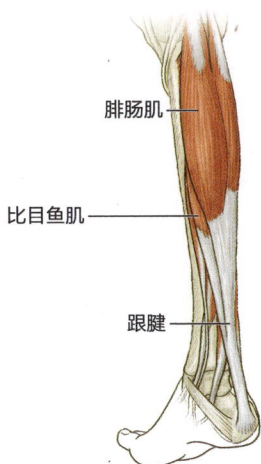

腓肠肌

比目鱼肌

跟腱

图 9.1　反应力量依赖于小腿和踝关节复合体的筋膜组织和肌腱的高水平刚度

了长期快速伸缩复合训练对反应力量的影响，结果表明，参与该研究的运动员：（1）在其脚部接触地面之前小腿的肌肉就被激活了；（2）在主动肌和拮抗肌的脉冲式协同收缩中激活了小腿的肌肉，这会导致在落地时有更大的踝关节刚度（Hirayama，2017）。

此外，即使在最大力量没有得到改善的情况下，改善神经肌肉控制这些收缩的时机和幅度，也可以使运动员在深跳运动中有更好的表现。这些证据表明，意图非常重要，而神经系统和筋膜系统主导了表现。这些是可以通过训练改善的神经肌肉属性。当你在可预测的环境中，通过专项训练来提高运动员神经肌肉系统的反应速度时，这种精确时序的预激活和肌肉协同收缩可以在比赛中更自动化地发生。请记住，增加肌腱和踝关节的刚度，以及为了获得最佳收缩时机和强度而对神经肌肉系统进行训练，可以产生更大的反应力量。

机动性和曲线跑

在有利于提升运动员变向能力和敏捷性的训练中，机动性和曲线跑占有一席之地。曲线跑（参见图 9.2）没有得到充分重视和研究，它要求运动员在向地面施加力量的同时，以不对称的方式对身体进行加荷，这与直线跑有很大不同。它将运动员管理重心的能力提高到一个全新的水平。

曲线跑与直线跑的主要区别之一是，在曲线跑中运动员的身体要稍微向内倾斜（与直立的最大速度姿势相反）。由于重心受向心力的影响更大，运动员需要产生更大的内侧地面反作用力来保持平

图 9.2　曲线跑要求运动员在以离散角度跑步时向地面施加力量并控制重心

衡。这里的重点是，曲线跑能力是一种后天获得的技能，它所需的身体姿势、力矢量、关节角度和躯干关节活动都与线性速度训练和变向训练不同。如果你质疑机动性和曲线跑与场地和球场运动有关，请观看任意一场 NFL 比赛，带球冲刺的进攻球员在弯道上跑动时会通过弯腰和身体倾斜动作避开腾空的防守者的攻击。虽然许多教练倾向于忽略这一点，但专门训练运动员处理弯道跑动的向心力是非常有益的。曲线跑以多维方式对组织进行加荷，可以为它们提供更广泛的运动选择。它还需要良好的骨盆结构和躯干控制。为场地和球场运动员提供曲线冲刺的科学尚处于初期阶段，但很明显，让运动员为其施加的不同力量和矢量做好准备确实很重要。这可以通过在锥桶训练中加入少量变向训练来实现，例如，蛇形跑要求运动员通过 8 字形和 S 形的模式跑出更长的曲线路径，或者进行基于目标的训练，模拟避开对手的转弯。

根据一项针对精英男性青年足球运动员研究的 GPS 数据，当跑步速度超过每秒 6 米时，曲线冲刺的平均角度约为 5 度，极端情况下约为 30 度（Fitzpatrick, Linsley, and Musham，2019）。这表明，一个好的训练策略是结合使用 5 到 10 度的小角度曲线跑训练、线性速度训练、变向训练，以及针对更高级运动员的"最坏情况下"的训练（通过针对激进的 30 度曲线跑进行更具挑战性的训练）。

可以使用反应力量指数（Reactive Strength Index，RSI）来评估运动员的反应力量，其通常通过让运动员在测力板或纵跳垫上进行垂直跳跃来测量。反应力量还可以使用像 PUSH Band 这样的可穿戴速度测量设备来测量。为了进行 RSI 测试，运动员需要从高处跳下，着地时立即尽最大努力进行垂直跳跃。RSI 是通过将运动员跳跃的高度除以触地时间来计算的。RSI 实际上是对运动员产生冲击力的能力的测量。运动员的 RSI 可以通过增加跳跃高度或减少触地时间来改善。除了作为制订训练计划和监测训练结果的有价值的诊断工具外，RSI 还有助于从提高表现水平和降低损伤风险的角度确定跳深的最佳高度。如果运动员通过增加下落高度（且触地时间少于 250 毫秒）来保持或提高了 RSI，那么该运动员的反应力量就足以应对这种强度的深跳。如果 RSI 下降或者触地时间超过 250 毫秒，那么下落高度将会对他们的筋膜系统造成过大的负荷。

在这一点上，重要的是运动员在发展其反应速度能力之前要发展身体吸收离心负荷的能力。这是因为，虽然离心力量和神经肌肉收缩时间可以相对快速地得到改善，但筋膜组织和肌腱的重塑速度很慢。该训练的目标是在触地时间和腾空时间之间保持良好的平衡，以确保运动员承受适当负荷，该负荷能够提供足够的刺激来促进组织适应。当然，并非每个训练场地都有测力板或测速带，但经验丰富的教练仍然可以确定评估反应速度的关键基准。需要注意的一件事是，运动员在接触地面时接触部位是否主要为前脚掌，这决定了动力链上的其他关节需要吸收多少力量。踝关节复合体应该像一个具有强大后坐力的紧绷的动态弹簧，并且髋部和膝盖应该有足够的屈曲程度，以做出爆发性反应。

基础力量

需要频繁变向的运动员的训练策略在很大程度上取决于他们的专项、司职位置和竞争场景的具体要求。采用旋转投掷的运动员（例如棒球游击手）与足球守门员或篮球前锋的动作要求是截然不同的。但这都要从掌握良好的线性速度力学开始。相对于体重的足够基础力量是加速和达到最大速度的关键。然而，它对于多向速度更为重要。变向的力学原理可划分为三个不同阶段。

1. 制动（减速），当肌肉主要进行离心收缩时。

2. 支撑（过渡），当肌肉主要进行等长收缩时。

3. 再加速（转换），当肌肉主要进行向心收缩时。

在制动和再加速之间的支撑阶段，运动员的速度基本上降为零，但他们仍然需要控制巨大的重力和动量，重力和动量会使关节暴露在产生极高剪切力的突然爆发时刻。这意味着需要频繁变向的运动员需要拥有良好的预备性力学技术和相当大的等长力量，以避免损伤。大多数非接触性前交叉韧带损伤来自快速变向期间做的支撑和切步动作。值得注意的是，该损伤常在着地冲击后 17 至 50 毫秒发生，这表明损伤可能源于冲击前的动作瞬间——在准备步骤或腾空阶段。正如我前面提到的，我相信在大多数情况下，处于这种情况下的运动员往往要么是核心力量不足，要么是神经肌肉控制能力差，或者两者兼而有之。研究表明，错误的准备动作会导致所谓的动态膝外翻：髋关节内旋和外展的结合，以及冲击时的膝关节屈曲，着地时膝关节在髋关节和脚的内侧，导致地面反作用力进一步使已经很紧张的前交叉韧带更加紧张。视频分析表明，这种高风险姿势通常与运动员的骨盆倾斜、未能很好控制核心以及腿部肌肉的初步激活有关（Olsen et al., 2004）。这就是练习基本的变向动作对多方向训练非常重要的原因，具体动作包括侧滑步、交叉跑和切步。这些训练可以帮助运动员发展肌肉记忆和神经控制能力，以便运动员在比赛的压力下制定技术策略并正确执行。这也是在帕里西速度学校中，我们通过在每次减速结束时保持下蹲负重姿势两个节拍的时间以强调变向训练的制动阶段的原因之一。它将激活的组织暴露于更多的离心和等长负荷（增加处于张力下的时间），并有助于用正确的形式对神经系统进行训练编排。

　　采用变向技术时，运动员应该保持较低的运动姿势，髋关节、膝关节和踝关节略微屈曲。关节应该屈曲得恰到好处，以实现最佳的力传递和快速地再加速。在切步、回避、旋转和其他变向动作中保持这种低位姿势，同时还要控制动量，这需要坚实的等长力量。如果等长力量不足，那么你将不断地与自己的动量做斗争，因为它会在你尝试转向一个方向时将你推向另一个方向。这就是利用负重运动和其他技术发展全身的、等长的形态稳定性对多方向速度很重要的原因。动量控制和同时管理重心及地面反作用力转移的能力是变向表现和损伤恢复的关键。

速度提示：变向

　　快速改变方向通常要求运动员使用一系列的复合动作和技术来超越对手并创造空间。为了很好地完成这些动作，运动员需要精练的动作词汇和发达的肌肉记忆（运动想象）。常见的变向动作是侧滑步和切步，这两个动作经常是结合使用的。然而，对运动员来说，这是一个相互关联的动作。每一次重复练习都专注于一个提示，并尽量保持每个提示简单而又简洁。

"低一点！"

当你接近对手时，降低身体。想象你正在一个A型阁楼上跑步，并在准备切向一侧或另一侧时，保持较低的姿势。

"拉绳子！"

想象有一根绳子绑在你的脚踝上。侧滑步时，用外侧的脚向侧面推，用内侧脚拉，并在不弄断绳子的情况下，保持双脚从较低的位置落向地面。完成侧滑步后，爆发性地向前加速（切步），并在切步时断开绳子。

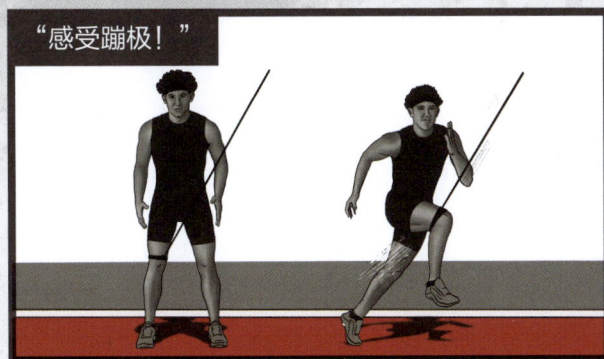

"感受蹦极！"

想象有一根蹦极绳系在你的膝盖上，将膝盖拉起并越过身体。让膝盖快速高高抬起。然后，通过用力将腿快速向后拉来扭转这个动作——尝试断开蹦极绳。

多向速度训练

如前所述，减速能力是影响变向和敏捷性水平的因素之一，因此多向训练日通常都会进行前一章和第 12 章中列出的减速锚点训练和应用训练。当将注意力转向针对变向特定锚点训练时，教练会通过融合各种练习，帮助运动员发展重心管理技能、掌握时机和平衡，以帮助他们调整神经肌肉系统，改善小腿和踝关节复合体的刚性程度。这些练习包括原地速滑步、弹跳（垂直和横向），以及阻力侧滑步和侧跑。

在这之后，我们朝着更多开链的、几乎没有限制的游戏式应用训练（如果有）前进。首要任务是帮助运动员发展其准备动作、预判和时序性技能。这就是模式化的锥桶训练、跨迷你栏训练和阶梯跑训练作为训练刺激的价值所在。模式训练的创意变量是无穷无尽的，但如前所述，你作为棒球内野手采用的变向模式与你作为防守线卫或足球前锋采用的变向模式是不同的。这就是执教艺术的魅力所在。常见的变向锥桶训练包括经典的 5-10-5（专业敏捷性穿梭）、L 字形跑，以及组合跑。模式化跑步训练的目标是用基于约束的变向动作来挑战运动员的能力，这些动作涉及与运动员的专项或司职位置相关的、预先计划好的多平面方向变化。

重心管理

当谈到如何提升快速变向能力时，首先要考虑的是了解如何根据动量、运动意图和地面反作用力来控制身体重心。无论要去往哪个方向，你都需要让重心位于支撑点前面，这样你才可以执行推而不是拉的动作。思考这个问题的一个好方法是，如果你的车在离加油站一个街区的地方没油了，你可能会将那辆车推到加油站，而不是拉到加油站。这是因为你本能地知道用哪个姿势可以产生更大的力量。你会降低重心，让它处于支撑点（腿）的前面，然后用整个身体推动车辆（你也可能会请路过的陌生人帮助你，他们也会采用同样的姿势）。无论你向哪个方向移动，了解重心相对于支撑点的位置，对于优化变向能力以及提升反应敏捷性至关重要。重心管理训练可以帮助运动员了解这一原理。

基础

1. 将秒表挂在脖子至肚脐处的某个地方，双脚张开并蹲下，形成运动型后卫姿势，这样你就有了更广的支撑面。在站直时，重心位于肚脐处，用挂在脖子上的秒表来表示重心（参见图 a）。

2. 向一侧倾斜，这样重心就会稍微向前，位于单腿支撑点（你的站立脚）的外侧（参见图 b）。

3. 回到运动型后卫姿势，并在另一侧重复上述动作。

原地速滑步

在发展变向技能时，我们希望围绕重心管理来建立运动员的运动词汇。原地速滑步可以帮助运动员学习如何有控制地将重心从一条腿转移到另一条腿。这种交换的目的是迅速改变支撑点，让运动员能够感受到支撑点相对于重心的位置。如果正确完成此动作，支撑点应该始终位于重心的正下方（或接近重心正下方）。

激活的主要肌肉

蹬地发力阶段（屈曲腿；对侧手臂）

- 肩关节（伸展）：背阔肌、大圆肌、肱三头肌长头、胸大肌下部纤维、三角肌后部纤维、冈下肌
- 肩带（内收）：斜方肌中部纤维、斜方肌下部纤维、菱形肌
- 肘关节（伸展）：肱三头肌、肘肌
- 髋关节（伸展、外展）：臀大肌、股二头肌长头、半腱肌、半膜肌（伸展），臀中肌、阔筋膜张肌、臀大肌上部纤维、臀小肌（外展）
- 膝关节（伸展）：股直肌、股外侧肌、股内侧肌、股中间肌
- 踝关节（跖屈）：腓肠肌、比目鱼肌

蹬地发力阶段（伸展腿；对侧手臂）

- 肩关节（屈曲）：三角肌前部纤维、胸大肌上部纤维、喙肱肌
- 肩带（外展）：前锯肌、胸小肌
- 肘关节（屈曲）：肱二头肌、肱肌、肱桡肌
- 髋关节（屈曲、内收）：股直肌、髂肌、腰大肌、耻骨肌、阔筋膜张肌（屈曲），耻骨肌、短收肌、长收肌、大收肌、股薄肌（内收）
- 膝关节（屈曲）：股二头肌短头和长头、半腱肌、半膜肌
- 踝关节（背屈）：胫骨前肌、跛长伸肌、趾长伸肌

基础

1. 以单腿运动姿势开始，踝关节、膝关节和髋关节屈曲，同时保持脊柱和头部中立，肩部向后缩。

2. 在额状面上横向伸展另一条腿，使其伸直，只有很小的体重落在这条腿上（参见图 a）。

3. 在不抬高髋部的情况下，尽可能快地交换双脚姿势并更换支撑点（参见图 b）。

4. 重复进行 12 到 16 次练习。

横向跳跃

横向运动练习是多向训练的重要组成部分，因为我们花了很多时间在矢状面上练习线性速度，但需要频繁变向的运动员需要掌握横向地面反作用力，这是变向运动的基础。额状面上的训练，例如双腿横向跳跃，不仅可以提高力量、稳定性和协调性，还可以通过提高髋关节、膝关节和踝关节的整体稳定性来帮助降低损伤风险。横向运动练习还可以帮助运动员发展更平衡的下肢肌肉（包括髋外展肌和内收肌）力量，同时以有助于加强踝关节复合体和提高小腿刚度的方式给组织施加负荷。横向跳跃是一个中等强度的训练，需要运动员具备坚实的力量基础和协调能力。在进行横向跳跃之前，运动员应该先完成重心管理和原地速滑步训练，并能轻松地处理从前向后和从一侧到另一侧跳过较低的障碍物（如迷你栏）。同样重要的是要专注于有控制地、像猫一样落地，以便从训练中获得最大的离心效益，并帮助对神经肌肉系统进行训练编排。

耻骨肌

长收肌

激活的主要肌肉

跳跃阶段

- 髋关节（伸展）：臀大肌、股二头肌长头、半腱肌、半膜肌
- 髋关节（外展，外侧腿）：臀中肌、阔筋膜张肌、臀大肌上部纤维、臀小肌
- 髋关节（内收，内侧腿）：耻骨肌、短收肌、长收肌、大收肌、股薄肌
- 膝关节（伸展）：股直肌、股外侧肌、股内侧肌、股中间肌
- 踝关节（跖屈）：腓肠肌、比目鱼肌

1. 以运动型四分之一蹲姿势开始——髋关节、膝关节和踝关节屈曲（参见图 a）。肩膀应该位于膝盖上方，重量均匀分布在双脚上。

2. 尽可能地双脚横向爆发性跳起，同时专注于有控制地落地，不要侧身扭动或让膝盖有任何侧向运动（参见图 b）。

3. 落地后，立即以尽可能快的速度横向跳回（参见图 c）。

4. 连续重复进行 2 至 3 组练习，每组练习重复 12 至 16 次，或每条腿重复 6 至 8 次。

速滑跨跃

　　动态速滑跨跃是一项侧重于臀部和后筋膜链的全身运动。由于这种屈曲姿势下髋关节的极度屈曲和臀部肌群的拉伸，初始的向心收缩比传统练习更能挑战身体的筋膜锁链。这是一种力和横向动量控制的表现，依赖于神经活动、本体感觉、平衡和时机把握。除了激活臀肌外，这项训练还以一种极具爆发力的方式训练腿部的外展肌。注意，在这个练习中重心总是在跳跃方向的前面。例如，如果你向右跳，重心应该引导你向右跳。通过在起跳前或在起跳时将重心向右移动，你能够产生更大的力。这告诉运动员，将重心放在腿前面越靠前（而且越低）的地方，他们能够产生的水平力就越大；而且练习的强度越大，训练效果就越好。

阔筋膜张肌

股直肌

激活的主要肌肉

跳跃阶段（跳离地的腿）

- 髋关节（伸展、外展）：臀大肌、股二头肌长头、半腱肌、半膜肌（伸展），臀中肌、阔筋膜张肌、臀大肌上部纤维、臀小肌（外展）
- 膝关节（伸展）：股直肌、股外侧肌、股内侧肌、股中间肌
- 踝关节（跖屈、外翻）：腓肠肌、比目鱼肌（跖屈），腓骨长肌、腓骨短肌、趾长伸肌（外翻）

高级

1. 单腿站立，髋关节和膝关节屈曲，对侧手放在站立腿的前面（参见图 a）。

2. 以尽可能快的速度横向爆发性跳跃（参见图 b）。横向跳跃时，专注于跳跃腿的髋关节和膝关节的完全伸展。

3. 用另一条腿着地并保持平衡（参见图 c）。

4. 落地后立即以最快的速度横向跳回原处。

5. 连续重复进行 4 至 6 次练习。

开始练习时，运动员可以使用稍微直立的姿势，以适应这个动作。随着取得进步，运动员可以逐步降低重心。

抗阻侧滑步

　　侧滑步是一项关键的变向技能，也是所有变向训练中常见的运动词汇之一。这也是一项在训练中经常被忽略一些细节的技能。一些教练甚至不认为侧滑步本身是一项技能。但观察任何多向的场地运动或球场运动比赛，你会发现有些运动员可以非常流畅和快速地完成比赛，而另一些运动员根本做不到。发展侧滑步技能的关键是经常以不造成损伤的形式进行练习。这就是为什么我们让运动员在开始这个练习时，以低位运动姿势慢慢地走9米并走回，一次分别持续30、60、90秒。此练习只是为了让运动员感受动作顺序，同时关注呼吸、中立的脊柱位置和缩回的肩膀位置。在此之后，我们通过逐渐增加速度和强度来推进这项练习——最终将其提升到大约85%的强度。帮助运动员放慢速度并更好地锻炼组织、关节和神经系统的最好方法之一是，让他们在某种形式的阻力下进行侧滑步练习，即使用负重背心或固定在一个位置的阻力带，或由一个搭档握住阻力带。这些垂直和水平负荷有助于改变刺激因素，同时改善动作中的缺陷。以缓慢的速度开始很重要，急于求成会使错误的动作模式根深蒂固，并强化不正确的技术。运动员通过完美的技术在有负荷的情况下缓慢移动，可以发展更高效的动作模式。

腹外斜肌

股外侧肌

激活的主要肌肉

驱动阶段（蹬地腿）

- 肩关节（内收）：背阔肌、胸大肌下部纤维、大圆肌、肩胛下肌、喙肱肌
- 肩带（内收、下沉）：斜方肌中部纤维、斜方肌下部纤维、菱形肌（内收），胸小肌、斜方肌下部纤维（下沉）
- 躯干（等长侧屈）：竖脊肌、腰方肌、腹外斜肌、腹内斜肌
- 髋关节（外展、伸展）：臀中肌、阔筋膜张肌、臀大肌上部纤维、臀小肌（外展），臀大肌、股二头肌长头、半腱肌、半膜肌（伸展）
- 膝关节（伸展）：股直肌、股外侧肌、股内侧肌、股中间肌
- 踝关节（跖屈、外翻）：腓肠肌、比目鱼肌（跖屈），腓骨长肌、腓骨短肌、趾长伸肌、第三腓骨肌（外翻）

高级

1. 将一条弹性阻力带系在一个安全的固定位置（或让搭档握住它）。将阻力带系在腰部的安全皮带上（参见图 a）。

2. 在保持较低的身体姿势的同时，侧身对抗阻力。体重分布在双脚上，在用外侧腿拉动阻力带的同时用内侧（支撑）腿向外发力（参见图 b）。在向外拉时对抗阻力，在回程时借助辅助力量加快速度，同时在回程结束时专注于减速。

3. 保持双脚直指前方，髋部和肩部成一条直线。在横向移动时，始终保持头部水平。双脚应贴近地面。正确的肩部定位是侧滑步练习中经常被忽视的关键细节之一。当背阔肌收缩时，肩胛骨应该向下拉并缩回。运动员身体挺直，激活核心肌群，并保持双脚直指前方，这非常重要。专注于全脚掌蹬地。重心放在支撑点前，但整个脚掌都要与地面保持接触。

4. 在左右两侧以相同的重复次数进行此练习，重复做练习时逐渐加快速度。每侧进行 1 至 3 组练习，每组练习重复 2 次。

侧跑冰球急停

在练习侧跑冰球急停时，两条小腿应平行并指向预期的运动方向。这个练习需要胫骨后肌、腓骨长肌和腓骨短肌、足内附肌、内收肌、外展肌、臀中肌和臀大肌高度协调才能完成。

中
等

腰大肌   阔筋膜张肌
股直肌
胫骨前肌

激活的主要肌肉

驱动阶段（蹬地腿）

- 髋关节（外展、伸展）：臀中肌、阔筋膜张肌、臀大肌上部纤维、臀小肌（外展），臀大肌、股二头肌长头、半腱肌、半膜肌（伸展）
- 膝关节（伸展）：股直肌、股外侧肌、股内侧肌、股中间肌
- 踝关节（跖屈、外翻）：腓肠肌、比目鱼肌（跖屈），腓骨长肌、腓骨短肌、趾长伸肌（外翻）

摆动阶段（初始驱动腿腾空）

- 髋关节（内收、屈曲）：耻骨肌、短收肌、长收肌、大收肌、股薄肌（内收），股直肌、髂肌、腰大肌、耻骨肌、阔筋膜张肌（屈曲）
- 膝关节（屈曲）：股二头肌短头和长头、半腱肌、半膜肌
- 踝关节（背屈、内翻）：胫骨前肌、蹞长伸肌、趾长伸肌（背屈），胫骨后肌、胫骨前肌、趾长屈肌、蹞长屈肌（内翻）

中等

1. 以脚掌着地的准备姿势开始，站在一条线或锥桶的中间位置，另一条线或锥桶位于右侧、左侧约 5 米处。肘部屈曲成 90 度，双臂平行并略微向前伸出。向直线或锥桶方向加速。

2. 将重心向运动方向转移。当重心位于支撑面之外时，产生的力会使你的身体朝那个方向移动。

3. 横向加速两步，不要将髋部、躯干或脚转向你要去的方向（参见图 a 和图 b）。脚在第三次和第四次接触地面（冰球急停）时进行反向运动，以减速并停下来（参见图 c）。

4. 每侧进行 2 至 4 组练习，每组练习重复 2 次。

交叉跑

　　在变向运动中，主要的切步动作是侧滑步切步和交叉步切步。侧滑步切步涉及将重心向支撑脚的相反方向移动，而在交叉步切步中重心沿着支撑脚的方向移动。交叉步切步是一个比侧滑步切步更不自然的动作，因为另一条腿必须越过支撑脚。侧滑步切步是一种速度较快的动作，交叉步切步已被证明可以减少膝关节的负荷。归根结底，你希望为运动员提供尽可能广泛的运动词汇，这样他们就有多种选择以满足当下的需求。这就是为什么练习交叉跑与练习侧滑步一样重要——通过缓慢移动，先专注于形态，然后逐渐提高速度和爆发力。交叉跑有助于提高横向力量、脚步速度和协调性。高抬腿交叉步是交叉跑的一种衍生动作。交叉跑是在场地运动和球场运动中使用的一项主动技能，而高抬腿交叉步是一种有助于热身和改善横向运动模式的练习。可以借助速度梯来完成这项练习，使运动员专注于准确的脚部位置、时机和重心管理。

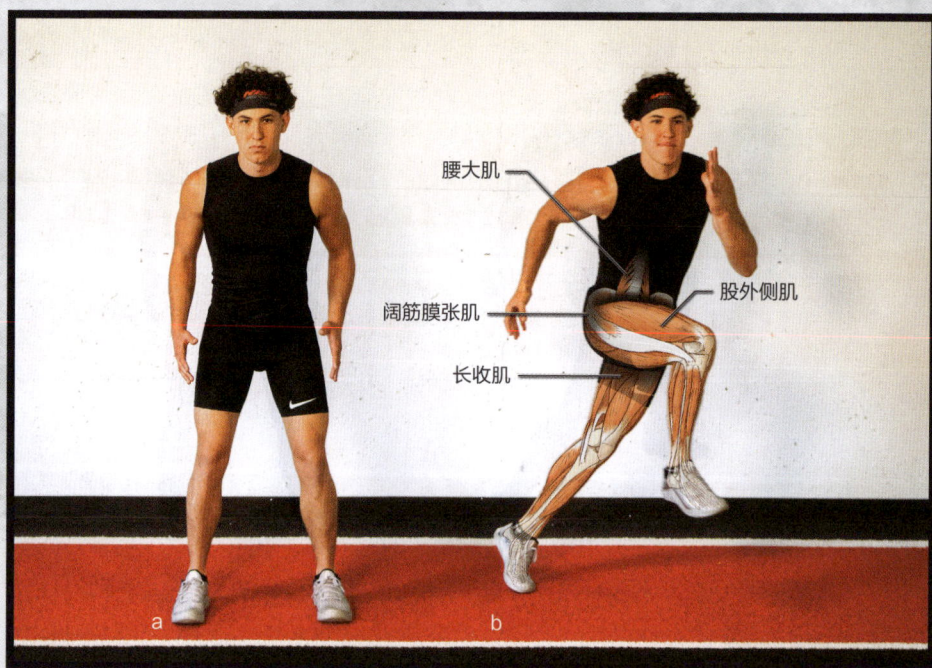

激活的主要肌肉

摆动阶段（前腿腾空）

- 髋关节（屈曲到内收和伸展）：股直肌、髂肌、腰大肌、耻骨肌、阔筋膜张肌（屈曲），耻骨肌、短收肌、长收肌、大收肌、股薄肌（内收），臀大肌、股二头肌长头、半腱肌、半膜肌（伸展）
- 膝关节（屈曲到伸展）：股二头肌短头和长头、半腱肌、半膜肌（屈曲），股直肌、股外侧肌、股内侧肌、股中间肌（伸展）
- 踝关节（背屈）：胫骨前肌、踇长伸肌、趾长伸肌

站立阶段（前腿着地）

- 髋关节（屈曲到外展和伸展）：臀大肌、股二头肌长头、半腱肌、半膜肌（离心屈曲、向心伸展），臀中肌、阔筋膜张肌、臀大肌上部纤维、臀小肌（外展）
- 膝关节（屈曲）：股直肌、股外侧肌、股内侧肌、股中间肌
- 踝关节（背屈）：腓肠肌、比目鱼肌

摆动阶段（后腿）

- 髋关节（外展、伸展）：臀中肌、阔筋膜张肌、臀大肌上部纤维、臀小肌（外展），臀大肌、股二头肌长头、半腱肌、半膜肌（伸展）
- 膝关节（伸展）：股直肌、股外侧肌、股内侧肌、股中间肌
- 踝关节（背屈）：胫骨前肌、踇长伸肌、趾长伸肌

站立阶段（后腿）

- 髋关节（屈曲）：臀大肌、股二头肌长头、半腱肌、半膜肌
- 膝关节（屈曲）：股直肌、股外侧肌、股内侧肌、股中间肌
- 踝关节（背屈）：腓肠肌、比目鱼肌

高级

1. 以运动型四分之一蹲姿势开始——髋关节、膝关节和踝关节屈曲（参见图 a）。肩膀应该位于膝盖上方，重量均匀分布在双脚上。在整个练习过程中，脚应直指前方。

2. 使用动态交叉步侧向加速移动 9 至 18 米，同时保持良好的身体姿势，将内侧（支撑）腿向外推离（参见图 b）。迅速将下一个交叉步踩向地面，同时用脚和髋部保持下蹲向前的身体姿势。尽量保持较低的重心，屈曲膝关节和髋关节。注意，不要将交叉脚摆动到重心前面太远的地方。

3. 在左右两侧以相同的重复次数进行此练习，重复做练习时逐渐加快速度。

X 字形跑

X 字形跑有助于运动员发展不同角度的变向技能。该练习非常适合运动员练习快速过渡且有利于提高反应速度。

要进行 X 字形跑，需要将 4 个锥桶摆放成正方形，正方形边长约 9 米（参见下图），然后让运动员做以下动作。

高级

1. 从 1 号锥桶开始起跑，加速跑到 2 号锥桶。

2. 横向侧滑步至 3 号锥桶。

3. 转身 45 度，以交叉跑的方式跑至 4 号锥桶。

4. 转身冲回 1 号锥桶。

5. 在运动员回到 1 号锥桶后，以相反的方向重复一次。重复进行 2 到 4 次练习。

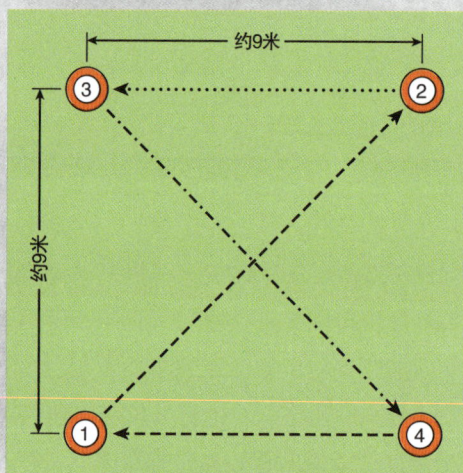

W 字形跑

W 字形跑有助于发展运动员在狭小的空间中向前、向后加速和变向的能力。该训练也可以通过结合对角线冲刺和侧滑步，使用相同的锥桶布局从一侧到另一侧进行训练。

要进行 W 字形跑，需要按照锯齿形图案（参见下图）放置 7 个锥桶，两个锥桶之间相距约 5 米，然后让运动员做以下动作。

1. 从 1 号锥桶开始，加速跑到 2 号锥桶。

2. 以 45 度角后退至 3 号锥桶。

3. 冲到 4 号锥桶。

4. 重复上述动作，直至到达 7 号锥桶。

5. 以相反的方向重复一次（从 7 号锥桶回到 1 号锥桶）。重复进行 2 到 4 次练习。

高级

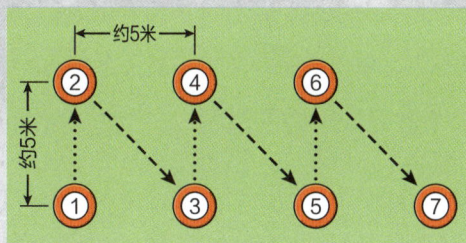

组合跑

　　组合跑结合使用了矢状面和额状面的基本变向动作的全部训练内容。运动员应尽可能快地在锥桶之间移动，同时保持较低的重心。

　　要进行组合跑，需要用相隔约 5 米的多个锥桶设置一个区域，然后让运动员做以下动作。

1. 从 1 号锥桶开始，以交叉跑的方式跑向 2 号锥桶，到达 2 号锥桶时用外侧脚着地。
2. 以侧滑步的形式回到 1 号锥桶，到达 1 号锥桶时用外侧脚着地。
3. 旋转 45 度，冲回 2 号锥桶，到达 2 号锥桶后减速至停止。
4. 后退回到 1 号锥桶。
5. 重复进行 8 到 12 次练习。

　　乔·贾奇（Joe Judge）现在是纽约巨人队的主教练，他在比尔·贝利奇克（Bill Belichick）和尼克·萨班（Nick Saban）手下工作了多年，获得了许多次超级碗冠军和全国大学体育协会系列赛全国冠军。在问及是什么让这些教练如此伟大时，我记得贾奇是这样说的：他们的伟大来自他们专注于掌握各个层面的基本原理，他们努力工作，且非常注重细节。这就是为什么完成变向练习和训练的关键是密切关注身体位置、身体形态和执行动作的细节。在培养出获得速度所需的体能后，你需要对神经系统进行训练，以超高的精确度来控制它。与精力旺盛、休息良好的运动员一起训练可以获得最好的神经学效果。这意味着变向和敏捷性训练不应该在高强度负重训练日或比赛日之后进行。如果运动员看起来很疲惫，不确定自己的动作或非常笨拙——请停止训练。这时应进行恢复。提高多向速度与建立多样化且流畅的运动词汇有关；增强结缔组织的弹性反冲特性、刚度和形态稳定性；并按照压力下的即时执行顺序来编排运动记忆。而这一切都始于掌握高质量动作的基础。这就是你解锁下一级的敏捷性和反应能力的方法，这样你就可以像战斗机一样飞翔。

第10章

敏捷性

虽然敏捷性需要熟练的变向技能和机动技能，但它们并不是一回事——人们经常混淆它们。如果你想了解变向和敏捷性之间的区别，你可以玩真人在线多人视频游戏。如果你不熟悉游戏和控制器界面，可以从进入某个训练模块开始，这样你就可以学习如何在打拳、射击和投掷东西时移动。这是基于约束的闭链变向部分。你需要弄清楚按钮、触发器和切换按钮的作用，以及执行不同操作的特定顺序是什么。

你必须了解环境的物理特性，并练习这些动作，直到它们成为你的第二天性。你正在有限变量的数字空间中建立自己的虚拟运动词汇。最终，你将超越训练水平，并对自己的技能充满信心。你的角色会升级，看起来更酷。然后你准备玩一场真正的比赛，在现场与对手进行比赛，在比赛中，你可能会立即被一个不到你一半年龄的孩子彻底击败。你可能已经在训练环境中与游戏的人工智能对战过，发展了良好的变向技能，但是在线击败你的孩子具有更好的实时反应敏捷性。这就是区别。这个孩子已经发展出一种精确的能力，能够快速了解他们面临的情况，并处理关于时间、位置和意图的多个变量，因此他们能够在几纳秒内做出精确的战术反应。作为一项技能，敏捷性是认知性的、反应性的、创造性的和自发性的。它将态势感知与预测、战略决策、脚手眼协调、快速反应和精确的时机相结合——这些使敏捷性具有高度的神经性。

这种神经方面的因素也是反应敏捷性有利于年轻人的原因。虽然你可能认为电子游戏不是运动，但请考虑一些研究结果：在游戏后的基准测试中，20 分钟的在线竞技游戏可以提高玩家的身体敏捷性和平衡性（Su et al., 2015）。磁共振研究的结果也表明，玩视频游戏可以增强学习能力，提升视觉认知能力，包括视觉短期记忆、快速视觉分类和认知处理速度——尤其是在高度不确定的情况下（Schenk, Lech, and Suchan, 2017）。的确，电子游戏不是运动项目，但将运动训练游戏化，以制造一个不可预测的环境，让运动员必须快速识别和响应意外的刺激，这是帮助运动员提高反应敏捷性的好方法。

一些教练会说，在竞争情况下的理解和反应能力是一种无法传授的技能；运动员要么拥有这项技能，要么没有这项技能。恕我无法同意这种观点。你可能无法赋予每个运动员像斯蒂芬·库里（Steph Curry）、罗杰·费德勒（Roger Federer）或内特·迪亚兹（Nate Diaz）那样的超人的理解和反应能力，但你肯定可以改善他们的技巧，让运动员们掌握多样化的变向动作词汇，通过优化本体感觉和弹性储存来帮助他们发展健康的筋膜组织，并训练他们保持抬头和睁眼。你还可以通过向运动员提出有竞争性的、类似游戏的训练和目标，迫使他们分析环境、预测时机，并做出战术反应，从而提高他们的观察和反应速度。

敏捷性受本书介绍的影响速度的各个因素（包括最佳的力量–体重比，核心和远端关节的超级刚度、加速、减速和变向）影响，同时还受认知反应速度影响。我的观点是，如果我教你一些训练，你就会明白该如何去做。但是，如果我教你这些训练背后的原则，你就可以利用这些知识来创建你自己的相关运动方法，从而制订训练计划。这就相当于教练给你一条鱼与教你如何钓鱼的区别。一个结果是提供一顿食物，另一个结果是提供一辈子都吃不完的食物。

敏捷性和筋膜系统

到现在为止，你可能已经明白，我非常支持让运动员了解筋膜系统在运动中的重要性和被低估的程度，而筋膜系统在优化敏捷性方面的作用怎么强调都不过分。除了对变向爆发力、关节稳定性和核心力量有重大贡献外，研究表明，筋膜系统还含有丰富的神经感受器，可以检测整个人体的压力、疼痛、温度和运动。正如前面第 4 章中所提到的，筋膜组织中的神经末梢比肌肉组织中的神经末梢多 8 到 10 倍，在四肢（双手和双脚）的筋膜组织和关节中的神经末梢密度更高。肌肉周围的筋膜组织中的传感器和神经末梢的数量远远超过了肌肉内部的神经末梢的数量。

此外，研究表明，空间意识来自围绕在器官周围的筋膜组织中的神经末梢、受体和传感器。这些神经末梢、受体和传感器不断向大脑传递有关内脏器官位置和地点的信息，包括它们的运动、温度和生化组成。基于这些发现，筋膜系统现在被认为是一个与神经系统功能直接相关的主要感觉器官。因此，可以假设人体运动在某种程度上是对身体内部运动感觉的反应——这种反应是通过神经系统和筋膜系统启动的，而不是仅由肌肉活动触发的。

研究表明，膝盖的本体感受器可以使用身体的综合筋膜网络直接向髋关节发送信号，而髋关节可以在信号到达脊柱之前直接将信号传回膝关节（Schleip，2017）。研究人员认为成群的鸟类可以作为一个单一的有机体统一行动以迷惑捕食者，这是一个很好的比喻。这些鸟经常以超过每小时 64 千米的速度成群结队飞行，它们之间只有一个身体长度的空间，但整个群体可以作为一个整体做出令人震惊的急转和俯冲动作（Potts，1984）。想象一下，一名战斗机飞行员与其他 100 名喷气机飞行员编队做出未经排练的规避动作，他们之间只有一个翼展的空间，他们在做规避动作的同时还要计算速度、重力和湍流的恒定变化。这实质上就是筋膜和神经系统在你为对抗对手而进行切步和飞奔时所做的事情。如果鸟群等待一只鸟发起行动，那么需要很长时间才能让信号传播到整个鸟群，以让每只鸟都统一行动。

研究人员发现，成群结队飞行的鸟类不会跟随领导者，甚至不会跟随和它们是近邻的鸟类。它们可以了解并预测更大的鸟群运动方向的突然变化。一旦鸟群中的某个地方开始改变方向（例如对一只进攻的猎鹰的反应），这种改变方向的冲动就会以所谓的机动波的形式在整个鸟群中传播，其速度比这些鸟只对领导者或近邻鸟类做出反应的速度快三倍。这种内部提示动力学被称为"合唱队效应"，它意味着成群结队的鸟儿就像一个合唱队的舞者，它们能感知到即将到来的踢腿浪潮，并根据当时独特的时机和速度来判断要做什么。当我们将此信息与所有人体运动都来自由质量、动量、重力和地面反作用力等功能驱动因素引发的动能连锁反应这一事实相结合时，这对敏捷性产生了巨大的影响。如果由于受伤、关节活动度不足或组织受限而导致动力链出现不平衡或弱点，则会影响到动力链上的其他环节，并迫使它们进行代偿。换句话说，拥有一个健康、平衡的筋膜系统对于实现最佳反应敏捷性至关重要。

因此，建议你在以敏捷性为重点的训练日（和比赛日）开始时，进行简短的筋膜组织准备训练，其中包括通过以下方式给组织热身并改善它们的流体动力学：延展在各自专项或司职位置中获得最多活动的结构，并进行自我筋膜放松来寻找扳机点（已在第3章中介绍过）。此外，就像变向、加速和最大速度训练一样，为了获得最佳效果，只有在运动员充分休息后和精力充沛时才应该进行敏捷性训练。这是一个以神经系统为重点的反应速度训练，而不是体能训练。

敏捷性和心流状态

敏捷性（自发理解、反应和执行的能力）与时间感和空间意识密切相关。高水平表达这种特质的运动员通常将这种体验称为"处于巅峰状态"。他们与周围的世界以及他们在深层世界中的位置有着内在的联系。有些人把这种联系称为第六感。匈牙利裔美国心理学家米哈里·契克森米哈赖（Mihaly Csikszentmihalyi）将这种体验描述为处于"心流"的状态。

契克森米哈赖说："当一个人处于心流状态时，时间就会消失。每一个动作、运动和想法都自然而然地承接上一个动作、运动和想法，就像演奏爵士乐一样。你整个人都参与其中，并让技能水平发挥到极致。"

通过分析大量的运动员、音乐家和艺术家的案例研究，契克森米哈赖建立了心流状态的九个维度：挑战－技能平衡、行动－意识融合、明确的目标、明确的反馈、专注于任务、控制感、忘我状态、时间转换和自体体验（Nakamura and Csikszentmihalyi，2002）。

在心流状态的九个维度中，从敏捷性训练的角度来看，挑战－技能平衡具有极大的相关性。挑战－技能平衡是指你相信自己有能力应对你认为的挑战。因此，如果你认为挑战难度超过自身技能水平，你可能会变得紧张和焦虑，并且表现不佳。这就是涉及多个场景的闭链技能发展是敏捷性训练的重要组成部分的原因之一。运动员需要确信自己的技能与在比赛中将面临的挑战相匹配，这样他们就有了即兴发挥的自由。行动－意识融合维度也是类似的，因为它涉及与正在进行的活动融为一体的感觉。它是自动性的一种表达：有着根深蒂固的神经序列（运动记忆）使你能够下意识地执行动作，同时全神贯注地关注周围发生的事情，并预测对手和队友的动作（理解）。专注于任务（没有其他外部想法）和时间转换（时间体验消失或减缓）维度是处于心流状态的两个最明显的标志。对于速度教练来说，这听起来有点太深奥了，其基本要点是，进入心流状态的前提是只关注当下，并拥有应对挑战的技能。

当问及是什么让体育史上最具敏捷性天赋的运动员之一迈克尔·乔丹（Michael Jordan）如此伟大时，《稀有空气》（*Rare Air*）一书的作者马克·范西尔（Mark

Vancil）在美国娱乐与体育电视网纪录片《最后的舞蹈》（*The Last Dance*）中回答说：
"他的天赋不在于他能跳得高、跑得快，或投篮。他的天赋在于他能在那一刻完全进入状态。这就是他与众不同的地方。"乔丹具备高水平心流状态，部分原因是他不断练习，掌握比赛的基本原理，直到它们成为他的第二天性，直到他坚定不移地相信自己有能力应对任何挑战或防守者，直到他能够融入当下，与篮球合而为一。这就是你进入心流世界的方式。

敏捷性和 OODA 循环

在谈到反应敏捷性时，仅靠速度并不能确保胜利。最重要的是时机和战略决策，这需要快速了解多种变量并在最有利的时刻做出战术反应。这个循环的特征就是所谓的 OODA（观察—定向—决策—行动）循环（参见图 10.1）。简单地说，OODA 循环是一个四步战略决策循环，它不断重复和调整，从不断发展的事件和信息流中汲取灵感。OODA 循环的流程是：观察，将自己定位到可能的选项，决定采取某个行动，然后实施该行动。此时，你会观察该行动的结果并重新开始循环。迅速执行 OODA 循环可以提高敏捷性，帮助你以卓越的力量或速度击败对手。在观察阶段，你将收集一些视觉信息和其他感官信息。这些信息包括对手的动作和身体姿势，还包括来自与对手或队友的身体接触的感官信息，对身后接触的预期，对光影、声音和空气运动变

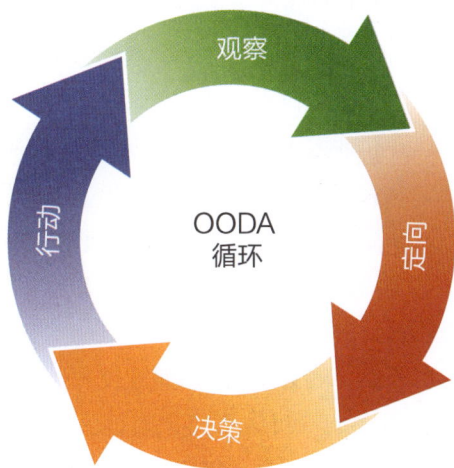

图 10.1　OODA（观察—定向—决策—行动）循环是一种用于快速观察和响应的战术决策模型

化的感知——这些都是本体感知的类型。这种观察信息总是不完整的，必须不断地重新评估。

在定向阶段，你需要在当下的情境中定位自己。在竞技运动环境中，这意味以有利的方式定位身体，并根据对手的位置和你对他们去向的预测做出反应。能否及时做出反应取决于你在观察阶段收集的信息的质量和内容。由于这种信息是不完整的，因此你可能需要在继续观察正在发生的事件时快速重新定位。

在决策阶段，你必须选择目前最好的方案，然后致力于采取行动。你拥有的潜在选择越多，此步骤所需的时间就越长，但匆忙下结论会导致失败。同样，如果在观察周期中收集的信息不完善，或者你对运动决策的身体定位存在问题，那么快速决策只会导致你做出错误决策。重要的是要记住，这些不是孤立的顺序步骤。观察是对不断变化的环境和不完整信息的不断认识，在收到新的数据时，你对这些信息的定位将不可避免地发生变化。同样，决策和行动步骤也与正在进行的反馈循环有关，一些行动会同时发生或按要求的顺序发生。

在行动阶段，你需要释放中枢和周围神经系统的动作电位。行动应该要全力以赴，并且你希望采用最佳形式完成。想一想决定发出一记刺拳的拳击手。而你连半拳都无法打出。你需要用全部力量打出一拳。这意味着行动的结果在很大程度上取决于你的动作和执行质量，这就是为什么在一个可预测的训练环境中完善形式和力学机制对于在不可预测的情况下取得成功至关重要，因为你要靠本能和肌肉记忆进行操作。因此，运动员必须以最大训练量进行战术敏捷性训练，以提升反应能力，并形成强大而又灵活的运动词汇，以便他们能够在任何情况下本能地运用最佳动作。

从根本上说，OODA 循环是所有人一直无意识在做的事情。在音乐中，节奏是指歌曲节奏的速率和速度，以节拍为单位进行计算。在场地和球场运动中，节拍可以是脚步声、传球和其他动作。在格斗艺术中，节拍可以是打击和阻挡动作（例如，一二连击）。如果你学过音乐，就会知道什么是半拍。音乐老师数节拍时可能会说"一和二和三和四"，其中的"和"代表半拍。例如，在一二连击中，半拍是指在第一拳（一）击出后，但在交叉刺拳（二）击出前的那一刻。这个半拍是一个非常短暂的时刻，在这个时刻，你的决策—行动循环的节奏很容易被对手打乱。这就是时机和节奏在竞技运动中对敏捷性如此重要的原因。观察速度、决策速度和执行速度都很重要，但它们都没有战略时机重要。利用对手的 OODA 循环来对付他们，这意味着你的决策和行动要反其道而行之，从而打乱对手的节奏。想象一个篮球后卫带球穿过球场，他必须躲避一个更高或速度更快的防守者。他不会直接冲向篮筐，这不太可能成功，他会不定时地做切步、假动作。同时，篮球后卫会改变自己的节奏，通过先慢后快（或者先快后慢）来扰乱对手的 OODA 循环，促使对手犯错，让自己有机会控制局面。在这个过程中，目标不是尽可能快地完成 OODA 循环；相反，它是一种利用对手的半拍节奏让自己控制局面的方法。

速度提示：敏捷性

反应敏捷性对提示来说是个挑战，因为竞争环境瞬息万变，而敏捷性动作是快速、微妙的。它们实际上是无计划的。也就是说，防守者的主要原则之一是将对手拦在自己的前面，让自己的髋部正对对手的髋部，并通过观察对手的髋部或球衣上的数字来预测他们的运动方向。

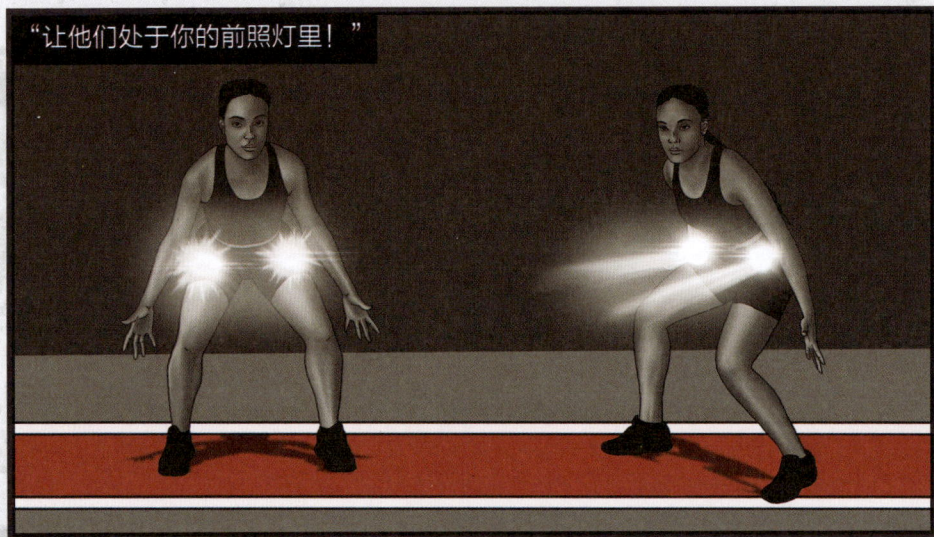

想象你的髋部两侧都有一个前照灯。当对手在你面前改变方向时，保持前照灯对准对手的髋部。

敏捷性训练

　　当从变向训练转向敏捷性训练时，目的是创造一个更加不可预测的环境，使用外部刺激，让运动员必须通过锚点训练快速做出响应。做到这一点的一种方法是将经典的变向训练与可变性和未知因素相结合。这可以通过使用教练的语音命令、口哨、举手或其他音频和视觉提示来完成。选择的特定训练和提示应基于目标运动和姿势。还可以通过增加敏捷性训练来帮助运动员增强组织适应能力，并通过放慢速度和增加运动量来帮助运动员发展肌肉记忆。

　　在敏捷性应用训练方面，有多种方法可用来创建基于目标的反应式训练环境。例如，使用带有语音命令或交互式触摸感应灯（如 BlazePod）的带标号的锥桶（参见图 10.2），这种交互式触摸感应灯会触发身体对闪光的自然反应，并提供额外的触觉元素。教练员可以使用发光的锥桶来编排训练计划，敲击锥桶时，灯就会关闭。虽然还有许多其他具有类似功能的反应式训练工具，但 BlazePod 平台还可以连接到智能手机应用程序，用手机设置具有多个锥桶的不同运动序列，并为你提供即时的性能跟踪数据，这些数据提供了可测量的反馈，有助于激励运动员。我提到该平台是因为它是为数不多的专门用于训练和测量开链认知反应速度的可用工具之一。你可以通过使用带有语音命令和秒表的有编号的锥桶来创建一个类似的训练环境。让运动员在高强度下进行训练的关键是使用秒表并使训练具有竞争性。我们的经验是，如果没有秒表或无法跟踪应用程序的性能反馈，运动员就不会真正让自己奋力前进。这种基于游戏的训练还有助于发展心流状态的部分维度，其中包括明确的目标、明确的反馈和对任务的专注。

图 10.2　BlazePod 提供了一个响应式训练目标，要求运动员对未知事物做出反应

命令组合训练

　　当从变向训练过渡到敏捷性训练时，可进行基本的动作练习（包括侧滑步、交叉跑、向前和向后加速冲刺），其中可加入信号刺激，以使训练具有反应性。与变向训练一样，运动员应该掌握每项训练的技巧，先以步行速度慢慢开始，然后再以全速进行训练。在单独关注每个动作后，可过渡到根据命令来组合动作，教练要么大声喊出动作，要么指向他们希望运动员前往的方向。

　　例如，你可以先练习侧滑步，然后练习侧跑、向后撤步、向前加速、另一个方向侧跑、W 字形跑——该命令组合强调了每个方向变化的减速部分。教练做出一个向左或向右的手势，并大声喊出他们希望运动员做什么——指着一个方向并大喊："侧滑步减速！"然后指着后面喊："向后撤步减速！加速减速！"以此类推。这种方法以基于约束和半计划的方式整合了闭链和开链运动，同时也是反应性和未知的。它还可以帮助运动员专注于保持头部抬起，注意他们的动作和环境，而不仅仅是注意眼前的事物。这种方法可以让运动员有条不紊地组合和加强核心动作，这些动作对于建立一个强大的变向词汇表至关重要。此外，要求运动员在不同的动作之间进行转换，同时还要保持目视前方，以便能够关注局势并对外部提示做出反应。

　　以这种方式交替进行变向训练和敏捷性训练，为运动员从有意识能力发展到无意识能力创造了一个混合的连续体。当运动员专注于外部刺激而被迫快速选择最佳动作来响应这些刺激时，教练就有机会识别他们在特定角度、特定平面和特定动作过渡期间的组织阈值方面的局限性。他们在减速和加速过渡之间是否停顿太久？他们在驱动阶段是否有功能障碍？他们的核心部位是否薄弱？他们的髋部与躯干是否脱节？利用这些信息，教练可以制订抗阻训练计划，目的是了解在重新开始应用训练之前需要注意的协调能力阈值或组织阈值。例如，当一个向后撤步的运动员在同一条直线上沿相同方向过渡到直线冲刺时，他们需要保持矢状面的稳定性，同时在水平面上进行 180度转向，并在向后撤步转变到直线冲刺阶段的步骤中加速通过额状面。

　　教练可以利用这些过渡时刻来识别运动员存在的潜在功能障碍。例如，在开始旋转过渡时，运动员可以通过适当的膝关节伸展、髋关节伸展和髋关节外旋来推动支撑腿。然而，你可能注意到，他们的躯干和脊柱失去了姿势的完整性。这可能是由于内收肌群无法与骨盆底一起对运动需求做出适当反应。在这种情况下，运动员可以通过针对横向平面过渡的更多抗阻练习来锻炼这些组织。运动员还可以在负荷下练习该动作的特定驱动和旋转顺序，以发展相关组织和运动记忆的协调性。在预先计划和开链反应的情况下，在有抗阻的变向过渡和无负荷的变向动作应用之间交替，使运动员能够从掌握技能的有意识能力逐步提升到更好的、实时敏捷性所需的精细无意识能力。使用提供动态阻力的工具 [如药球、负重背心、水袋（参见图 10.3）或阻力带] 进行变向训练，有助于运动员建立内部结缔组织的形态稳定性，并提高其特定动作组织阈值。

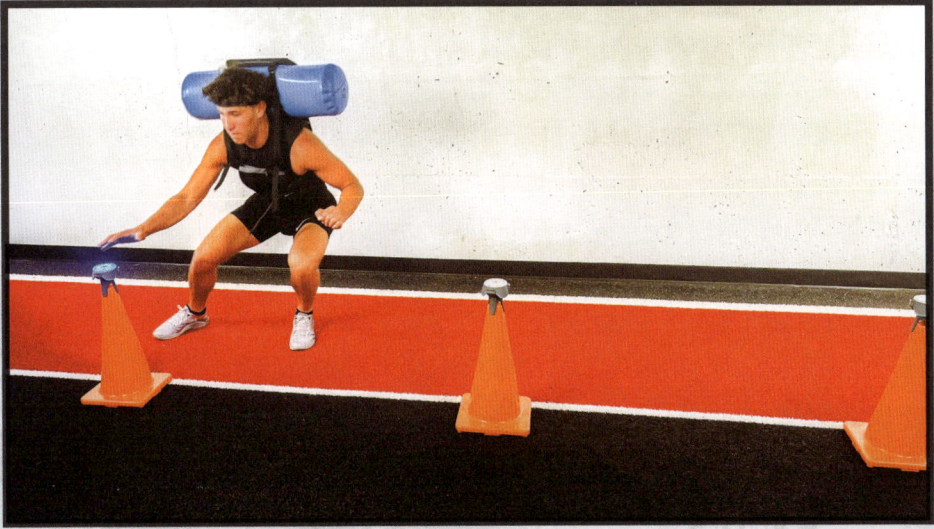

图 10.3　水袋增加了动态阻力，有助于发展更强大的全身形态稳定性

坠步训练

坠步是许多场地和球场运动中的一个基本的变向动作。在美式橄榄球中，防守型后卫通常在进行人盯人时使用坠步。在比赛开始时，防守型后卫通常以静止姿势开始，面对对手，等待他们做出动作。当进攻球员跑向他们时，防守型后卫可能会开始稍微后退。当进攻球员转向一侧或另一侧时，防守球员必须通过打开和转动髋部，向该方向做出坠步动作，以便他们可以转动身体并过渡到交叉跑。如果进攻球员切到对侧，试图超越防守球员，防守球员必须将其髋部旋转180度，以朝向另一侧，这样他们就可以在不减速的情况下跟紧对手。防守球员在过渡期停留的时间越长，他们锁定接球手的机会就越大。

因此，在确定直线方向之前，快速坠步并尽可能长时间保持过渡姿态的能力是如此重要。在这种情况下，保持较低的重心对于通过产生足够的力来快速旋转身体至关重要。为了使防守球员迅速做出反应，他们必须屈曲踝关节、膝关节和髋关节。这就是基于约束的变向训练的用武之地。问题是：为了能够横向跑步，需要在脚踝建立多大的组织阈值？

此外，腰方肌和腹内斜肌、腹外斜肌在通过等长收缩促进动态的、有力的坠步旋转方面发挥着巨大作用。如果髋部与上半身脱节，则会产生能量损耗，从而导致速度减缓并增加损伤风险。髋部、胸腔和肩部是连接在一起的。转向的角度非常重要。理想情况下，你要通过将引导脚落在大约三点钟方向的位置来发起动作，同时避免髋部过度旋转或过早决定防守动作。如果你放置前脚的时候过度转向，那么髋部也会随之旋转。当进攻球员进行内线突破时，你无法快速做出反应。如果进攻球员跑到很深入的地方，在某些时候，你必须和他们一起跑。但是你需要管理你的方向和重心，直到你真正了解他们要去哪里。这是OODA循环的观察—定向阶段的一部分。

同样，在篮球运动中，通常将坠步用作一种进攻性的低位移动动作，进攻球员利用防守者的身体来对抗他们。在篮球运动中，进攻球员在背对篮筐和防守对手的情况下会使用坠步。进攻球员在下颌下方牢牢控制住球，打开髋部，绕着防守者使用坠步（在战略上最具优势的一侧绕着防守者旋转180度），他们将球拍离地面，向篮板移动，用双手用力举起篮球进行投篮，或后退一步进行后仰投篮。如果观察一个有经验的球员做这个动作，你会注意到，在持球的时候，运动员的上半身稍微靠向对手的身体。这是进攻球员的观察—定向阶段的一部分，此时他们通过身体接触增加从对手那里获得的信息。这样做使他们能够感觉到对手在空间中的位置和对手向后退的方向，以及对手施加了多少力量（意图）。这种触觉信息有助于运动员确定方向，并决定采取哪种行动。换句话说，运动员是应该先在一个方向上做一个虚假的坠步动作来吸引对手偏离中心，还是应该利用对手的弱点做一个快而坚决的坠步动作？同样，基于约束的变向训练可以帮助运动员发展神经肌肉系统，使这些动作成为他们的第二天性。这样当他们做出采取行动的决定时，就会更快地实施，而且成功的可能性更高。一旦该训练成为运动员动作词汇的坚实组成部分，你就可以将其转变为敏捷性训练，让运动员在视觉或听觉命令下在两个方向上做出坠步动作，使动作具有不可预测性和反应性。

在进行坠步训练时，运动员应该专注于稳定核心（使肋骨锁定在骨盆和肩膀上方）——所有组织都应该一起旋转。除了使其具有反应性之外，进行此训练还可以帮助身体加强不同方向上的组织和肌肉。

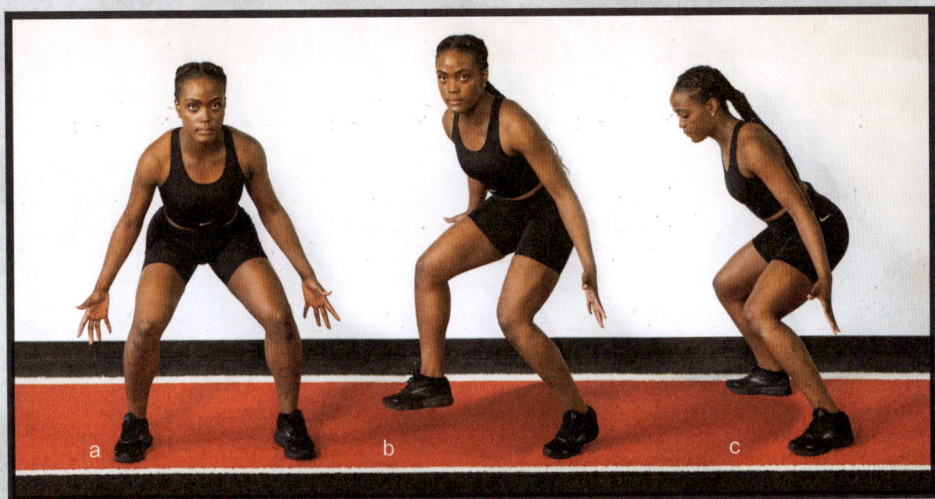

激活的主要肌肉

向后旋转（站立腿和摆动腿）

- 髋关节（外旋、外展）：臀大肌、臀中肌后部纤维、梨状肌、上孖肌和下孖肌、闭孔内肌和闭孔外肌、股方肌（外旋），臀中肌、阔筋膜张肌、臀大肌上部纤维、臀小肌（外展）

向前旋转（站立腿和摆动腿）

- 髋关节（内旋、内收）：股薄肌、半腱肌、半膜肌、臀中肌前部纤维（内旋），耻骨肌、短收肌、长收肌、大收肌、股薄肌（内收）

1.以运动姿势开始，双脚对齐，髋关节、膝关节和踝关节略微屈曲，同时撑起核心部位（参见图 a）。

2.通过转动前脚并向后外展另一条腿，快速向一侧旋转。确保将髋部、胸腔和肩部作为一个整体进行旋转（参见图 b 和图 c）。

3.在重复做动作之前，双脚要对齐，回到起始位置。在运动员掌握该技术之后，可提高动作速度。该练习的关键是控制坠步的减速阶段，然后重新加速回到起始位置。

4.做 2 至 3 组练习，每侧做 10 个坠步动作，总共做 20 个坠步动作。

游戏化训练

像猫捉老鼠或抓人这样的游戏是另一种训练敏捷性的好方法，因为它们是目标驱动的，可以促使运动员对不可预测的情况做出创造性的反应。抓人游戏可以根据专项或训练的不同，进行不同的设置。一个简单的游戏是终点区域训练，在该训练中，可以设置两个代表足球场球门线的锥桶。一名运动员位于一个锥桶旁边的终点区边缘。另一名运动员从 5 码线开始移动，在教练的提示下，必须在不被另一名运动员触碰的情况下到达终点区域，才能触地得分。然后将起点移至 10 码线，随后移至 20 码线，以此类推。在帕里西速度学校，我们让运动员在每个距离间隔内交换角色，这样他们就可以轮流扮演进攻和防守角色。

曲线敏捷性训练

在实时游戏场景中，有多种执行变向动作的方法。你可能会突然从直线冲刺过渡到曳步、向后撤步或侧滑步。但是，通常情况下，运动员会以曲线跑的形式躲避对手，而不是采用侧滑步或交叉跑。这是许多教练经常忽略的多向动作词汇之一。正如第 9 章中所述，曲线跑涉及不同的身体位置、力矢量、关节角度和躯干关节。在涉及敏捷性的环境中，当运动员试图到达前进目标位置时，这些动作通常是作为对对手动作的本能反应而发生的。因此，通过在动态的、类似游戏的环境中让运动员的组织、关节和神经系统暴露于不同的向心力，训练运动员在不常用的曲线跑步姿势中提高反应敏捷性是很重要的。

完成该训练的方法之一是：使用两个大轮胎或一系列 8 字形摆放的锥桶，在一个曲线空间中玩抓人游戏，这些轮胎和锥桶会自然地诱使运动员根据对手的动作进入曲线跑模式。在这种情况下，通常会先让一个人在追捕者前面几码处站好，然后让他在教练的提示下开始移动。

开链游戏训练

在开链游戏环境中进行训练的一个挑战是，运动员（尤其是孩子）经常会将技巧抛之脑后，变得行为草率，这不是教练想要强化的行为。这就是为什么只有在教练花费大量时间通过闭链训练使运动员具备良好的动作行为之后，才能进行不可预知的开链游戏训练，而后交替进行两种训练。也就是说，游戏训练的一个优点是，教练可以利用这些时刻来确定运动员的弱点或无效的动作偏差，通过有针对性的、基于约束的训练来解决这些问题。

由于敏捷性本质上与认知和神经学有关，因此几乎任何反应性的游戏或活动都可以帮助运动员发展更好的情境意识、时机、预期、战略规划和神经激发速度。这包括玩躲避球、手球、烫手的土豆，甚至是电子游戏——尤其是强化比赛理论和决策策略的电子游戏。策略很重要，在比赛期间，知道何时后撤步和知道如何后撤步同样重要。

第11章

系统特定恢复

汤姆·布拉迪（Tom Brady）、勒布朗·詹姆斯（LeBron James）、塞雷娜·威廉姆斯（Serena Williams）和罗杰·费德勒有什么共同点？按照岁数来说，他们现在都应该退役了。然而，他们都仍然在各自的运动项目中以最高水平参加比赛（本书数据截至英文版成稿时）。他们是如何做到的？原因之一是他们都非常注重恢复。这是速度训练中被高度低估的悖论之一。在对更快、更高、更强永无止境的追求中，许多运动员和教练忘记了休息、恢复和重建的重要性。现实情况是，如果你想释放身体的全部表现能力，同时降低损伤风险（尤其是随着年龄的增长），你必须同等重视休息和恢复与组数、训练和比赛，这是至关重要的。

从这个角度来看，勒布朗·詹姆斯每年在其训练、饮食和恢复计划上的花费超过了 150 万美元，其中包括一名私人厨师、一个身体护理专家团队，以及人类已知的大多数现代恢复技术。虽然你可能无法为你的恢复计划支付高昂的费用，但了解最有效技术背后经过科学验证的原则可以为你提供与詹姆斯一样有价值的投资回报。如果要深入探讨这个话题，还可以再写一本书，但如果不提及这一话题，那么一本专注于速度解剖学的书将是不完整的。本章将介绍基本原则，以帮助你了解将恢复策略纳入训练计划的重要性，以及从这些策略中获得最大收益的关键是什么。请记住，需要了解的东西有很多，而且每年都会出现新的研究，不断深化我们的认知。

局间恢复

首先要注意的是，当我们谈论表现能力恢复（而不是伤病恢复）时，大多数人倾向于考虑如何在训练和比赛之间做点什么来加速愈合、减少疼痛和重建组织。虽然训练回合之间的充分恢复对于提升速度和伤害恢复能力很重要，但人们经常忽视在训练回合中（重复练习之间和重复练习组之间）恢复的重要性。

运动研究所的创始人米科尔·达尔科特说："传统上，在速度或爆发力训练中，运动员会重复进行一系列高强度的冲刺、举重或其他练习，而不考虑重复练习之间的恢复需求。但我们需要思考我们为什么要做这些重复练习？如果我们做这些重复练习是为了增强体能，那很好。但是，如果我们正在努力发展速度和力量，那么我们需要有强烈的意图，这意味着我们要让引擎高速运转。而当我们通过一系列的运动来锻炼引擎时，我们正在消耗身体系统。因此，这些高强度的锻炼需要与恢复措施相平衡，以帮助你在训练期间重建这些系统，从而使你能够继续高水平发挥。"

谈到局间恢复，你需要了解三个关键策略：代谢恢复、神经恢复和体液恢复。了解身体系统在高强度训练期间是如何被消耗的，以及在训练期间可以采取哪些措施来恢复它们，这对于提高长期表现水平和降低损伤风险至关重要。

代谢恢复

如第 2 章中所述，身体通过三个不同的能量系统产生肌肉收缩所需的代谢燃料（ATP）：ATP-PC 系统、乳酸系统和有氧系统。ATP-PC 系统提供最直接的能量来源，因为它由磷酸肌酸提供燃料，而磷酸肌酸是一种直接储存在肌肉细胞内的高能化合物，可立即用于短期的、高强度的锻炼。问题是，在乳酸系统启动之前，这种无氧燃料注入系统只能给肌肉提供 10 到 15 秒的高辛烷值能量，之后由乳酸系统提供长达两分钟的高强度训练所需的能量，然后你就会因为需要氧气而变得疲劳并开始呼吸困难。此时，身体从无氧能量系统切换到有氧能量系统，训练转变为体能训练。这使得 ATP-PC 系统成为影响加速和速度（而不是耐力）的关键因素。ATP-PC 系统的一大特点是磷酸肌酸可以快速被细胞重新合成，而且不会在化学反应中产生导致疲劳的副产物。这意味着在两组训练之间的局间加入一个相对较短的恢复期，可以刷新 ATP-PC 系统，并让身体为另一次短暂的高强度输出做好准备。

通常情况下，你的最大容量大约可以提供 20 至 30 秒的全力或超过 90% 努力下的输出。之后，ATP-PC 系统产生的能量被耗尽，乳酸系统开始供能以保持引擎运转（参见第 2 章中的图 2.5）。这两种无氧能量系统中每种系统的供能时间取决于努力强度和运动持续时间，但在你进行另一次全力以赴的努力之前，这两个系统都需要得到能量补充。

对于努力水平超过 90% 的高强度运动，代谢恢复的良好工作与休息比率在 1：10 到 1：20（例如，10 秒的最大努力之后，应该进行 1 到 3 分钟的低活动量休息）。你至少应该采用 1：4 的比例——对于中等的训练水平。从这个角度来看，精英短跑运动员在尝试进行下一次全力以赴的冲刺之前，通常会在赛道上走 5 分钟或更长时间。虽然这在执教或比赛中似乎是一个永恒的定律，但代谢恢复不是一个可以仓促完成的化学过程。你无法通过吃东西、喝饮料或泡沫轴滚压的方式来恢复 ATP-PC 系统的能量。虽然周期性的训练计划最终可以提高你的工作负荷能力，并缩短恢复时间，但代谢恢复的化学反应存在生物学速度限制。也就是说，在新陈代谢（和神经）恢复周期中应该进行一些强度极低的运动，如步行。除了缓解疲劳，让无氧能量系统得到补充之外，低强度运动还可以帮助身体保持温暖，并排出一些在高强度运动中积累的代谢物。

神经恢复

神经恢复包括补充身体的化学储备，但在这种情况下，神经恢复不是补充能量池，而是补充神经递质池。涉及高度复杂性和高强度的运动，需要大量精确数量、精确节奏，和以精确顺序发生的化学反应。如前所述，有关速度的悖论之一是，与其说速度与快速启动肌肉有关，还不如说速度与能够快速关闭肌肉的能力有关。激发远端和近端刚度的超快速脉冲的能力是使精英短跑运动员（以及爵士鼓手、世界级格斗者和职业高尔夫球手）成为精英的原因。真正的速度来自有节奏地快速关闭系统的能力——你如何实现快速出拳、踢腿或投掷。从生物力学的角度来看，神经系统中的信号网络启动了肌肉收缩，并利用突触间隙（神经和肌肉之间的连接处）的一系列化学反应（钠钾和乙酰胆碱）产生动作电位。当乙酰胆碱填满这个间隙时，它就会激发一个动作电位，导致肌纤维收缩。

简单来说，这些充斥着乙酰胆碱的间隙越多，肌肉的收缩相对于其能力就越有力。肌纤维收缩后，一种称为乙酰胆碱酯酶的酶会分解乙酰胆碱，并通过吃掉乙酰胆碱来关闭肌肉。

当然，当我将这样一个复杂的神经过程过度简化时，听起来完成这个过程好像需要很多时间。现实情况是，这些化学反应会在几毫秒的时间内，以一系列快速的传输方式发生在体内。当你以强烈的意图和高水平的力量运动时，这些化学物质会被耗尽。即使你可能长时间不运动，但当你全力以赴时，就会消耗用于神经传导的化学物质，因为你让这些阀门一直处于打开状态。而当你在练习回合中多次这样做时，神经系统会感到疲倦。这意味着如果你想让神经系统在下一次努力中全力以赴，则需要补充乙酰胆碱和乙酰胆碱酯酶的储备。

根据达尔科特的说法，对于神经系统的恢复来说，良好的工作与休息比率约为 1∶6。例如，如果你让一个运动员在 30 秒内全力以赴地完成 3 次悬垂翻动作，那么该运动员应该休息 3 到 5 分钟以恢复神经系统，在再次尝试之前，应该在健身房内走动、深呼吸或用防滑粉擦手。此外，你不希望他们做对神经系统造成负担的事情。恢复的目标是补充神经系统所需的化学物质，从而使组织保持温暖。

体液恢复

虽然在训练环节中整合代谢和神经恢复周期的必要性是众所周知的，但有一个策略经常被人们忽视，那就是局间的体液恢复。在这种情况下，体液恢复不是指保持水分（这显然很重要）；而是指促进局部组织中的体液恢复。当你做某种高强度的运动时（无论是 40 码冲刺还是一遍又一遍地投掷棒球），肢体速度很高，肌肉收缩很快，精神意念的专注度也很高。肌肉的这种剧烈收缩会导致筋膜、肌肉和其他组织的渗透压梯度发生变化。基本上，当你一次又一次地快速收缩肌肉时，你会将水和其他体液（包括血液、淋巴液和组织间液）从这些结构中分离出来。在延长训练回合（超过 30 分钟）的过程中，这些组织会逐渐脱水。体液恢复对结缔筋膜组织尤为重要。正如第 3 章所介绍的，当细胞外基质中有更多的结合水（当水分子与组织中的糖受体结合时）时，筋膜组织会更有活力和抗压性。但是，如果筋膜组织一次又一次地受到强烈挤压，这些水分子会脱离出来。这会降低筋膜组织抵抗变形和撕裂的能力，从而降低表现能力，并增加损伤风险。高速收缩还会使血液更难进入肌肉，从而限制了输送到肌肉的氧气量，并抑制了肌肉的收缩能力。这意味着，在持续时间超过 30 分钟的训练回合中，体液恢复技术对于最大限度地提高训练效果至关重要。

据达尔科特的说法，在较长时间的锻炼过程中，局间体液恢复的良好工作与休息比率约为 3∶1（即每工作 30 分钟，需要进行 10 分钟的体液恢复）。达尔科特说："在代谢恢复和神经恢复过程中，要避免引擎在低怠速的情况下加速，因为你不想耗费能量储存或神经化学物质。但是，在体液恢复过程中，你想做泡沫轴滚压，想使用压力服，想做一些揉搓或按摩，将体液推回到它被推离的地方。这些体液是由于压力梯度和渗透流量而被推离的。因此，我们的想法是通过逆转压力梯度将它们推回原来的区域。这可以通过自我筋膜放松、泡沫轴滚压、穿压力服和使用振动枪等方法来实现。"

负荷管理

可以说，NBA 和美国国家冰球联盟（National Hockey League，NHL）的赛程是所有职业体育联盟中最严格和竞争最激烈的。运动员需要参加为期 8 个月的、密集的

82 场常规赛，需要经历艰苦的旅行、频繁的时区变化和持续的睡眠中断。因此，密切监测运动员的工作负荷强度，以便教练和球队能够战略性地设计他们的休息和恢复策略，对于减少损伤和确保运动员能够夜以继日地高水平参赛至关重要。在 NBA 中，用于描述此过程的有轻微争议（且有些误导）的术语称为负荷管理——使用生物特征和其他数据来监测运动员的工作负荷和休息的比率，以确定运动员何时遭遇个人负荷能力问题。负荷管理包括监测实际上场时间，以及运动员在练习、技能训练和主动动态热身期间的表现，以及他们的赛后恢复程序、睡眠指标和损伤问题。Kinexon 的运动表现执行副总裁兼 Cardio2Tech 有限责任公司的所有者保罗·罗宾斯负责整理这些数据，以便球队能够根据这些信息制定出可行的决策。保罗是国际公认的代谢测试、工作负荷跟踪和训练优化方面的专家。除了监督 NBA 和美国网球协会（United States Tennis Association ,USTA）的负荷管理外，他还帮助监督 Kinexon 的可穿戴技术部门，并在斯科茨代尔运动医学研究所担任运动表现和恢复教练。他还担任过许多新创公司的顾问。他研究了市场上几乎所有的表现跟踪和恢复小工具，进行了基于实证的研究，以将游戏规则改变因素与营销炒作区分开来。这就是我联系他的原因，我想了解他对工作负荷监控、恢复和最有效的恢复方式的看法。

罗宾斯说："我们对 NBA 的主要关注点是单个运动员的负荷、强度和高努力水平的加速。实际的比赛只是每个运动员一天要完成的事情的一部分，但你还需要看看他们在一天的剩余时间做的其他事情。他们经历了多少次旅行？他们睡得怎么样？他们吃了什么？他们是否在处理伤病阶段？每个运动员的情况都是不同的，因此没有一个适合所有人的计划。负荷能力和恢复能力因人而异。"

心率监测

虽然保罗·罗宾斯在监测运动员的工作负荷和准备情况方面拥有大量的技术，但对于教练或运动员来说，常用来创建基线的基本方法是心率监测。人们对于心率监测的相关性和应用仍存在许多误解，所以我请保罗为我们澄清一下。

罗宾斯说："很多人试图让心率的作用超越其本身，心率是一个有用的指南，如果你想使用某个指标，心率是一个很好的开始，但它只是一个指南。为了使它真正有用，你需要进行某种类型的交叉参考，例如瓦数、速度或覆盖距离。例如，假设你今天以 Y 速度跑了 X 千米，并且心率达到了 160 次 / 分。如果几天后你跑了同样的距离，心率在同样的速度下只达到了 155 次 / 分，这很好，因为你跑了同样的距离，产生了同样的功率，做了同样的功，但你的心率没有上升得那么快。但更重要的一点是，要查看心率上升和回落的速度相对于工作负荷而言有多快。这些是你需要了解的心率方面的基本内容，你还需要有一个关于运动员做了多少功的参考。由于我的研究对象主要是竞争性团队运动的运动员，因此我喜欢观察他们的主动心率恢复情况。这又回到了工作负荷的问题上。如果他们以一定的速度跑了一定的距离，你应让他们做某种形式的主动恢复（例如四处走动）而不是只让他们坐着，这样你就可以看到心率下降的程度和速度。如果运动员的心率在一分钟内下降15或20次或出现其他情况，有很多不同的图表会告诉你，运动员做得很好。但你必须了解他们在做什么类型的恢复活动。恢复活动是坐着不动，还是走路，或者其他活动？更重要的是，你需要为运动员个性化这些数据。一些运动员有更好的心血管力量，因此他们需要更长的时间来提高心率。所以你想知道他们的峰值心率是多少，还想知道他们的恢复率是多少。你可以通过观察随着时间推移的数据变化来做到这一点，而不是通过查看一些笼统的图表并说'你的心率应该下降15次，或下降30次。'更重要的是随着时间的推移观察运动员，看他们对训练的反应如何。"

我的下一个问题是：教练如何利用心率这样的简单指标作为指导，以确定两次重复练习之间的最佳局间恢复时间？

罗宾斯回答："要理解这一点，你需要有一个关于运动员的最高水平的参考，这基于包括运动员心血管力量和基因等在内的很多因素。当我对大多数运动员进行测试时，我试图找出他们的峰值心率是多少。在这里需要明确的一点是，我不是在谈论他们的最大心率。因为在达到最大心率后，运动员可能会失去力气并结束运动。运动员不可能在多个冲刺或间歇中达到最大值。你真正要训练的是峰值范围，是最大心率的90%至95%。那是你希望运动员的心率所能达到的峰值范围，心率能够多次达到该范围。因此，我的大多数测试都试图找出运动员在锻炼中要多次达到的90%至95%的峰值范围。运动员应知道自己在这个区域的爆发力输出和恢复时间是多少，以便可以从该区域恢复，并知道什么时候可以再推动另一个休息间隔，再次达到那个最高水平。

我喜欢用Wattbike软件做此测试，因为它能为我提供3分钟内的平均瓦数——你试图在3分钟内保持最高的瓦数。对于耐力运动员以外的人来说，3分钟是一个非常长的间隔时间。这当然是一个不容易完成的测试，但这是一个很好的测试，可以让运动员达到峰值心率。我喜欢使用3分钟的测试时间，因为对于和我打交道的人，他们不会同意在跑步机或自行车上运动15分钟的加速协议。他们会在运动8或9分钟后就放弃，因为他们不会骑那么长时间的自行车。但我可以让他们集中注意力3分钟。这是我通过测试发现的。测试必须简短而又集中，否则我不会得到好的结果。

如果你真的想为运动员提供指导，你可能还想看看运动员的无氧阈值。但是，那是另外一回事，大多数人不会通过做最大摄氧量测试来了解自己的无氧阈值。但是，一旦你了解了自己的峰值心率，就可以知道，一个很好的估算是无氧阈值比峰值心率低 15% 到 20%。这有助于你了解你正在利用哪些能量系统。心率是一个指南，但运动持续时间会给你一种了解正在使用的能量系统的方法。如果你在做只能维持 3 到 4 秒的运动，那么此时供能的系统是无氧系统。如果你能坚持一小时，那么该运动就是有氧运动。我还开发了一个跑步机测试，建立了一个相关的图表，现在有一个 NBA 球队正在对他们的运动员进行测试，这可以帮助我调整跑步机测试。基本上，我会让运动员先走 3 分钟，然后以每小时 10 英里的速度跑 30 秒。我们正在研究的是他们的心率上升和下降的速度（参见图 11.1）。该测试并没有为我提供运动员的峰值心率，而是根据他们心率的上升和下降的速度为我提供了估计的最大摄氧量。因此，你可以在跑步机和自行车上做各种各样的事情。如果你想达到峰值心率，则要做大约 3 分钟的运动。如果你只是想估算运动员的最大摄氧量，你可以在大约 30 秒内通过查看心率斜率获得最大摄氧量。"

速度	瓦数	心率增长 10	15	20	25	30	33	36	39	42	45	48	51	54	57	60	63
	180	35	33	32	30	29	28	27	26	25	24	24	23	22	22	21	21
	190	36	35	33	31	30	28	28	27	26	25	25	24	23	22	22	21
	200	38	36	34	33	31	30	29	28	27	26	25	24	24	23	23	22
	210	39	37	35	34	32	31	30	29	28	27	26	25	24	24	23	23
	220	41	38	37	35	33	32	31	30	29	28	27	26	26	25	24	23
	230	42	40	38	36	35	33	32	31	30	29	28	27	27	26	25	24
	240	43	41	39	37	36	34	33	32	31	30	29	28	28	27	26	25
	250	45	42	40	38	37	35	34	33	31	30	29	29	28	27	27	26
	260	46	44	42	40	38	36	35	34	33	31	30	29	28	28	27	26
	270	48	45	43	41	39	37	36	35	33	32	31	30	29	28	28	27
	280	49	46	44	42	40	38	37	35	34	33	32	31	30	29	28	28
	290	50	48	45	43	41	39	38	36	35	34	33	32	31	30	29	28
	300	52	49	46	44	42	40	39	37	36	35	34	33	32	31	30	29
	310	53	50	48	45	43	42	40	38	37	36	35	34	33	31	31	30
6	320	55	52	49	47	44	43	41	39	38	37	35	34	33	32	31	30
7	330	56	53	50	48	46	44	42	40	39	37	36	35	34	32	31	31
	340	57	54	51	49	47	45	43	41	40	38	37	36	35	34	33	32
8	350	59	56	53	50	48	46	44	42	41	39	38	37	36	35	34	33
9	360	60	57	54	51	49	47	45	43	42	40	39	38	37	35	34	33
	370	62	58	55	52	50	48	46	44	42	41	40	38	37	36	35	34
10	380	63	59	56	54	51	49	47	45	43	42	40	39	38	36	35	35
	390	64	61	58	55	52	50	48	46	44	43	41	40	39	37	36	35
11	400	66	62	59	56	53	51	49	47	45	44	42	41	40	37	37	36
	410	67	63	60	57	54	52	50	48	46	44	43	41	40	39	38	37
12	420	69	65	61	58	56	53	51	49	47	45	44	42	41	40	39	37
	430	70	66	63	59	57	54	52	50	48	46	44	43	42	41	39	38
	440	71	67	64	61	58	55	53	51	49	47	45	44	43	41	40	39

图 11.1　最大摄氧量是评估有氧耐力和心血管健康水平的指标，它代表了你在运动期间可以使用的最大氧气量。保罗·罗宾斯与一组专业运动队的教练和 Woodway 合作制作了这张图表。该图表的第一栏显示了速度，第二栏显示了能量输出的瓦数，两者都与第一行的心率增加相互参照。例如，如果你以每小时 10 英里的速度跑 30 秒，并且心率每分钟增加 25 次，那么估计的最大摄氧量为 56 毫升 /（千克·分）

© Paul Robbins

将所有数字提炼成基础数据，当使用心率作为指导时，你想达到的总体目标是峰值间歇训练在峰值心率的 90% 至 95% 左右，而无氧阈值训练应该在峰值心率的 80% 至 85% 左右。对于训练环节中的恢复，你希望在做另一组间歇训练之前，能恢复到峰值心率的 65% 以下。例如，如果你的峰值心率在 180 次 / 分左右，你想在做另一组间歇训练之前将心率降低至 120 次 / 分，以便达到最大训练效果。需要牢记的一点是，这些数字对每个运动员来说都是不同的，而且它们会随着时间的推移随体能水平和其他变量而变化。

睡眠与恢复

你知道勒布朗·詹姆斯、塞雷娜·威廉姆斯和罗杰·费德勒（以及尤塞恩·博尔特）还有什么共同点吗？他们都曾公开表示，他们每晚需要 10 至 12 小时的睡眠才能发挥出最高水平。睡眠是最重要的生物功能之一，它在运动表现、精神敏锐度和代谢恢复方面的作用怎么强调都不过分。毫不夸张地讲，睡眠对你生活的所有方面（包括饮食）的恢复和表现都有最大的影响。如果你怀疑这个说法，请考虑这样一个事实：你一生中大约有三分之一的时间是在睡觉（根据美国人的平均寿命，大约有 25 年时间都在睡觉）。剥夺睡眠被《日内瓦公约》视为一种非法的酷刑是有原因的。睡眠期间发生的生物过程对于细胞恢复、能量补充、组织愈合、神经活动、认知、记忆等与人类有关的一切活动都至关重要。当然，为了不让整章内容都变成介绍如何让你入睡，我会将事情极度简化，以下介绍与训练和恢复相关的重要基础知识。首先，每个人的睡眠周期因多种因素而异。虽然成年人在拥有 6 到 8 小时的睡眠后就可以正常工作（相对于他们的年龄、压力水平以及是否有小孩），高水平的运动员在训练和比赛之间需要更多的高质量睡眠才能完全恢复身体各系统，因为他们要消耗更多的能量，这对身体各系统提出了更大的挑战。

昼夜节律

昼夜节律是指决定你体内所有细胞、组织和器官功能的内部生物钟。昼夜节律的主时钟位于大脑的下丘脑中，通过使用激素和神经信号控制身体各处的外围时钟网络，例如心脏、肺部、肾脏和其他器官。这些时钟共同创造了身体的昼夜节律系统，该系统可以控制睡眠、新陈代谢、激素释放、警觉性、血压、认知功能和生殖系统。关于内部昼夜节律最有趣的事情之一是，它基于我们每天接触的宇宙中最基本的计时器——阳光。太阳的自然光可以刺激身体各系统保持警觉和活动，而夜晚的黑暗则激发了我们对睡眠、恢复和修复的需求。因此，在日常生活中保持一致的节奏，并定期接触自然光，是你快速恢复和高水平发挥运动能力的关键。当你的日常生活因旅行、强迫性的夜间使用屏幕或与朋友深夜饮酒而打乱时，身体的自然昼夜节律就会被重置，要么加快，要么减慢。毫不奇怪，人类是习惯性动物。你的身体喜欢知道发生了什么事情，以及什么时候发生，以便为新陈代谢和能量需求做好准备。如果你曾跨国进行重要的演讲或参加第二天的比赛，你就会明白时差对你的表现可能产生的负面影响。

这也是 NBA 赛程如此繁重的原因之一。大多数比赛都发生在当地时间晚上 7 点左右。但是，如果你刚刚从你的家乡费城飞往洛杉矶与湖人队进行比赛，那场比赛在你的昼夜节律表上是晚上 10 点开始，而你要到午夜过后才能上床睡觉。每周三到四天不停地参加不同时区的比赛，身体的昼夜节律就会混乱，你的运动表现和整体健康将不可避免地受到影响。构建有规律的日常生活和良好的睡眠卫生习惯，优化身体对光线和黑暗的自然反应，可以帮助你的昼夜节律保持同步。换句话说，这需要每晚在同一时间上床睡觉，每天接触自然光（尤其是早上），每天大约在同一时间进餐，并建立一个夜间减压程序，帮助身心平静下来——这包括减少你在晚上接触的光量，尤其是数码设备发出的蓝光。

睡眠周期

在典型的夜间睡眠过程中，一般人会经历 4 到 6 个睡眠周期。睡眠周期会有节奏地波动，并持续发生变化。每个睡眠周期包括 4 个阶段，由脑电波的频率变化来定义。第一个睡眠周期通常是最短的，从 70 到 100 分钟不等，而后面的睡眠周期在 90 到 120 分钟（参见图 11.2）。你在每个周期中经历的 4 个睡眠阶段可以分成两个子类别：1 个睡眠阶段属于快速眼动睡眠，3 个睡眠阶段属于非快速眼动睡眠。研究人员将此描述为睡眠结构。快速眼动睡眠和非快速眼动睡眠都会影响你的恢复能力和能力发挥水平。

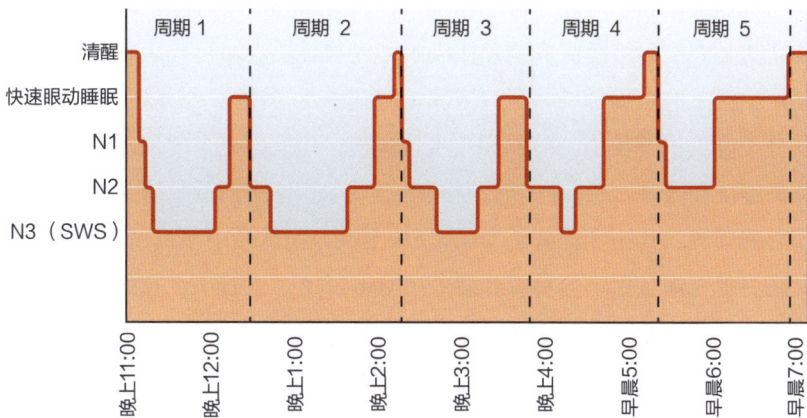

图 11.2　一般人每晚要经历 4 到 6 个睡眠周期。每个周期由 4 个阶段组成 [快速眼动、N1、N2、N3(SWS)]，每个阶段的持续时间根据人所处的周期而变化

最初的打瞌睡阶段（N1）通常持续 1 至 5 分钟，之后身体进入被动的非快速眼

动睡眠状态（N2），其特征是肌肉放松、核心温度下降、呼吸放慢和心率减慢。眼球运动停止，大脑活动减慢，并伴有短促的活动，这有助于防止你被外部刺激惊醒。在晚上的第一个睡眠周期中，N2 阶段将持续 10 至 25 分钟，然后在你之后的睡眠周期中变得更长。一般人总睡眠的约一半时间都是在 N2 阶段中度过的。深度睡眠的第三个阶段（N3）被称为短波睡眠（Short-Ware Sleep , SWS）或 δ 睡眠，因为它的频率较慢、具有高振幅的脑电波（δ 波），N3 阶段可以说是恢复时最重要的睡眠阶段。δ 睡眠阶段持续 20 至 40 分钟。在 δ 睡眠期间，身体会释放生长激素和其他促进细胞修复和再生的激素脉冲。如果此阶段中断，激素释放会突然停止。除了让你的身体修复组织和补充代谢储备之外，最近的研究表明，δ 睡眠会改变大脑中的液体压力，使脑脊液涌入充满液体的空腔，通过大脑组织传输信息，并排出你清醒时积累的毒素。睡眠专家认为，δ 睡眠阶段对恢复和愈合至关重要。它对免疫系统也有显著影响。大多数 δ 睡眠发生在前两个睡眠周期中。随着你继续睡眠，N3 阶段持续时间会越来越短，在接近早晨时，你会在 N2 阶段和快速眼动睡眠中花费更多时间。随着年龄的增长，你在 δ 睡眠中花费的时间也会减少。

快速眼动睡眠是一种独特的状态，在这种状态下，身体会出现暂时性的肌肉麻痹（称为肌张力障碍），但大脑活动会恢复到与清醒时相似的水平。在快速眼动睡眠阶段，你的眼睛会快速朝不同的方向转动心率和血压会升高，你会体验到浅而不规则的呼吸，你会继续从触觉、听觉和嗅觉等感官中接收信息。快速眼动睡眠阶段是对学习和记忆功能最重要的睡眠阶段，因为这时大脑正在处理信息以将其储存在长期记忆中。虽然第一个快速眼动周期可能只持续几分钟，但后面的阶段可能持续长达一小时。

未能获得足够的深度睡眠和快速眼动睡眠已被证明会对运动表现、情绪、能量水平和康复产生严重的负面影响。研究表明，睡眠不足会提高压力激素皮质醇的水平，同时减少合成能量系统使用的糖原和碳水化合物。相反，充足的优质睡眠已被证明可以显著提高速度和表现水平。一项针对斯坦福大学篮球运动员的研究表明，平均每晚多睡两小时的球员，其速度提高了 5%，反应更快，罚球命中率提高了 9%。据报告，这些球员精力更充沛且更不容易感到疲劳（Mah et al., 2011）。良好的睡眠对于提高表现水平和减少训练及比赛中损伤的概率至关重要。

因此，当我问保罗·罗宾斯（他几乎对世界上受过最严格训练的人测试过所有可用的健身情况追踪设备）认为这些小工具中最有用的是什么时，他毫不犹豫地回答说是一款名为 Ōura Ring 的睡眠追踪和心率监测设备，这一回答丝毫未让我感到惊讶。

罗宾斯说："我是我客户的顾问，我所关心的是如何获得良好的数据和结果。我没有从这些公司得到任何报酬，也不接受他们任何形式的代言交易，但他们都将产品寄给我进行测试。其中一些产品获得了好的测试结果。老实说，这些产品中的大多数产品最终都被我收起来了。但我用得最多的、影响最大的设备是 Ōura Ring。我主要用它来了解我晚上的睡眠状况（我的快速眼动睡眠和深度睡眠阶段持续多久），以及我的身体根据我的心率变异性和静息心率恢复得有多好。早上看这三样数据，可以让我迅速了解当天我应该努力的程度。市场上许多产品的存在问题是，它们只查看夜间的短时间数据，而无法向你展示全貌。他们的一些恢复得分涉及许多指标，而你不知道哪个指标真正影响了你。"

心率变异性

虽然心率变异性（Heart Rate Variability ,HRV）是一个与你的心率相关的指标，但它实际上是测量自主神经系统，自主神经系统有两个分支——副交感神经和交感神经。这两个分支控制着你身体的非自愿功能。副交感神经（休息和消化）分支管理着消化和头发生长等过程，并会导致心率下降。交感神经（应激）分支控制着身体对压力和运动等因素的反应，并会提高心率。发生心率变异是因为这两个分支在向心脏发送信号的同时也在相互竞争。当神经系统处于平衡状态时，副交感神经会告诉心脏跳得慢一些，而交感神经则告诉它跳得快一些。这种信号极性会导致心率出现可变波动。例如，如果你的心脏以每分钟 60 次的速度跳动，它并不像节拍器那样每秒跳动一次。两次跳动之间的间隔时间可能为 0.9 秒，然后下两次跳动之间的间隔时间为 1.2 秒。心率变异性是对心跳之间时间变化的测量（参见图 11.3）。当你的心率变异性很高时，

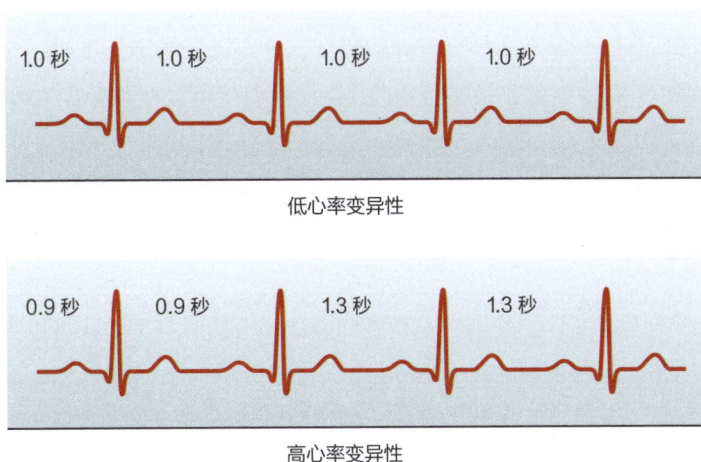

低心率变异性

高心率变异性

图 11.3　心率变异性是对心跳之间时间变化的测量，它表明了神经系统的平衡程度

这意味着你的身体对副交感神经和交感神经的输入都有反应。这表明你的神经系统处于平衡状态，你的身体能够快速适应环境，并提供了与自身体能相对应的高水平表现。相反，如果你的心率变异性较低，那是因为一个分支（通常是交感神经的"应激"分支）向你的心脏发出的信号比另一个分支发出的信号强。较低的心率变异性得分表明你的身体正在努力工作（通常是因为你感到压力、损伤、生病或疲劳），你需要时间来恢复。这使得心率变异性成为一个强有力的指标，可以表明你在训练和比赛之间的恢复情况，以及你准备好达到高水平表现的程度。如果你记录了一天的超强度训练，或连续几天的强迫训练，你的心率变异性得分可能会下降，这表明你正进入超负荷或过度训练的状态。饮食、旅行、睡眠质量、光照、水合作用和其他生活方式因素也会对心率变异性产生巨大影响。

这引出一个问题：什么是好的心率变异性目标？和大多数与生物学有关的事情一样，答案是：这得视具体情况而定。正如保罗在本章中多次强调的那样，这真的因人而异。年龄、基因、性别和身体状况都会影响心率变异性。使用心率变异性来管理恢复情况的关键是：随着时间的推移跟踪你的心率变异性，并将其与其他影响表现能力的数据进行对照。趋势才是最重要的。如果你的心率变异性连续几天都呈下降趋势，这充分说明你训练太辛苦、睡眠不好、吃得不好，或者在两次训练课之间没有补充足够的水分。

罗宾斯说："关于静息心率和心率变异性，需要牢记的重要一点是，它们确实是个性化的。它们及时为你提供了一个时间上的参考。但真正的问题是——什么数据对你有好处？另一个关键问题是，你需要查看问题的两方面。在 NBA，我们使用射频识别技术来测量运动员的负荷，然后确定什么样的恢复治疗和方案适合他们。我们会查看他们的睡眠数据，每月还会进行评估测试，这有助于为球队提供一个可以在赛季中使用的快照，看看他们的趋势是否正确，这样他们就可以在季后赛中达到最佳状态。这就是我们掌控大局的方式。"

恢复方式

作为一所国际速度学校的创始人和多个训练场馆的所有者，我可以直接告诉你，很少有市场比迎合运动恢复的市场更拥挤、更有利可图。在更少疼痛、炎症和疲劳的情况下更快恢复的承诺，几乎和发现癌症的治疗方法或逆转衰老的疗法一样诱人。也就是说，在过去 30 年里，无数商业企业与军事组织的联合研究和预算相结合，使得我们在了解生物恢复以及如何支持恢复方面取得了一些值得关注的进展，这些进展包括使用压缩袖套和包裹物、频率经过优化的振动和冲击工具、（热冷或冷热）交替浴和冷疗法。关于这些新模式，还存在许多科学上不受支持的说法，它们声称能够改变基本的物理化学、生物学和时间规律——因为这就是营销的运作方式。让我们花点时间看看其中一些模式背后的生理原理，以帮助你了解如何以及何时将它们用作精心设计的特定于速度的训练计划的一部分。

压缩

　　在过去的几年里，压缩袖套、紧身衣、运动衫、运动袜等在场地运动中变得无处不在，因为它们可以提供广泛的好处。分级压缩服有助于抵抗重力和振动力量，并促进体液（包括血液、淋巴液和组织间液）流动，这有利于提高表现水平、减轻疲劳、加速恢复，并有助于减少损伤。可将压力视为筋膜周围添加的额外筋膜层。事实上，压缩服的功能与帮助稳定关节、减少振动影响和促进体液流动的方式非常类似。它们还通过均衡整个组织结构的压力来支撑筋膜本身，促使过于紧张的结缔组织区域得到放松，并让过于放松的区域变得更加活跃。增加的张力还会刺激组织抵抗外力，激活肌肉，同时改善运动控制和形态稳定性。随着时间的推移，臂套和腿套还可以帮助减少肌腱的张力并减少关节炎症。市场上有各种各样款式和张力水平的产品，每年都有新产品问世，没有一种产品适合所有人。根据自身体型、专项和运动需求寻找最佳压缩服是一个非常个性化的选择。诸如 NormaTec 靴子之类的产品将压缩与冲击和振动相结合，以放大它们的综合效果。一些运动员甚至花钱请专业的治疗师对他们的四肢进行贴扎。总而言之，在比赛期间和比赛后穿压力服是支持自然生物恢复过程的最简单的方法之一。

振动和冲击

　　虽然有大量运动员和坊间证据都支持这样一种说法：过去几年涌入市场的许多振动枪、振动板和冲击疗法都像广告宣传的那样有效，但值得注意的是，对这些恢复方法的循证研究并不多。明确地讲，并不是说振动和冲击疗法不起作用，而是当前的研究表明，它们并不比传统的手动疗法（如深层组织按摩和主动放松技术）更有效。从生理上讲，振动和冲击的益处基本上与获得良好的深层组织按摩基本相同（Imtiyaz, Veqar, and Shareef, 2014）。振动、压缩和直接压力会促进目标结构中的体液流动，使组织变暖，并暂时帮助肌肉放松以恢复活动能力。使用冲击和振动工具（尤其是便携式的，如振动枪）的主要优势之一是，你可以在训练前后快速使用它们进行针对性高的自我筋膜放松，以温暖组织和促进体液流动，而无须聘请按摩师。此外，按摩疗法也需要更长的时间。老实说：使用冲击和振动工具的感觉真的很好。但是，正如达尔科特在第 3 章中指出的那样，这是因为这些工具会刺激富含神经末梢的组织。虽然冲击和振动疗法可以增加关节活动度，但研究表明这些好处是暂时性的。当你的身体因为损伤、发炎、组织粘连、胶原蛋白堆积或结构失衡而变得不稳定时，神经系统就不会放松紧绷的肌肉。即使它们对扳机点仍有反应，放松这些紧绷的肌肉只会导致更不稳定。解决这类问题需要平衡筋膜系统，并通过全身运动、募集小运动单位和其他长期方法恢复组织黏度。筋膜组织中密集的胶原蛋白粘连即使使用手术刀也很难进行分离。你不会用振动枪或泡沫轴将它们分开。冲击疗法被证明可以促进体液流动，暂时降低肌肉张力，这肯定对恢复（和热身）有益。但是，要正确看待振动和冲击疗法的好处。

冷疗法和交替浴

冰浴和交替浴已经成为运动后恢复的流行策略。问题是，围绕这些恢复方式的科学研究要么在很大程度上没有定论，要么是相互矛盾的。从理论上讲，在激烈运动后将整个身体或身体的一部分浸泡在冷水中，可以收缩血管，帮助从组织中排出废物，减少肿胀，并减少延迟性肌肉酸痛。尽管主要针对跑步者进行的 17 项系列研究的结果表明，与单纯休息相比，在激烈运动后进行冰浴可以减少延迟性肌肉酸痛，但没有明显的证据表明冰浴可以减少恢复时间，或以任何有意义的方式减轻疲劳（Bleakley et al.，2012）。此外，如果你喜欢使用冷疗法或交替浴作为力量训练计划的一部分，那么你可能想（在一个温暖的地方）坐下来完成下一部分的训练。利昂·罗伯茨（Llion Roberts）及其同事在 2015 年进行了一项研究，比较了冷水浸泡与主动恢复技术对 12 周力量训练中肌肉质量和力量变化的影响。该研究发现，运动后冷水浸泡抑制了肌肉肥大信号和卫星细胞活动，并引起较小幅度的力量增长（Roberts et al.，2015）。这项研究表明，冷疗法实际上会阻碍身体的自然愈合过程——这不可避免地会导致某种程度的运动后组织炎症。同一研究小组在 2017 年发布了后续研究，对冷疗法与主动热身恢复法进行了比较。在进行 45 分钟的弓步、深蹲和其他练习后，参与者在冷水中坐了 10 分钟。研究人员在运动和冰浴前后的不同时间采集了参与者的血液样本，此外，虽然运动后炎症和应激反应的标志物有所增加，但冰浴对这些指标没有影响。这表明，主动热身运动（如在固定自行车上慢慢骑行 10 分钟）比坐在冰桶里或从温暖的桶跳到寒冷的桶中更有益（可以说更令人愉快）。虽然从理论上讲，交替浴有助于通过血管扩张和血管收缩的交替来泵送体液，但要实现相同的目标，更简单的方法是振动疗法、按摩和主动恢复方案（Bieuzen, Bleakley, and Costello，2013）。事实上，简单的冷水浴（24 摄氏度），已被证明和冰浴的效果一样好，甚至更好，因为浸水的生理益处并非来自温度。相反，它来自简单地漂浮在水中的静水压力，该压力可以使肌肉得到放松，改善循环，帮助排出代谢废物，并减小关节的压力。

　　毫无疑问，在更短的时间内进行完整的运动后恢复，可以让你在训练和比赛日程紧张的场地或球场运动中获得显著优势。此外，新兴技术催生了许多有益的恢复方式，可以帮助身体从运动带来的压力中恢复。但现实情况是，人体生理学背后的自然过程并不是可以轻易破解的。生物系统需要适应环境的需求，捷径难走。身体不是一台机器。它是一个类似植物的自我再生的生物有机体。它的生长是为了应对环境的压力和获得食物、光线、水和休息。最佳恢复策略是多吃蔬菜、保持充足的睡眠、多晒太阳、多喝水、不要吃太多甜食、避免过量饮酒。正如我在本书开头提到的，速度是与宇宙中最强大的力量（重力）的一场战斗。在这场战斗中获得优势的唯一方法就是尊重自然界的生物规律。像李小龙一样掌握速度、爆发力和敏捷性的基本原理——不断地练习和采用正确的形式。努力锻炼！要聪明地进行训练。听从你身体的意愿。

第12章

训练计划安排

　　本章提供了多组训练计划模板，你可以使用这些模板为你的专项、目标或所执教运动员创建针对性的速度训练计划。速度章节中突出显示的练习只是帕里西速度学校使用的部分练习。这里的训练内容包括其他相对常见的练习，你可以根据需要从中选择。训练内容绝不是一成不变的，你一旦了解了如何综合基本要素，你就可以利用这些训练内容制订训练计划，使运动员变得更快、更强壮、更不容易受伤。教授速度既是一门艺术也是一门科学。此外，就像烹饪一样，我可以给你一本食谱，但最终，奇迹来自厨师本人。请记住，虽然这里列出的练习和训练被分为基础、中等和高级，但这些名称是主观的。一个练习的相对难度取决于运动员的经验、体能和损伤史，执行的速度和强度，以及其他变量（如组数和重复次数）。大多数练习都有升级版本和降级版本，可以增加或降低难度。这就是执教艺术发挥作用的地方。

　　对于每个重点训练类别，结构合理的训练环节应该从预热身开始，然后进入一般性主动动态热身和特定于速度的（或特定于力量的）主动动态热身，最后是锚点训练（有负荷的动作学习训练）和应用训练（全强度游戏式训练）。目标是从一般转向具体，以温暖身体的各个组织，使其逐步为更高水平的活动做好准备。理想情况下，可以从一个阶段无缝地进入下一个阶段。运动员训练的关键是要遵循一个合理的顺序，让结缔组织、肌肉和关节在当天的训练目标所需的活动范围内进行热身——无论是线性速度训练日、多向速度训练日，还是力量训练日。以下是基本顺序。

1. 预热身。

2. 一般性主动动态热身。

3. 针对以下训练日的特定于速度的主动动态热身。

》线性速度训练日。

》多向速度训练日。

》力量训练日。

4. 锚点训练是当天（加速、最大速度、减速、变向、敏捷性或力量训练）的训练重点。

5. 应用训练是当天（加速、最大速度、减速、变向、敏捷性或力量训练）的训练重点。

预热身

选择：3 基础 + 2 中等

练习	总重复次数或时间	组数	页码
基础			
平板支撑	重复 3 至 6 次，每次重复练习保持 6 至 10 秒	1	—
卷腹	重复 3 至 6 次，每次重复练习保持 6 至 10 秒		42
侧桥	每侧重复 3 至 6 次，每次重复练习保持 6 至 10 秒	1	43
鸟狗式	每侧重复 3 至 6 次，每次重复练习保持 6 至 10 秒	1	44
蚌式运动	每侧重复 15 至 20 次	1	45
阻力带蚌式运动	每侧重复 15 次，第 5、10、15 次重复时保持 5 秒	1	46
中等			
力量深蹲	重复 8 至 12 次	1	48
阻力带过顶深蹲	重复 8 至 12 次	1	49
俯卧跨栏	每侧重复 8 至 12 次	1	50
跪姿屈腿侧抬	每侧重复 8 至 12 次	1	—
仰卧抬腿	每侧重复 8 至 12 次	1	—
十字支撑	重复 8 至 12 次	1	—

一般性主动动态热身

选择：3 基础 + 1 中等 + 2 高级

练习	时间、总重复次数或距离	组数	页码
基础			
半程开合跳	重复 10 至 15 次	1 至 2	59
全程开合跳	重复 10 至 15 次	1 至 2	60
海豹式开合跳	重复 10 至 15 次	1 至 2	62
转髋提膝	每侧重复 4 至 6 次	1 至 2	57
弹簧跳	20 至 45 秒	1 至 2	—
中等			
侧弓步上举	每侧重复 10 至 12 次	1 至 2	58
深蹲跳	重复 5 次	1 至 2	—
横向跳跃	每侧重复 5 次	1 至 2	214
基本跳跃（双腿跳和单腿跳）	9 至 18 米	2 至 4	—
高级			
过顶药球前抛	重复 10 至 15 次	1 至 2	64
跪姿旋转侧抛药球	每侧重复 10 至 15 次	1 至 2	65
过顶深蹲药球后抛	重复 8 至 12 次	1 至 2	66
滑冰者弓步	每侧重复 4 至 6 次	1 至 2	63

特定于速度的主动动态热身

线性速度训练日的主动动态热身

选择：1 基础 + 1 中等 + 1 高级

练习	距离或总重复次数	组数	页码
基础			
向前跳	9 至 18 米	1 至 2	68
爆发性远跳	9 至 18 米	1 至 2	—
双手上举过头跳跃	9 至 18 米	1 至 2	—
中等			
直腿曳步弹跳	18 至 27 米	1 至 2	69
挺身渐进跑	18 至 37 米	2	—
阻力加速走	5 至 14 米	2	—
高级			
A- 军步行走	9 至 14 米	2	70
高膝交换平衡	每侧重复 6 次	2	—
直腿快腿	每侧重复 6 次	2	—

多向速度训练日的主动动态热身

选择：1 基础 + 1 中等 + 1 高级

练习	距离或总重复次数	组数	页码
基础			
门式摆动	重复 10 至 12 次	2	—
交叉弓步	每侧重复 6 至 8 次	2	72
宽展内收	重复 8 至 12 次	2	71
中等			
单墙壁侧髋部交锁	每侧重复 6 次	2	—
跪姿前髋部交锁	每侧重复 6 次	2	—
侧滑步	每侧 14 至 18 米	2	194
高级			
高抬腿交叉步	14 至 18 米	2	73
抗阻横向跳跃	每侧重复 6 至 8 次	2	—
抗阻侧跑	每侧 14 至 18 米	2	—

力量训练日的主动动态热身

选择：1 基础 + 1 中等 + 1 高级

练习	总重复次数	组数	页码
基础			
阻力带拉伸	重复 15 次	1 至 2	—
阻力带过顶上举	重复 15 次	1 至 2	74
中等			
阻力带过顶深蹲	重复 15 次	1 至 2	49
阻力带外旋	重复 15 次	1 至 2	75
高级			
哑铃高拉	重复 10 次	1 至 2	—
哑铃膝上高翻	重复 10 次	1 至 2	76
哑铃推举	重复 10 次	1 至 2	110

线性速度和多向速度训练日：锚点训练和应用训练

加速锚点训练
选择：3

升级和降级：基础 / 中等 / 高级

练习	时间、总重复次数或距离	组数	页码
基础			
双臂墙壁驱动平板支撑	保持 20 至 30 秒	2 至 4	130
换腿墙壁驱动	每侧重复 4 至 6 次	2 至 4	132
中等			
拖雪橇和推雪橇	9 至 18 米	4 至 6	134
药球跳远	5 至 9 米	4 至 6	137
高级			
山地或体育场楼梯冲刺	18 至 27 米	4 至 6	—
10% 至 20% 坡度跑步机冲刺	4 至 8 秒	4 至 6	—

加速应用训练
选择：3

升级和降级：基础 / 中等 / 高级

练习	距离	组数	页码
基础			
后跳式加速	9 至 14 米	4 至 6	142
前倾起跑	9 至 14 米	4 至 6	—
中等			
落球式加速	5 米	4 至 6	143
俯卧撑起跑	9 至 18 米	4 至 6	138
高级			
加速阶梯冲刺	18 米	4 至 6	140
加速冲刺（两点式起跑）	9 至 18 米	4 至 6	—
加速冲刺（三点式起跑）	9 至 18 米	4 至 6	—

最大速度锚点训练

选择：3

升级和降级：基础 / 中等 / 高级

练习	时间、总重复次数或距离	组数	页码
基础			
手臂动作	每侧保持 1 至 2 秒	4 至 6	161
下肢快爪	每侧重复 6 次	1 至 3	168
卧姿腿部恢复	每侧保持 1 至 2 秒	4 至 6	162
中等			
施力 A 字慢行	9 至 14 米	4	—
直腿弹跳	18 至 37 米	4 至 6	165
碎步跑：低位、中位和高位	18 至 37 米	2 至 6	166
高级			
施力 A 字跳跃	9 至 14 米	4	—
爆发式弹跳	18 至 37 米	4 至 6	163

最大速度应用训练

选择：3

升级和降级：基础 / 中等 / 高级

练习	距离	组数	页码
基础			
过顶举棍训练	18 至 37 米	2 至 6	171
A 字形跑	9 至 18 米	2 至 6	—
中等			
进出式冲刺	90 米	2 至 6	170
三柱门训练	18 至 91 米	2 至 6	172
高级			
飞行冲刺	18 至 37 米	2 至 6	—
最大速度冲刺	37 至 91 米	2 至 6	174
辅助牵引冲刺	37 至 73 米	2 至 4	—

减速和多向锚点训练

选择：3

升级和降级：基础 / 中等 / 高级

练习	时间、总重复次数或距离	组数	页码
基础			
重心管理	每侧保持 2 至 4 秒	2 至 4	211
速降训练	重复 6 至 8 次	2 至 4	185
原地速滑步	每侧重复 4 至 6 次	2 至 4	212
纵跳训练	重复 6 至 8 次	2 至 4	186
中等			
侧跑冰球急停	每侧重复两次，每次练习移动 5 至 9 米	2 至 4	220
推式弓步	每侧重复 4 至 6 次	2 至 4	188
旋转板翘	每侧重复 6 至 8 次	2 至 4	190
高级			
乌鸦跳	每侧重复 6 至 8 次	2 至 4	192
抗阻侧滑步	每侧重复两次，每次练习移动 5 至 9 米	2 至 4	218
速滑跨跃	每侧重复 4 至 6 次	2 至 4	216

减速和多向应用训练

选择：3

升级和降级：基础 / 中等 / 高级

练习	时间、总重复次数或距离	组数	页码
基础			
负重滑步训练	每侧移动 9 至 18 米	2 至 4	—
低 – 高弹跳	10 至 20 秒	2 至 4	—
前 – 后弹跳	10 至 20 秒	2 至 4	—
中等			
侧滑步	每侧移动 14 至 18 米	2 至 4	194
速滑步	每侧重复 4 至 6 次	2 至 4	—
跳深	重复 4 至 6 次	2 至 4	196
高级			
X 字形或 W 字形跑	5 至 9 米	2 至 4	224 或 225
组合跑（带水袋）	5 至 9 米	2 至 4	226
BlazePod 反应锥桶训练	5 至 9 米	2 至 4	—

力量训练日

基础力量

选择：1 基础 + 1 中等 + 1 高级

练习	总重复次数	组数	页码
基础			
引体向上	重复 2 至 12 次	3 至 8	88
俯卧撑	重复 2 至 12 次	3 至 8	—
中等			
颈后深蹲	重复 2 至 5 次	3 至 5	89
颈前深蹲	重复 2 至 5 次	3 至 5	—
高级			
罗马尼亚硬拉	重复 2 至 5 次	3 至 5	—
六角杠硬拉	重复 2 至 5 次	3 至 5	91

核心力量

选择：1 基础 + 1 中等 + 1 高级

练习	时间、距离或总重复次数	组数	页码
基础			
站姿绳索抗旋	每侧重复 2 至 5 次，每次重复练习保持 6 至 10 秒	2 至 4	96
跪姿绳索抗旋	每侧重复 2 至 5 次，每次重复练习保持 6 至 10 秒	2 至 4	—
悬垂抬腿	重复 2 至 5 次	2 至 4	—
中等			
农夫搬运	18 至 37 米	2 至 4	94
手提箱搬运	每侧重复 2 至 5 次	2 至 4	—
熊抱式搬运	重复 2 至 5 次	2 至 4	—
高级			
健腹轮运动	重复 8 至 15 次	2 至 4	98
ViPR PRO 横切至平衡	每侧重复 4 至 8 次	2 至 4	—
单腿罗马尼亚硬拉	每侧重复 2 至 5 次	2 至 4	—

下肢力量

选择：1 基础 + 1 中等 + 1 高级

练习	总重复次数	组数	页码
基础			
登阶	重复 5 至 8 次	3 至 5	—
站立提踵	重复 6 至 12 次	3 至 5	102
中等			
后撤步弓步	每侧重复 5 至 8 次	3 至 5	—
单腿蹲	每侧重复 5 至 8 次	3 至 5	103
高级			
动态弓步	每侧重复 5 至 8 次	3 至 5	—
北欧式腿弯举	重复 4 次	1 至 3	101

奇位姿势力量和静止启动力量

选择：1 基础 + 1 中等 + 1 高级

练习	总重复次数	组数	页码
基础			
侧向抗阻呼吸	每侧重复 4 至 8 次	1 至 3	—
侧跨步雪铲	每侧重复 4 至 8 次	1 至 3	105
中等			
侧弓步	每侧重复 4 至 8 次	1 至 3	—
水平面弧线弓步	每侧重复 4 至 8 次	1 至 3	106
高级			
横向大弧度全移	每侧重复 4 至 8 次	1 至 3	107
360 弓步系列	重复 1 至 3 次	1 至 3	—

爆发力训练日

选择：1 基础 + 1 中等 + 1 高级

练习	总重复次数	组数	页码
基础			
杠铃抓举	重复 2 至 5 次	3 至 5	—
哑铃抓举	重复 2 至 5 次	3 至 5	—
中等			
杠铃高翻	重复 2 至 5 次	3 至 5	111
杠铃高拉	重复 2 至 5 次	3 至 5	—
高级			
哑铃推举	重复 2 至 5 次	3 至 5	110
壶铃抓举	重复 2 至 5 次	3 至 5	113

完整训练内容示例

线性速度训练日：加速

	练习	总重复次数、时间或距离	组数	页码
预热身激活	卷腹	重复 3 至 6 次，每次重复练习保持 6 至 10 秒	1	42
	侧桥	每侧重复 3 至 6 次，每次重复练习保持 6 至 10 秒	1	43
	鸟狗式	每侧重复 3 至 6 次，每次重复练习保持 6 至 10 秒	1	44
	俯卧跨栏	每侧重复 8 至 12 次	1	50
	阻力带过顶深蹲	重复 8 至 12 次	1	49
一般性主动动态热身	半程开合跳	重复 10 至 15 次	2	59
	全程开合跳	重复 10 至 15 次	2	60
	弹簧跳（低）	20 至 45 秒	1	—
	前弓步或侧弓步	每侧重复 10 至 12 次	1	—
	过顶深蹲药球后抛	重复 10 至 15 次	1 至 2	66
	跪姿旋转侧抛药球	每侧重复 10 至 15 次	1 至 2	65
线性速度训练日的主动动态热身	爆发性远跳	9 至 18 米	2	—
	挺身渐进跑	18 至 37 米	2	—
	跨迷你栏直线跳跃	重复 5 次	2	—
加速锚点训练	双臂墙壁驱动平板支撑	保持 20 至 30 秒	2 至 4	130
	换腿墙壁驱动	每侧保持 2 至 4 秒	4 至 6	132
	拖雪橇和推雪橇	9 至 18 米	4 至 6	134
加速应用训练	加速阶梯冲刺	18 米	4 至 6	140
	落球式加速	5 至 10 米	4 至 6	143
	加速冲刺（两点式起跑）	9 至 18 米	4 至 6	—

线性速度训练日：最大速度

	练习	总重复次数、时间或距离	组数	页码
预热身激活	平板支撑	重复 3 至 6 次，每次重复练习保持 6 至 10 秒	1	—
	侧桥	每侧重复 3 至 6 次，每次重复练习保持 6 至 10 秒	1	43
	鸟狗式	每侧重复 3 至 6 次，每次重复练习保持 6 至 10 秒	1	44
	阻力带蚌式运动	每侧重复 15 次，每次重复练习保持 5 秒	2	46
	十字支撑	重复 8 至 12 次	1	—
一般性主动动态热身	半程开合跳	重复 10 至 15 次	2	59
	海豹式开合跳	重复 10 至 15 次	2	62
	全程开合跳	重复 10 至 15 次	2	60
	前弓步或侧弓步	每侧重复 10 至 12 次	1	—
	过顶药球前抛	重复 10 至 15 次	3	64
	跪姿旋转侧抛药球	每侧重复 10 至 15 次	3	65
线性速度训练日的主动动态热身	双手上举过头跳跃	5 至 9 米	2	—
	直腿曳步弹跳	9 至 14 米	2	69
	跨迷你栏直线跳跃	重复 5 次	2	—
最大速度锚点训练	手臂动作	每侧保持 1 至 2 秒	4 至 6	161
	下肢快爪	每侧重复 6 次	2	168
	碎步跑：低位、中位和高位	18 至 37 米	2 至 4	166
最大速度应用训练	进出式冲刺	9 至 18 米	4 至 6	170
	过顶举棍训练	18 至 37 米	2 至 4	171
	最大速度冲刺	18 至 55 米	4 至 6	174

多向速度训练日：变向

	练习	总重复次数、时间或距离	组数	页码
预热身激活	平板支撑	重复 3 至 6 次，每次重复练习保持 6 至 10 秒	1	—
	侧桥	每侧重复 3 至 6 次，每次重复练习保持 6 至 10 秒	1	43
	鸟狗式	每侧重复 3 至 6 次，每次重复练习保持 6 至 10 秒	1	44
	阻力带蚌式运动	每侧重复 15 次	2	46
	十字支撑	重复 8 至 12 次	1	—
一般性主动动态热身	半程开合跳	重复 10 至 15 次	2	59
	海豹式开合跳	重复 10 至 15 次	2	62
	全程开合跳	重复 10 至 15 次	2	60
	前弓步或侧弓步	每侧重复 10 至 12 次	1	—
	过顶药球前抛	重复 10 至 15 次	3	64
	跪姿旋转侧抛药球	每侧重复 10 至 15 次	3	65
线性速度训练日的主动动态热身	宽展内收	重复 8 至 12 次	2	71
	高抬腿交叉步	14 至 18 米	2	73
	侧滑步	每侧 14 至 18 米	2	194
变向锚点训练	速降训练	重复 6 至 8 次	2	185
	旋转板翘	每侧重复 6 至 8 次	2	190
	原地速滑步	每侧重复 6 至 10 次	2	212
变向应用训练	负重滑步训练	每侧移动 9 至 18 米	2 至 4	—
	侧滑步	每侧移动 14 至 18 米	2 至 4	194
	X 字形或 W 字形跑	5 至 9 米	2 至 4	224 或 225

多向速度训练日：敏捷性

	练习	总重复次数、时间或距离	组数	页码
预热身激活	平板支撑	重复 3 至 6 次，每次重复练习保持 6 至 10 秒	2	—
	侧桥	每侧重复 3 至 6 次，每次重复练习保持 6 至 10 秒	2	43
	鸟狗式	每侧重复 3 至 6 次，每次重复练习保持 6 至 10 秒	2	44
	阻力带蚌式运动	每侧重复 15 次	2	46
	十字支撑	重复 8 至 12 次	1	—
一般性主动动态热身	半程开合跳	重复 10 至 15 次	2	59
	海豹式开合跳	重复 10 至 15 次	2	62
	全程开合跳	重复 10 至 15 次	2	60
	前弓步或侧弓步	每侧重复 10 至 12 次	1	—
	过顶药球前抛	重复 10 至 15 次	3	64
	跪姿旋转侧抛药球	每侧重复 10 至 15 次	3	65
多向速度训练日的主动动态热身	宽展内收	重复 8 至 12 次	2	71
	高抬腿交叉步	14 至 18 米	2	73
	侧滑步	每侧 14 至 18 米	2	194
敏捷性锚点训练	横向跳跃	每侧重复 6 至 8 次	2	214
	速滑跨跃	每侧重复 4 至 6 次	2	216
	信号组合跑	5 至 9 米	4 至 6	—
敏捷性应用训练	X 字形或 W 字形跑	5 至 9 米	4 至 6	224 或 225
	信号坠步	每侧重复 6 至 10 次	2 至 3	—
	抓人游戏	—	—	241

力量训练日：基础 + 核心

	练习	总重复次数、时间或距离	组数	页码
预热身激活	卷腹	重复 3 至 6 次，每次重复练习保持 6 至 10 秒	2	42
	侧桥	每侧重复 3 至 6 次，每次重复练习保持 6 至 10 秒	2	43
	鸟狗式	每侧重复 3 至 6 次，每次重复练习保持 6 至 10 秒	2	44
	平板支撑	重复 3 至 6 次，每次重复练习保持 6 至 10 秒	2	—
	阻力带过顶深蹲	重复 15 次，第 5、10、15 次重复时保持 5 秒	2	49
一般性主动动态热身	海豹式开合跳	重复 10 至 15 次	2	62
	全程开合跳	重复 10 至 15 次	2	60
	弹簧跳（低）	20 至 45 秒	1	—
	深蹲跳	重复 5 次	2	—
	过顶药球前抛	重复 10 至 15 次	3	64
力量训练日的主动动态热身	阻力带外旋	重复 15 次	1	75
	阻力带过顶上举	重复 15 次	1	74
	哑铃推举	重复 10 次	2	110
基础力量	俯卧撑	重复 2 至 12 次	3 至 8	—
	颈后深蹲	重复 2 至 5 次	3 至 5	89
	罗马尼亚硬拉	重复 2 至 5 次	3 至 5	—
核心力量	悬垂抬腿	重复 2 至 5 次	3 至 5	—
	农夫搬运	18 至 37 米	3 至 5	94
	健腹轮运动	重复 8 至 15 次	3 至 5	98

力量训练日：下肢 + 奇位姿势

	练习	总重复次数或时间	组数	页码
预热身激活	侧桥	每侧重复 3 至 6 次，每次重复练习保持 6 至 10 秒	2	43
	平板支撑	重复 3 至 6 次，每次重复练习保持 6 至 10 秒	2	—
	阻力带蚌式运动	每侧重复 4 至 6 次	2	46
	仰卧抬腿	每侧重复 8 至 12 次	1	—
一般性主动动态热身	海豹式开合跳	重复 10 至 15 次	2	62
	全程开合跳	重复 10 至 15 次	2	60
	弹簧跳（低）	20 至 45 秒	1	—
	深蹲跳	重复 5 次	2	—
	过顶药球前抛	重复 10 至 15 次	3	64
力量训练日的主动动态热身	阻力带过顶上举	重复 15 次	1	74
	阻力带过顶深蹲	重复 15 次	1	49
	哑铃推举	重复 10 次	2	110
下肢力量	站立提踵	重复 6 至 12 次	3 至 5	102
	后撤步弓步	每侧重复 5 至 8 次	3 至 5	—
	动态弓步	每侧重复 5 至 8 次	3 至 5	—
奇位姿势力量	侧跨步雪铲	每侧重复 4 至 8 次	1 至 3	105
	水平面弧线弓步	每侧重复 4 至 8 次	1 至 3	106
	360 弓步系列	重复 1 至 3 次	1 至 3	—

力量训练日：爆发力＋速度

	练习	总重复次数或时间	组数	页码
预热身激活	卷腹	重复3至6次，每次重复练习保持6至10秒	2	42
	鸟狗式	每侧重复3至6次，每次重复练习保持6至10秒	2	44
	平板支撑	重复3至6次，每次重复练习保持6至10秒	2	—
	力量深蹲	重复8至12次	2	48
一般性主动动态热身	半程开合跳	重复10至15次	2	59
	全程开合跳	重复10至15次	2	60
	弹簧跳（低）	20至45秒	1	—
	前弓步或侧弓步	每侧重复10至12次	1	—
	过顶药球前抛	重复10至15次	3	64
力量训练日的主动动态热身	阻力带外旋	重复15次	1	75
	哑铃组合训练	重复15次	2	—
	哑铃膝上高翻	重复10次	2	76
爆发力和速度力量	哑铃抓举	重复2至5次	3至5	—
	杠铃抓举	重复2至5次	3至5	—
	杠铃高拉	重复2至5次	3至5	—
	横向大弧度全移	每侧重复4至8次	3至5	107

参考文献

第1章

Cheatham, S.W., Kolber, M.J., Cain, M., and M. Lee. 2015. "The Effects of Self Myofascial Release Using a Foam Roller Massager on Joint Range of Motion, Muscle Recovery, and Performance: A Systematic Review." *International Journal of Sports Therapy* 10:827-38.

Clark, K.P., Rieger, R.H., Bruno, R.F., and D.J. Stearne. 2019. "The NFL Combine 40-Yard Dash: How Important Is Maximum Velocity?" *Journal of Strength and Conditioning Research* 33:1542-50.

Delaney, J., Scott, T., Ballard, D., Duthie, G., Hickmans, J., Lockie, R., and B. Dascombe. 2015. "Contributing Factors to Change-of-Direction Ability in Professional Rugby League Players." *Journal of Strength and Conditioning Research* 29:2688-96.

Edouard, P., Mendiguchia, J., Guex, K., Lahti, J., Samozino, P., and J.B. Morin. 2019. "Sprinting: A Potential Vaccine for Hamstring Injury?" *Science Performance & Science Reports* 48 (1).

Weyand, P.G., Sandell, R.F., Prime, D.N., and M.W. Bundle. 2010. "The Biological Limits to Running Speed Are Imposed From the Ground Up." *Journal of Applied Physiology* 108:950-61.

Weyand, P.G., Sternlight, D.B., Bellizzi, M.J., and S. Wright. 2000. "Faster Top Running Speeds Are Achieved With Greater Ground Forces Not More Rapid Leg Movements." *Journal of Applied Physiology* 89:1991-9.

第2章

Alexander, R.N. 2003. *Principles of Animal Locomotion*. Princeton, NJ: Princeton University Press.

Kubo, K., Kanehisa, H., Kawakami, Y., and T. Fukunaga. 2001. "Effects of Repeated Muscle Contractions on the Tendon Structures in Humans." *European Journal of Applied Physiology* 84:162-66.

McGill, S.M., Chaimberg, J., Frost, D., and C. Fenwick. 2010. "The Double Peak: How Elite MMA Fighters Develop Speed and Strike Force." *Journal of Strength and Conditioning Research* 24 (2): 348-57.

Nalbandian, M., and M. Takeda. 2016. "Lactate as a Signaling Molecule That Regulates Exercise-Induced Adaptations." *Biology (Basel)* 5 (34): 8.

Pearson, A.M. 1990. "Muscle Growth and Exercise." *Critical Reviews in Food and Science Nutrition* 29 (3): 167-96.

Schleip, S. 2017. "Fascia as a Sensory Organ: Clinical Applications." *Terra Rosa* 30:2-7.

第3章

Cheatham, S.W., Kolber, M.J., Cain, M., and M. Lee. 2015. "The Effects of Self-Myofascial Release Using a Foam Roller or Massager on Joint Range of Motion, Muscle Recovery, and Performance." *International Journal of Sports Therapy* 10 (6): 827-38.

Pearcey, G.E.P., Bradbury-Squires, D.J., Kawamoto, J.E., Drinkwater, E.J., Behm, D.G., and D.C. Button. 2015. "Foam Rolling for Delayed-Onset Muscle Soreness and Recovery of Dynamic Performance Measures." *Journal of Athletic Training* 50 (1): 5-13.

Selkowitz, D.M., Beneck, G.J., and C.M. Powers. 2013. "Which Exercises Target the Gluteal Muscles While Minimizing Activation of the Tensor Fascia Lata?" *Journal of Orthopedic Sports Physical Therapy* 43 (2): 54-64.

第4章

Cheatham, S.W., Kolber, M.J., Cain, M., and M. Lee. 2015. "The Effects of Self-Myofascial Release Using a Foam Roller or Massager on Joint Range of Motion, Muscle Recovery, and Performance." *International Journal of Sports Therapy* 10 (6): 827-38.

Holt, B.W., and K. Lambourne. 2008. "The Impact of Different Warm-Up Protocols on Vertical Jump Performance in Male Collegiate Athletes." *Journal of Strength and Conditioning Research* 22 (1): 226-9.

Selkowitz, D.M., Beneck, G.J., and C.M. Powers. 2013. "Which Exercises Target the Gluteal Muscles While Minimizing Activation of the Tensor Fascia Lata?" *Journal of Orthopedic Sports Physical Therapy* 43 (2): 54-64.

Waryasz, G.R., Daniels, A.H., Gil, J.A., Suric, V., and C.P. Eberson. 2016. "Personal Trainer Demographics, Current Practice Trends and Common Trainee Injuries." *Orthopedic Reviews* 8 (3).

Winchester, J.B., Nelson, A.G., Landin, D., Young, M.A., and I.C. Schexnayder. 2008. "Static Stretching Impairs Sprint Performance in Collegiate Track and Field Athletes." *Journal of Strength and Conditioning Research* 22 (1): 13-9.

第5章

Ayers, J.L., DeBeliso, M., Sevene, T.G., and K.J. Adams. 2016. "Hang Cleans and Hang Snatches Produce Similar Improvements in Female Collegiate Athletes." *Biology of Sport* 33:251-56.

Balshaw, T.G., Massey, G.J., Maden-Wilkinson, T.M., Tillin, N.A., and J.P. Folland. 2016. "Training-Specific Functional, Neural, and Hypertrophic Adaptations to Explosive- vs. Sustained-Contraction Strength Training." *Journal of Applied Physiology* 120:1364-73.

Beardsley, C., and B. Contreras. 2014. "The Increasing Role of the Hip Extensor Musculature With Heavier Compound Lower-Body Movements and More Explosive Sport Actions." *Strength and Conditioning Journal* 36 (2): 49-55.

Chumanov, E.S., Heiderscheit, B.C., and D.G. Thelen. 2011. "Hamstring Musculotendon Dynamics During Stance and Swing Phases of High-Speed Running." *Medicine and Science in Sports and Exercise* 43 (3): 525-32.

de Hoyo, M., Pozzo, M., Sañudo, B., Carrasco, L., Gonzalo-Skok, O., Domínguez-Cobo, S., and E. Morán-Camacho. 2014. "Effects of a 10-Week In-Season Eccentric-Overload Training Program on Muscle-Injury Prevention and Performance in Junior Elite Soccer Players." *International Journal of Sports Physiology and Performance* 10 (1): 46-52.

Handsfield, G.G., Knaus, K.R., Fiorentino, N.M., Meyer, C.H., Hart, J.M., and S.S. Blemker. 2016. "Adding Muscle Where You Need It: Non-Uniform Hypertrophy Patterns in Elite Sprinters." *Scandinavian Journal of Medicine and Science in Sports* 27:1050-60.

Joy, J.M., Lowery, R.P., de Souza, E.O., and J.M. Wilson. 2016. "Elastic Bands As a Component of Periodized Resistance Training." *Journal of Strength and Conditioning Research* 30:2100-6.

Kelly, S.B., Brown, L.E., Swan, P.D., and S.P. Hooker. 2015. "Comparison of Concentric and Eccentric Bench Press Repetitions to Failure." *Journal of Strength and Conditioning Research* 29 (4): 1027-32.

Loturco, I., Nakamura, F.Y., Kobal, R., and S. Gil. 2015. "Training for Power and Speed: Effects of Increasing or Decreasing Jump-Squat Velocity in Elite Young Soccer Players." *Journal of Strength and Conditioning Research* 29 (10): 2771.

Mjølsnes, R., Arnason, A., Østhagen, T., Raastad, T., and R. Bahr. 2004. "A 10-Week Randomized Trial Comparing Eccentric vs. Concentric Hamstring Strength Training in Well-Trained Soccer Players." *Scandinavian Journal of Medicine and Science in Sports* 14:311-7.

Mora-Custodio, R., Rodríguez-Rosell, D., Pareja-Blanco, F., Yañez-García, J.M., and J.J. González-Badillo. 2016. "Effect of Low- vs. Moderate-Load Squat Training on Strength, Jump and Sprint Performance in Physically Active Women." *International Journal of Sports Medicine* 37:476-82.

Schache, A.G., Dorn, T.W., and M.G. Pandy. 2012. "Muscular Strategy Shift in Human Running: Dependence of Running Speed on Hip and Ankle Muscle Performance." *Journal of Experimental Biology* 215 (11): 1944-56.

Weyand, P.G., Sternlight, D.B., Bellizzi, M.J., and S. Wright. 2000. "Faster Top Running Speeds Are Achieved With Greater Ground Forces Not More Rapid Leg Movements." *Journal of Applied Physiology* 89 (5): 1991-9.

Young, W.G. 2006. "Transfer of Strength and Power Training to Sports." *International Journal of Sports Physiology and Performance* 1:74-83.

第6章

Clark, K., Rieger, R., Bruno, R., and D. Stearne. 2017. "The National Football League Combine 40 Yard Dash: How Important Is Max Velocity?" *Journal of Strength and Conditioning Research* 33:1542-55.

Morin, J.B., Gimenez, P., Edouard, P., Arnal, P., Jiménez-Reyes, P., Samozino, P., Brughelli, M., and J. Mendiguchia. 2015. "Sprint Acceleration Mechanics: The Major Role of Hamstrings in Horizontal Force Production." *Frontiers in Physiology* 6:404.

Morin, J.B., Petrakos, G., Jiménez-Reyes, P., Brown, S.R., Samozino, P., and M.R. Cross. 2017. "Very-Heavy Sled Training for Improving Horizontal-Force Output in Soccer Players." *International Journal of Sports Physiology and Performance* 12:840-44.

Morin, J.B., Slawinski, J., Dorel, S., Saez de Villareal, E., Couturier, A., Samozino, P., Brughelli, M., and G. Rabita. 2015. "Acceleration Capability in Elite Sprinters and Ground Impulse: Push More, Brake Less?" *Journal of Biomechanics* 48:3149-54.

Nagahara, R., Matsubayashi, T., Matsuo, A., and K. Zushi. 2014. "Kinematics of Transition During Human Accelerated Sprinting." *Company of Biologists* 3:689-99.

Wiesinger, H.P., Rieder, F., Kösters, A., Müller, E., and O.R. Seynness. 2017. "Sport-Specific Capacity to Use Elastic Energy in the Patellar and Achilles Tendons of Elite Athletes." *Frontiers in Physiology* 8:132.

第7章

Clark, K.P., and P.G. Weyand. 2014. "Are Running Speeds Maximized With Simple–Spring Stance Mechanics?" *Journal of Applied Physiology* 117:604-17.

Edouard, P., Mendiguchia, J., Guex, K., Lahti, J., Samozino, P., and J.B. Morin. 2019. "Sprinting: A Potential Vaccine for Hamstring Injury?" *Science Performance & Science Reports* 48 (1).

Ekstrand, J., Hägglund, M., and M. Waldén. 2011. "Epidemiology of Muscle Injuries in Professional Football (Soccer)." *American Journal of Sports Medicine* 39:1226-32.

Weyand, P.G., Sandell, R.F., Prime, D.N., and M.W. Bundle. 2010. "The Biological Limits to Running Speed Are Imposed From the Ground Up." *Journal of Applied Physiology* 108:950-61.

Weyand, P.G., Sternlight, D.B., Bellizzi, M.J., and S. Wright. 2000. "Faster Top Running Speeds Are Achieved With Greater Ground Forces Not More Rapid Leg Movements." *Journal of Applied Physiology* 89:1991-9.

第8章

Boden, B.P., Torg, J.S., Knowles, S.B., and T.E. Hewett. 2009. "Video Analysis of Anterior Cruciate Ligament Injury: Abnormalities in Hip and Ankle Kinematics." *American Journal of Sports Medicine* 37:252-9.

Musahl, V., and Karlsson, J. 2019. "Anterior Cruciate Ligament Tears." *New England Journal of Medicine* 380 (24): 2341.

Schleip, R. 2017. "Fascia As a Sensory Organ: Clinical Applications." *Terra Rosa*, June 18, 2017.

Shimokochi, Y., and S.J. Shultz. 2008. "Mechanisms of Noncontact Anterior Cruciate Ligament Injury." *Journal of Athletic Training* 43:396-408.

第9章

Fitzpatrick, J., Linsley, A., and C. Musham. 2019. "Running the Curve: A Preliminary Investigation Into Curved Sprinting During Football Match-Play." *Sports Performance & Science Reports*, March

2019.

Franklyn-Miller, A., Richter, C., King, E., Gore, S., Moran, K., Strike, S., and E.C. Falvey. 2016. "Athletic Groin Pain (Part 2): A Prospective Cohort Study on The Biomechanical Evaluation of Change of Direction Identifies Three Clusters Of Movement Patterns." *British Journal of Sports Medicine*. Apr; 50 (7): 423-30.

Hirayama, K., Iwanuma, S., Ikeda, N., Yoshikawa, A., Ryochi, E., and Y. Kawakami. 2017. "Plyometric Training Favors Optimizing Muscle–Tendon Behavior During Depth Jumping." *Frontiers in Physiology* 8.

Olsen, O.E., Myklebust, G., Engebretsen, L., and R. Bahr. 2004. "Injury Mechanisms for Anterior Cruciate Ligament Injuries in Team Handball: A Systematic Video Analysis." *American Journal of Sports Medicine* 32:1002-12.

第10章

Nakamura, J., and M. Csikszentmihalyi. 2002. "The Concept of Flow." *Handbook of Positive Psychology* (p. 89-105). Oxford University Press.

Potts, W. 1984. "The Chorus-Line Hypothesis of Maneuver Coordination in Avian Flocks." *Nature* 309:344–5.

Schenk, S., Lech, R.K., and B. Suchan. 2017. "Games People Play: How Video Games Improve Probabilistic Learning." *Behavioural Brain Research* 335:208-14.

Schleip, R. 2017. "Fascia As a Sensory Organ: Clinical Applications." *Terra Rosa*, June 18, 2017.

Su, H., Chang, Y.K., Lin, Y.J., and I.H. Chu. 2015. "Effects of Training Using an Active Video Game on Agility and Balance." *Journal of Sports Medicine and Physical Fitness* 55:914-21.

第11章

Bieuzen, F., Bleakley, C.M., and J.T. Costello. 2013. "Contrast Water Therapy and Exercise Induced Muscle Damage: A Systematic Review and Meta-Analysis." *PLoS One* 8:e62356.

Bleakley, C., McDonough, S., Gardner, E., Baxter, G.D., Hopkins, J.T., and G.W. Davison. 2012. "Cold-Water Immersion (Cryotherapy) for Preventing and Treating Muscle Soreness After Exercise." *Cochrane Database System Review* 2:CD008262.

Imtiyaz, S., Veqar, Z., and M.Y. Shareef. 2014. "To Compare the Effect of Vibration Therapy and Massage in Prevention of Delayed Onset Muscle Soreness (DOMS)." *Journal of Clinical and Diagnostic Research* 8:133-6.

Mah, C.D., Mah, K.E., Kezirian, E.J., and W.C. Dement. 2011. "The Effects of Sleep Extension on the Athletic Performance of Collegiate Basketball Players." *Sleep* 34:943-50.

Roberts, L.A., Raastad, T., Markworth, J.F., Figueiredo, V.C., Egner, I.M., Shield, A., Cameron-Smith, D., Coombes, J.S., and J.M. Peake. 2015. "Post-Exercise Cold Water Immersion Attenuates Acute Anabolic Signalling and Long-Term Adaptations in Muscle to Strength Training." *Journal of Physiology* 593:4285-301.

作者简介

比尔·帕里西是帕里西速度学校的创始人兼首席执行官，也是帕里西训练系统的开发者。他于 1990 年毕业于位于纽约新罗谢尔的艾欧纳学院（Iona College），并在该学院两次入选 I 级全美最佳田径运动员（1988 年和 1989 年）。帕里西还获得了参加 1988 年美国奥林匹克田径选拔赛标枪项目的资格并参加了比赛。他目前仍然保持着艾欧纳学院的标枪投掷纪录，并于 2003 年入选学校的名人堂。1989 年，他前往芬兰参加训练，向一些世界上最优秀的运动员学习，并与他们竞赛。这种国际运动训练经验促使帕里西开始根据他学到的策略设计自己的训练系统。

1991 年，他获得了体能训练专家的认证证书。1992 年，在负债 5 万美元的情况下，他创办了帕里西速度学校，并使用一辆价值 500 美元的面包车，从新泽西州的一个学校到另一个学校，提供免费的速度诊所。在 1993 年，帕里西在新泽西州的怀科夫开设了他的第一个速度训练基地，这个基地占地 2500 平方英尺。2000 年，他在新泽西州费尔劳恩开设了帕里西速度学校的旗舰学校：一座占地 32000 平方英尺、专门从事青少年速度训练的训练基地。该训练基地在 2009 年被《男性健康》（Men's Health）杂志评为美国十大健身房之一。2015 年，《运动时代》（Active Times）将帕里西速度学校评为美国第一大训练基地。从那时起，帕里西速度训练系统已经在世界各地认证了超过 2500 名速度教练。此外，帕里西速度学校拥有 90 多个获得许可的速度训练场所，以及一个在全世界范围内越来越多由获得个人许可教练组成的、不断发展的联盟计划。帕里西训练系统已用于训练超过 100 万名 7 至 18 岁的年轻运动员，这些运动员在每项职业运动中获得首轮选秀机会（包括超过 145 名 NFL 选秀入选球员），以及众多奥运会奖牌获得者和 UFC 拳手。

除了是公认的青少年速度训练专家，帕里西还在 2010 年创立了职业橄榄球体能教练协会，该协会现在与美国国家体能协会开展了合作。作为该协会的执行董事，他为 32 支 NFL 球队的体能教练举办了年度峰会，邀请该领域的顶级专家展示有关速度、爆发力和损伤恢复的最新循证研究。2019 年，帕里西还建立了筋膜训练学院，为教练了解如何更好地训练身体的弹性结缔组织系统提供前沿教育资源。

　　帕里西是多本书的合著者和特约作者，包括《成功模式》（*Success Patterns*）、《不要对你的孩子说"应该怎样做"》（*Don't "Should" on Your Kids*）、《筋膜训练》（*Fascia Training*）、《体育运动中的筋膜》（*Fascia in Sport and Movement*）、《筋膜健身》（*Fascial Fitness*）。帕里西曾担任多个体育相关组织的顾问或特约讲师，包括 NFL、美国橄榄球协会（USA Football）等，以及众多体育产业协会，如美国国家体能协会、美国国家运动医学会、美国运动医学学会、美国运动委员会和国际健康、球类和运动俱乐部协会。他还为美国橄榄球在线教练库做出了贡献。除了演讲、写作和提供咨询服务，帕里西还在多个平台和杂志上做过专题报道。

　　帕里西与他的妻子和两个儿子居住在新泽西州的怀科夫。

译者简介

徐凌，北京体育大学运动训练学硕士；国家体育总局训练局国家队体能训练中心体能训练师；曾为国家田径队、国家现代五项队、国家短道速滑队、北京国安足球俱乐部等提供体能训练科研保障服务；编著有《青少年365天运动挑战：提升身体素质，优化运动技能》和《儿童365天运动挑战：养成运动习惯，提升身体素质》。